사랑하는 일로 살아가는 일

오수영

고어라운드

나 자신으로 살기 위해서
온 마음으로 분투한 기록들

* 일러두기

- 작가 특유의 문체를 지키기 위한 비문이 포함되어 있습니다.
- 글이 나열된 순서는 이메일 레터가 발송된 순서입니다.

생활일지

2023년 여름과 겨울

서문

　이 책은 작년 여름과 겨울까지 총 네 달에 걸쳐 발행된 이메일 구독 서비스 『생활일지』의 요약 합본입니다. 인사말과 편지글로 구성된 원고에서 인사말을 제외한 편지글의 대부분을 수록했습니다. 생활일지는 직장 생활과 출판 활동을 무리하게 병행하다 탈진한 시기에 치료와 휴식을 위해 모든 걸 중단한 뒤 시작된 이야기입니다. 강박적으로 성실하고 분주하게 살아가는 태도가 삶의 정답이라고 믿었던 시절의 결과는 다름 아닌 번아웃과 우울증 진단이었습니다. 보통은 삶의 의지가 박약한 사람들의 전유물이라고 믿었던 그 증상들이 저의 평범한 일상을 잠식하기 시작하자 그 믿음이 얼마나 큰 오만과 착각이었는지 깨달았습니다.

　상담과 치료의 도움과 더불어 혼자서도 불안과 우울의 근본적인 원인을 파악하고 싶었습니다. 잡동사니가 가득한 가방에서 필요한 물건을 찾아내는 가장 정확하고 빠른 방법은 아마도 내용물을 전부 바닥에 쏟아보는 일이 아닐까요. 그것처럼 커다란 백지 위에 제 머릿속의 모든 생각을 쏟아낸 후 문제의 근원을 샅샅이 살펴보기 시작했습니다. 그때처럼 내면 깊숙이 침잠한 시간은 아주 오랜만이었고, 그 과정에서 찾아낸 불안과 고민의 단서들을 생활일지에 눌러담으며 천천히 실마리를 풀어냈습니다. 그리고 그 덕분에 마침내 인생의 중대한 기로 앞에서 미련없이 원하는 방향을 선택할 견고하고 따뜻한 용기를 얻었습니다.

책에 수록된 서른한 통의 편지는 구독 기간 동안 화요일과 토요일 밤마다 정해진 발행 시간, 즉 구독자님들과의 약속을 지키기 위해 흔쾌히 즐겁게 분투했던 기록들입니다. 그때는 회복의 시기가 캄캄한 우물 같았는데 이제 와 돌이켜 보면 그 시기는 우물보다는 차라리 연둣빛이 생동하는 숲 속의 작은 벤치에 가까웠습니다. 언제라도 삶에 지친 사람을 너른 품으로 안아주고 미련없이 보내주는 작은 나무 벤치. 그곳에 앉아 온종일 하염없이 나무를 올려다보던 시절을 건너 어느새 오늘입니다. 이제는 아득하게만 느껴지는 그 시기를 멀리서 관조하며 개운한 마음으로 또다시 인생의 한 페이지를 넘깁니다.

일상의 작은 글쓰기를 통해 무엇이 되거나 혹은 무엇이 되지 않더라도, 단지 무엇이라도 계속 쓸 수 있게 해주신 생활일지 구독자님들과, 에세이 시리즈의 독자님들에게 모든 감사의 마음을 전합니다. 단순한 흥미나 순전한 응원, 그리고 각자의 다양한 이유들로 구독해주셨을 수도 있겠지만, 그 크고 작은 선택으로 인해 한 사람의 일 년이, 한 사람의 유일한 꿈이, 그러니까 한 사람의 인생이 무너지지 않고 버텨낼 수 있었다는 걸 알아주실까요. 그 다정한 마음들을 그러모아 앞으로 더욱 꾸준하게 사랑하는 일로 살아가는 사람이 되고 싶다는 다짐을 해봅니다.

2024년 초여름
오수영 드림

목차

서문   7

첫 번째 편지 : 그날의 새벽   15

두 번째 편지 : 상담의 시작   27

세 번째 편지 : 퇴사하지 못하는 이유   41

네 번째 편지 : 약물 치료의 시작   53

다섯 번째 편지 : 끝이라는 이상한 예감(上)   **65**

여섯 번째 편지 : 끝이라는 이상한 예감(下)   **79**

일곱 번째 편지 : 나를 분석하는 시간   93

여덟 번째 편지 : 휴직의 시작   105

아홉 번째 편지 : 새로운 휴식의 시작   119

열 번째 편지 : 걱정의 쓸모   133

열한 번째 편지 : 태백에 다녀왔습니다	147
열두 번째 편지 : 세상에서 가장 아름다운 감옥	163
열세 번째 편지 : 북페어와 사람들(上)	177
열네 번째 편지 : 북페어와 사람들(下)	191
열다섯 번째 편지 : 산책하는 마음으로	203
열여섯 번째 편지 : 모든 변화는 시도로부터	217
열일곱 번째 편지 : 사진과 기억	233
열여덟 번째 편지 : 나태함의 재발견	243
열아홉 번째 편지 : 한국의 서비스직 종사자	255
스무 번째 편지 : 그럼에도 불구하고	265
스물한 번째 편지 : 우연과 노력	277
스물두 번째 편지 : 각자의 소셜미디어	287
스물세 번째 편지 : 한계를 지우는 마음으로	297

스물네 번째 편지 : 제주에서 보내는 편지	307
스물다섯 번째 편지 : 평범한 일인 가구	321
스물여섯 번째 편지 : 아기와 나	331
스물일곱 번째 편지 : 오래된 책을 읽는 밤	341
스물여덟 번째 편지 : 안녕 나의 숲길	351
스물아홉 번째 편지 : 다시 시작하는 순간	361
서른 번째 편지 : 의미를 부여하는 일	371
서른한 번째 편지 : 언젠가 우리 다시	385
생활일지 후일담	397
이 책을 함께 만들어주신 친애하는 독자님들	415

첫 번째 편지

그날의 새벽

"제가 조금 이상한 것 같아요"

그날의 새벽을 여전히 생생하게 기억하고 있습니다. 비행 근무를 떠나온 시드니의 숙소였고 저는 내일의 컨디션을 위해 수면에 도움이 되는 약을 먹고 침대에 누워 있었어요. 원래도 예민한 체질인 까닭에 잠이 오지 않을 때는 종종 약의 도움을 받아오곤 했는데요. 보통은 약을 먹으면 길어도 삼십 분 정도가 지나면 저절로 잠에 빠져들곤 했는데 이상하게도 그날따라 좀처럼 잠이 들지 않았습니다. 수시로 바뀌는 시차에 적응하기 쉽지 않다는 이유로 약을 너무 자주 먹어서 내성이 생긴 걸까 싶기도 했지요. 마침내 잠이 들었다 싶다가도 깨어보면 십 분도 채 지나지 않은 상태였고 그렇게 수십번을 전구가 닳은 조명처럼 깜빡거리며 반수면 상태로 누워있었습니다.

그러다 또 한 번 잠에서 깨어난 순간 저는 살면서 처음 접해보는 기운에 사로잡혔습니다. 고개를 들어 협탁 위의 시계를 보니 새벽 두 시였습니다. 몸이 잘 움직이는 것으로 보면 가위에 눌린 것은 아니었는데 이를테면 깊은 바다로 한없이 가라앉는 느낌이었다고 할까요. 무거운 공기가 제 몸을 짓누르며 포박하는 느낌 같기도 했고요. 천장을 멍하니 바라보기도 하고 어두운 방 안의 가구들을 두리번거리기도 했습니다. 그러다 불현듯 방 안을 가득 메운 극한의 어둠과 침묵에서 벗어나고 싶다는 생각이 간절해졌고, 그 생각의 덩어리는 영문도 없이 슬픔의 형체가 되어 저를 집어삼키기 시작했지요. 저를 둘러싼 모든 상황과 미래가 감당할 수 없을 만큼 버겁게 여겨졌고 그 순간 짊어진 무게를 내던지고 싶었습니다.

죽음이 가까이 있다고 생각했던 적은 그때가 처음이었습니다. 죽어야겠다는 마음은 아니었지만 죽어도 상관없지 않을까 하는 생각이 충동적으로 제 안에 들어섰던 것이었죠. 객관적으로 생각해 볼수록 죽음은 대수로운 일이 아니었습니다. 몇 해 전 어머니의 죽음을 기점으로 세상에 태어난 이상 언젠가 죽음을 맞이하는 것은 모든 생명체의 필연적인 숙명인데 저의 죽음에 지나친 의미를 부여해야할까 라는 생각이 본격적으로 저를 잠식하기 시작했어요. 일부러 스스로 생을 마감하진 않을 거야, 하지만 지금 죽어야 한다면 그것 또한 별수 없는 일이지. 삶을 몇 차례 살아본 후 인생에 통달한 신선 같은 사람도 아니면서 앞으로 살아갈 날이 더 많을 청년의 마음가짐과는 거리가 멀었어요.

 그런 생각이 들자 이제는 몸에서 신호를 보내기 시작했습니다. 심장박동이 점점 빨라지더니 급기야 목젖까지 진동하기 시작했고, 숨쉬기가 점점 힘들어져서 계속해서 침대에서 몸을 일으켜 반복적으로 호흡을 가다듬어야만 했어요. 이러다가 호흡곤란으로 의식을 잃으면 어떻게 해야 하지, 동료들에게 먼저 알릴 방법도 없는데, 죽음은 어쩔 수 없지만 왜 하필 한국도 아닌 호주 시드니 한복판에서 고독하게 발견되어야 할까, 잠옷 차림으로 헐벗은 채 발견되는 것보다는 그래도 평상복을 입은 채 발견되는 게 낫지 않을까. 온갖 잡생각이 머리를 스쳐 가는 동안에도 호흡은 제자리로 돌아오지 않았고, 저는 책상에 앉아 가슴을 부여잡은 채 억지로 숨을 더 깊게 들이마시고 내쉬며 그날의 새벽을 견뎌냈습니다.

 지금 이 글을 구독자님께 보내드렸다는 것은 아주 다행히도 그날 시드니 한복판 숙소에서 이름 모를 한국인 청년이 의식을 잃은 채 쓸쓸하게 발견되지 않았다는 뜻이겠지요. 그날 새벽의 호흡곤란과 충동적인 생각도 일단은 무사히 견뎌내고 다음 날 아침을 맞이하게 됐습니다. 그런데 문제는 한국으로 돌아오는 비행기에서도 비슷한 증상들이 간헐적으로 제게 찾아왔다는 것이었어요. 이를테면 비행 근무를 하며 수많은 승객 앞에서 일할 때, 업무 중 발생한 실수가 제 탓인 것처럼 여겨질 때, 대답하기 어려운 문제에 어떻게든 대답해야 할 때 시야가 조금 흐려지면서 비슷한 증상을 겪었습니다. 잠을 제대로 못 자서 발생한 일시적인 문제로 치부하기에는 제 삶 속 무언가의 근원적인 어긋남을 직감할 수 있었습니다.

한국에 돌아와 몸을 씻기고 침대에 눕혀둔 채 가만히 생각을 해봤습니다. 평소에는 단 한 번도 이런 적이 없었는데 이 정도로까지 몸이 신호를 보내는 것은 뭔가가 잘못된 게 아니고서야 불가능한 일이라는 판단을 스스로 내렸습니다. 더군다나 생각의 꼬리를 물고 과거로 흘러가자 그 판단이 맞는다는 확신이 들었는데요. 몸이 보내온 신호뿐만 아니라 저의 단조로운 일상에서도 미세한 균열이 조금씩 일어나고 있었더라고요. 그 균열은 가까운 사람과의 관계에서부터 발생하기 시작했습니다. 사람과 관계를 맺다 보면 이해하고 배려하고 때로는 참아야 하는 순간도 찾아오잖아요. 그런데 얼마 전부터는 평소라면 대수롭지 않게 넘길 법한 일들에 더는 참지 못하고 속마음을 그대로 표출하기 시작했다는 걸 알게 되었습니다.

다시 말하자면 충분히 이해하고 배려할 만한 일들, 실제로도 지금까지 자연스레 그렇게 해왔던 일들을 어느 순간부터는 마음에서 거부 반응을 일으키며 참을 필요도 느끼지 못한 채 무작정 다툼을 벌이게 된 것이었어요. 그런 제 모습이 못나 보여서 스스로 불만스러웠던 날들을 보냈죠. 친구와 다투고 집에 돌아가는 버스에서도 이런 생각을 했습니다. 내가 좀 이상하다. 원래 이러진 않았던 것 같은데. 어딘가 문제가 생긴 걸까. 그런데 그때는 심각하게 받아들이진 않았지요. 기분이란 것은 날씨처럼 날마다 다른 표정으로 나타나고, 게다가 그 표정을 받아들이는 사람의 상황과 감정에 따라 전혀 다르게 받아들여지는 것일 뿐이라고 단순하게 생각했으니까요.

그런데 그런 생각들이 찾아오는 빈도가 높아지자 제 안에 문제가 발생했음을 거의 기정사실로 받아들이게 되었습니다. 그렇다면 이제는 그 문제의 원인을 파악할 차례라고 믿었지요. 저는 어릴 적부터 내면에 침잠하는 것을 좋아했습니다. 어떤 생각이 떠오르면 그 생각을 최대한 깊숙이 파고 내려가 그곳의 풍경 속에서 잠시 머물다 돌아오는 것이 습관이었는데요. 그래서 문제의 근원을 파악하는 일에는 오만하리만큼 자신이 있었습니다. 하지만 어찌 된 까닭인지 좀처럼 하나의 생각에 집중할 수가 없었습니다. 생각의 근육이 소실된 사람처럼 애써 집중하려 해도 자꾸만 길을 잃고 다른 생각과 다른 행동을 일삼게 되는 주의력이 결핍된 어린아이가 된 것 같았어요.

저 같은 부류의 사람은 자신이 평소와 다른 모습을 보이면 최대한 쉽고 빠르게 원인과 해결책을 찾아내려는 경향이 짙어지는 걸까요. 불편한 일은 어떻게든 먼저 해치워야 평온을 찾는 마음처럼요. 저는 달라진 제 모습을 질병으로 분류하고 싶었습니다. 나는 아무래도 병에 걸린 게 분명하다. 그런데 그게 무슨 병인지 모르겠으니 이제부터 찾아봐야겠다. 가장 쉽게 예측할 수 있는 것은 우울증이었습니다. 우울증이야말로 이 시대를 관통하는 유행병이기도 하니까요. 주위를 둘러봐도 한때 우울증을 앓았거나, 현재 앓고 있거나, 지인이 앓고 있거나 하는 사람들을 흔히 발견할 수 있을 정도라면 유행병의 기준에 충분하지 않을까요. 다행은 아닐지라도 제 주변에도 우울증을 앓고 있는 친구들이 몇 명 있었습니다.

그들에게 연락을 해보기로 했습니다. 대부분 소식도 안부도 뜸해진 인연들이었지만 체면이나 어색함 따위를 걱정할 만한 상황이 아니었어요. 그들은 처음에는 저의 연락 자체가 의아한 듯한 기색을 보였지만 제가 사정을 설명하자 금세 조력자의 태도로 변하더니 자신의 겪었던 상황과 증상을 자세히 이야기해 줬습니다. 그들의 경힘을 들으니 제가 그날 새벽에 겪었던 호흡곤란뿐만 아니라 무기력해진 일상의 장면들이 조금씩 납득되는 기분이 들었지요. 하지만 부정하고 싶었습니다. 그들의 경험은 오직 그들의 경험에 불과하고 저는 비슷한 징후만 보일 뿐 그들처럼 심각한 번아웃, 우울, 공황장애로 치료까지 필요한 상황은 아닐 것이라 착각했던 것이죠.

왜냐하면 저는 누구보다 깨지기 쉬운 마음을 간직한 채 세상을 살아온 사람이었지만 그럼에도 결코 완전히 깨진 적은 없었고, 균열이 생길지라도 쉽게 무너지지 않고 다시 일어서는 단단한 사람이라고 믿었으니까요. 그래서 저는 한순간 번아웃이나 우울증으로 무너질 만큼 나약한 사람은 아니라고 일말의 의심도 없이 확신하고 있었습니다. 그래서 그들의 조언과 설명에 감사함을 느끼면서도 저는 늘 마음을 생각하고 글로 풀어낸 사람으로서 교만하게도 혼자 힘으로 충분히 이겨낼 수 있다고 오판했던 것 같습니다. 마음이 아플 때마다 늘 그래왔던 것처럼 생각을 차분하게 정리하고 운동도 조금 더 고강도로 하면 강제적으로 생산된 호르몬이 저를 구원해 주지 않을까 싶었던 것이죠.

하지만 머지않아 오만한 저의 믿음이 송두리째 깨지는 일이 발생했습니다. 출근길 영종대교를 지나고 있던 때였습니다. 항공업 종사자에게 영종대교를 지난다는 것은 곧 인천국제공항에 도착해 그날의 업무가 시작된다는 의미로 이때부터 본격적으로 직장인의 마음이 되는 것과도 같습니다. 여행객에게는 일상과의 이별이자 설렘의 시작인 영종대교가 제게는 일상의 시작이자 휴식과의 이별이라니 참으로 당연한 아이러니인 줄 알면서도 대교의 한복판에서부터 여러 감정이 뒤섞이는 걸 막을 수는 없더군요. 저는 그렇게 십 년째 공항으로 출퇴근을 반복하며 생계를 이어가고 있는 사람이지만 아직까지도 그 감정과 긴장의 변화가 익숙해지진 않았습니다.

여느 때와 다름없이 영종대교를 지나 서서히 인천국제공항의 우주선 같은 은색 지붕이 보이기 시작했을 때쯤이었습니다. 갑자기 시야가 조금 흐려져서 하늘을 올려다보니 청명한 날씨에 저 멀리 이착륙하는 비행기들이, 그러니까 저의 일터들이 선명하게 보였습니다. 시야가 탁해진 게 날씨 탓은 아닌 것 같아서 눈을 문질러봐도 가까운 시야는 여전히 흐릿하기만 했지요. 안구건조증을 앓고 있는 저로서는 그리 큰일처럼 여겨지진 않아서 미간을 찌푸린 채 공항 주차장으로 향했습니다. 그런데 갑자기 그날의 새벽이 데자뷔처럼 하필이면 운전을 하고 있는 제게 다시 찾아왔습니다. 심장이 발작하듯 두근거리더니 숨쉬기가 곤란해지고 누군가 제 가슴을 짓누르는 듯한 느낌이 어떻게든 저를 멈춰 세우려 발버둥 치는 것 같았어요.

한 손으로 핸들을 잡고, 다른 한 손으로는 가슴을 두드리면서 가까스로 인천공항 주차장에 차를 세웠습니다. 시계를 보니 곧 비행 전 브리핑 시간이 얼마 남지 않은 시간이었어요. 일단 숨을 고르기로 하고 창문을 활짝 연 채 바깥 공기를 마셨습니다. 어차피 미세먼지로 가득한 신선하지 않은 공기였지만 그래도 제게는 새로운 공기가 간절했으니까요. 이제는 차에서 내려서 짐을 끌고 브리핑룸으로 들어가야 할 시간이었습니다. 비행 근무도 시작하기 전에 이런 증상이 발생한다면 과연 비행 중에는 괜찮을까. 그렇게 되면 나뿐만 아니라 다른 동료들이 내 몫까지 감당하느라 고생할 텐데. 안 좋은 일이 발생할 것이라면 비행기나 해외보다는 그래도 한국이 낫지 않을까.

회사에 전화를 걸었습니다. 공항에 도착했는데 몸 상태가 좋지 않아서 아무래도 출근이 불가능할 것 같다고 말했지요. 전화 통화는 몇 초도 이어지지 않았고 길게 이어질 필요도 없었습니다. 저를 대체할 승무원이 수천 명이나 존재하는 환경에서 저의 결근 같은 건 그리 대수로운 일이 아니라는 것쯤은 잘 알고 있었으니까요. 비행 당일에 자발적으로 결근을 요청한 일은 입사 이래로 처음이었습니다. 몸이 아플 때는 보통 비행 전날에 미리 제 연차를 써서 쉬는 방식이었거든요. 호흡이 정상으로 돌아오길 기다리며 유니폼 넥타이를 풀어 헤치고 차 안에서 하릴없이 하늘을 바라봤어요. 유난히 청명하고 맑은 하늘이었는데 어쩐지 제게만 새카만 먹구름이 드리운 기분이 들었습니다.

제게 무슨 일이 발생한 걸까요. 잘은 모르겠지만 이번에는 아무래도 혼자서는 해결할 수 없을 것 같습니다. 이번만큼은 혼자가 아닌 다른 누군가의 도움이 필요해요.

두 번째 편지

상담의 시작

"많이 외로우셨겠어요"

　공항에서 당일 결근을 한 저는 누군가의 도움이 필요했습니다. 사람들은 이럴 때 보통 지인들의 도움이나 연결로 하나씩 해결책을 찾아가곤 한다고 생각하는데 아쉽게도 저는 인맥이 넓지 않습니다. 언젠가 인맥이 좁은 만큼 그만큼 깊다고 믿으며 살던 시절도 있었지만 세월이 흐를수록 그 또한 착각이었다는 생각을 하게 되었지요. 생활 수준과 관심사가 달라지기 시작하면 오랜 인연을 연결해 주던 단단한 끈도 자연스레 느슨해지곤 합니다. 그 현상 속에서 살아남는 인연이란 아무래도 생활 수준이나 관심사 따위를 생각하지 않아도 됐던 유년 시절에 오직 마음과 느낌만으로 친구가 됐던 사람들일 겁니다. 인맥이 좁은 제게도 다행히 그런 친구들 몇 명이 남아있는데요. 그중 J는 이른바 저와 단짝이었던 친구입니다.

　제가 갑자기 J의 이야기를 꺼낸 건 다름 아닌 그의

아내가 대기업에서 심리상담사로 일하고 있었기 때문입니다. J에게 연락을 하기 전에 저 또한 인터넷을 통해 제가 겪고 있는 증상을 검색해 보고, 관련 유튜브 영상들을 시청하며 어설프게나마 제게 상담 치료가 필요하다는 걸 느끼고 있던 상황이었죠. 그렇다고 무작정 집 근처의 가까운 상담센터를 찾아갈 수도 없었으니 전문가의 추천으로 괜찮은 상담센터를 찾고 싶었습니다. J와 그의 아내를 통한 덕분에 제가 지금 살고 있는 지역에서 최소한 피해야 할 센터들 몇 개를 목록에서 지울 수 있었어요. 상담센터를 찾는 사람들은 대부분 심리적으로 취약한 상태이기 마련인데 그런 취약점을 이용해서 사이비 종교로 유인하는 곳들도 드물지 않다고 했습니다.

더군다나 그때는 '나는 신이다'라는 사이비 종교의 실태를 폭로하는 넷플릭스 다큐멘터리가 사회적으로 커다란 반향을 일으키고 있을 때라서 저 또한 내심 사전 정보 없이 센터를 방문하는 것이 조금은 두렵기도 했습니다. 믿으실진 모르겠지만 제게도 순진무구한 대학 시절이 있었고, 그 당시 길거리에서 제게 '인상이 좋다고' 말을 건네며 다가온 '두 명'의 '수수한 차림'의 사람들과 깊은 토론을 나누다가, 더 깊은 토론을 위해 그들의 본거지로 따라가는 저를 발견한 대학 동기에 의해 구출됐던 일화가 있었습니다. 그때는 순진해서 그랬을지 몰라도 지금은 마음이 취약한 상태라서 유난히 더 조심스러웠던 것 같습니다. 더군다나 경험이 없으니 상담센터나 정신의학과는 심각한 정신병을 앓는 사람들만 다니는 줄 알았거든요.

그들의 도움으로 알게 된 상담센터를 예약했습니다. 방문 전까지 온라인 설문지를 작성해서 제출해야 했는데 나름 어린 시절의 심리/적성 검사처럼 느껴져서 흥미로웠고, 지금의 저를 가장 힘들게 하는 생각과 고민들을 대략적으로나마 정리하는 작업을 했습니다. 상담료가 한 시간에 평균 십만 원 안팎인데 아무런 준비 없이 방문하면 안 될 것 같았기 때문이었죠. 드디어 그날이 왔습니다. 기대와 의심과 호기심이 뒤섞인 복잡한 심경으로 센터를 찾아갔지요. 센터는 새로 생긴 오피스텔 건물의 고층 한구석에 위치한 작은 장소였습니다. 모든 처음에는 늘 긴장과 걱정이 동반되기 마련이잖아요. 심장이 두근거리는 걸 외면한 채 숨을 크게 들이쉬고 센터의 문을 열었습니다.

인자한 모습의 중년 여성분이 제게 인사를 건넸습니다. 알고 보니 그분이 제가 예약한 원장 선생님이셨는데요, 너무 과하게 친절하지도 않고 그렇다고 무신경한 기색도 없는 적당히 통제된 인사라고 생각했습니다. 잠시 선생님의 안내에 따라서 대기실 소파에 앉아 마련된 시원한 음료를 한 잔 마시며 공간을 둘러봤어요. 아이보리 색감의 벽지, 페브릭 소파, 나무 향 디퓨저, 잔잔한 연주곡. 상담센터라는 곳은 조금 따뜻한 분위기의 사무실 같구나. 특별할 건 없지만 그래도 사람을 편안하게 해주는 분위기가 감돌았습니다. 음료를 다 마시고 선생님을 따라 상담실로 들어갔어요. 티슈가 놓인 테이블을 사이에 두고 선생님과 마주 앉아서 대화를 시작했습니다.

선생님 : 지금 수영 씨를 가장 힘들게 하는 것들은 어떤 건가요?

선생님은 정돈되고 부드러운 말투와 표정으로 먼저 질문을 하셨습니다. 언제든 말하기 힘들면 멈춰도 되고, 눈물이 흐르면 그것 또한 자연스러운 일이니 저의 마음을 이야기하고 솔직한 감정을 따라가는 일에 집중해 보자는 말씀과 함께요. 저는 미리 정리해둔 생각들을 우선 말씀드리자는 판단으로 입을 열었습니다. 상담을 신청한 결정적인 계기가 되었던 '그날의 새벽'에 찾아왔던 증상과 그 후의 일상에 대한 이야기부터 꺼냈어요. 그리고 제가 처해있는 상황과 그 원인에 대한 무수한 짐작을 설명했지요. 선생님의 편안한 표정과 눈빛 덕분이었는지는 모르겠지만 저는 준비해 갔던 이야기보다 훨씬 더 많은 이야기를 깊숙하게 꺼내놓기 시작했습니다. 대략적으로 정리하자면 회사 입사 때부터 시작된 오래된 고민들이었지요.

생업인 승무원과 작가라는 꿈 사이의 균형

언젠가 책에서, 그리고 북토크를 할 때마다 지겹도록 말씀드렸던 이야기이지만, 저는 승무원이라는 직업과는 전혀 관련이 없는 이십 대를 살았습니다. 오직 영화 시나리오작가가 되겠다는 일념 하나로 휴학을 하고 취직과 관련된 모든 것과 거리를 둔 채 혼자만의 방과 상상 속 세상에 스스로 고립된 채 살았던 셈이죠. 그렇지만 시간이 흐를수록 생각처럼 성과가 나오지도 않고, 함께 지망생 생활을 보냈던 몇 년 선배들의 막막한 생활을 목격하고는 덜컥 현실에 목덜미를 부여 잡힌 것처럼 겁이 나서 그쪽 세계에서 도망쳤습니다. 그 후로 뒤늦게 취업 준비를 한답시고 정신없이 살다가 친구의 추천으로 말 그대로 우연히 운 좋게 항공사에 입사해서 승무원 생활을 시작하게 된 것이었죠.

그때가 제 나이 딱 서른이 되던 시기였습니다. 지금 돌아보면 서른은 무엇이든 시작하기에 적당한 나이라는 생각이 들지만 누구나 그렇듯 막상 당시에는 서른을 기점으로 아무것도 이뤄내지 못했다거나 앞날에 대한 가능성이 보이지 않으면 인생을 실패한 것 같은 느낌에 사로잡히곤 했지요. 그런데 서른이 되면서 취업에도 성공했으니 저 뿐만 아니라 부모님도 얼마나 기뻐하셨을까요. 내색은 잘 안 하셨지만 남들은 대부분 취업해서 안정을 찾아가는 시기에 저는 알량한 꿈을 이룬답시고 맨날 방에만 틀어박혀 있던 것과 다름없었으니까요. 저 또한 세상에 그동안 글만 쓰던 제가 할 수 있는 일이 있다는 사실에 감격스럽기도 했고 사회초년생의 열정과 애사심이 '잠시나마' 가득했던 시절이었습니다.

그런데 막상 비행 근무를 시작하니 제 생각보다 감당하기 힘든 부분들이 많다고 느꼈는데요. 가장 큰 문제는 전력을 다해 글만 쓰던 시절을 삼 년 이상 보냈더니 자아가 지나치게 비대해져서 쉽게 말하자면 때와 장소를 가리지 않고 오수영이라는 온전한 저로서만 존재할 수 있게 되었다는 겁니다. 취업을 했으면 일할 때만큼은 회사에 소속된 한 명의 직원으로서의 제가 되어야 했는데 머리로는 알면서도 실제로는 그게 쉽지 않았습니다. 누구나 직장인으로서 최소한의 연기를 하며 살아갈 테지만 저는 그 연기를 할 때마다 발생하는 내면의 균열을 대수롭지 않게 넘길 수 없었어요. 타고난 예민한 기질과 작가를 꿈꾸며 그 예민함을 극대화하고 살았던 시절이 저라는 사람의 체질을 완전히 바꿔놓았던 것이죠.

그 균열을 숨기고 버텨내며 제가 선택한 건 다름 아닌 다시 글을 쓰는 일이었습니다. 누군가 억지로 시킨 일도 아니었고 특정한 생각을 갖고 다시 시작한 일도 아니었습니다. 취업을 하며 묻어뒀던 가장 익숙하고 좋아하던 일, 그러니까 가장 저다운 일을 다시 길어 올림으로써 현실의 고달픔을 견뎌내는 본능적인 발버둥 같은 일이 아니었을까요. 그렇게 다시 써 모은 글들이 쌓이고, 쌓인 글들이 한 권의 책이 되고, 한 권의 책이 또 다른 책을 만들게 하고, 자연스레 일 년에 한 권 이상 책을 쓰고 만들며 지금에 이르렀습니다. 그런 삶은 누가 봐도 무리였을 겁니다. 도통 쉬질 않았으니까요. 어찌 보면 두 개의 일을 병행하는 것과도 마찬가지였던 터라 저도 모르는 둘 사이의 균형이 만들어졌다는 걸 뒤늦게 알게 되었지요.

문제는 그 균형이 굉장히 위태로웠다는 겁니다. 현실을 위해 생업으로 해야만 하는 일을 버텨내며 제 삶의 전부였던 무엇보다 분명하고 확실하게 좋아하는 일 두 개를 함께 이끌어가는 것은 어디까지나 이론상으로만 가능한 일이었어요. 겉으로는 잘 다려진 근사한 유니폼을 입고 아무렇지도 않게 일했을지라도 내면은 입사 이후로 단 한 번도 풍랑이 몰아치지 않았던 적이 없었고, 단 한 순간도 글쓰기를 생각하지 않았던 적이 없었을 만큼 혼란스러웠습니다. 물론 여유가 있는 삶 속의 배부른 투정으로 들릴 수도 있다는 걸 누구보다 잘 알고 있어요. 지금의 제 삶을 가능하게 만들어 준 건 회사라는 버팀목이 있었기 때문이니까요. 하지만 간절했던 꿈이 바로 앞에서 손짓을 하는데 제가 어떻게 흔들리지 않을 수 있었을까요.

코로나 시대의 도전과 불안

그런 상황에서 갑자기 전 세계를 들이닥친 코로나 팬데믹은 모순적이게도 제게는 가장 커다란 기회를 만들어 냈습니다. 회사가 전 직원을 대상으로 '순환 근무'를 시작한 것이었어요. 여행이 불가능해진 시대에 비행기와 항공업 종사자, 특히나 수많은 승무원이 동시에 일할 수는 없으니 순번을 정해서 차례로 한 달씩 일한다는 의미였습니다. 저 또한 길게는 육 개월을 쉬고 한 달 비행을 하기도 할 만큼 긴 휴업의 시작이었지요. 늘 비행과 비행 사이의 토막 시간에 글을 쓰고 책을 만들던 제게는 그 무엇과도 바꿀 수 없는 값진 시간이 찾아온 것과 다름없었습니다. 휴업의 시작과 동시에 저는 말 그대로 항공사 승무원이었던 적이 한 번도 없었던 사람처럼 곧장 글쓰기와 출판 활동에 자유롭게 매진하기 시작했어요.

물론 제 삶의 대부분의 시간을 보냈던 비행 근무가 사라지니 일상의 긴장이 느슨해져서 한동안 나태한 시간을 보내기도 했었지만 그래도 후회 없을 정도로 글을 썼고 책을 만들었습니다. 처음으로 여러 지방의 도서관과 책방에서 강연과 북토크를 하기도 했고, 소소하게나마 글쓰기 모임을 열어서 사람들과 함께 글을 쓰는 활동을 하기도 했습니다. 이렇게 말해도 될지 모르겠지만 회사를 다닐 때는 단 한번도 느껴본 적 없었던 충만하고 고양된 감정으로 하루의 끝이 감사한 날들이었습니다. 누구나 느낄 수 있는 초심에 불과했다고 말하기에는 일상을 가득 채우는 순간들의 순도가 맑음의 최대치를 기록했고, 무엇보다 제가 바라던 장면들로 이뤄진 일상이었기 때문에 단순한 초심의 열정은 아닐 것이라 믿었습니다.

완전한 출판인으로서의 삶을 살다 보니 급기야 제가 어떤 회사에 소속된 사람인지도 까마득히 멀어지고 있었지요. 언제까지나 이렇게 살 수는 없다는 걸 알고 있었지만 시간이 흘러 막상 코로나 팬데믹이 끝나가고 순환 휴직도 종료된다는 소식이 들려오니 초조함과 불안함이 엄습하기 시작했습니다. 정말로 이제 다시 현실로 돌아가야만 하는 시간일까. 다시 쉴 틈 없이 비행을 다니며 살아야만 하는 걸까. 언젠가 다시 이렇게 출판인으로 살아볼 날이 찾아올까. 어느새 길고 길었던 팬데믹도 거의 종식되고 일상도 대부분 회복되었습니다. 저 또한 정신을 차리고 보니 다시 유니폼을 입고 공항과 기내를 걷고 있더군요. 그런데 문제는 제 마음과 정신이 좀처럼 다시 승무원으로서의 삶으로 돌아오지 못하고 있었다는 겁니다.

어쩌면 저는 코로나와 순환 근무의 시작과 동시에 잠정적으로 다시는 회사로 돌아가지 않으리라 결심했었는지도 모릅니다. 회사에 남겨둔 건 소속뿐 마음과 정신은 이미 회사를 떠난 외부인이었던 게 아닐까 싶어요. 회사의 입장에서는 당장에라도 해고를 해야 마땅한 직원이라는 걸 충분히 인정하고, 내일 당장이라도 해고를 당해도 저는 아무런 할 말이 없을 정도였으니까요. 그런데 그런 마음가짐과는 상관없이 언제 회사와 멀어졌었냐는 듯 다시 전 세계를 방랑하며 수많은 승객을 응대하고 있는 제 모습을 바라보면서 스스로 가장 근원적인 질문을 던질 수밖에 없었습니다. 나는 누구일까. 얼마 전까지만 해도 하루의 끝이 감사하던 나는 누구였고, 지금 기내 한복판에서 넋이 나간 듯 서 있는 나는 누구일까.

선생님 : 많이 외로우셨겠어요.

 누구나 할 수 있는 흔한 말이었지만 쉬지 않고 토로하던 저를 향해 선생님이 해주신 그 한마디에 저는 더는 아무런 말도 할 수 없었습니다. 잠시 이야기를 중단했어요. 외로움. 오랜만에 듣는 단어였고 지금 나의 이야기에 어울리는 말일까 생각도 해봤지만 저는 결국 받아들이지 않을 수 없었어요. 현실과 꿈 사이. 누구도 알아주지 않는 혼자만의 균형을 유지한답시고 그것을 제외한 모든 것에 소홀했던 나의 삶. 균형만 신경 쓰느라 방치한 채 보살피지 않았던 나의 일상. 그 속에서 저는 애써 외면하려 했을 뿐 분명 많이 외로웠을 겁니다. 그 한마디에 눈물이 조금 차올라서 티슈에 손을 가져가다가 문득 부끄러워져서 그만두었습니다. 눈물을 흘려보내는 것에도 용기와 연습이 필요한가 봅니다.

*

세 번째 편지

퇴사하지 못하는 이유
"손에 쥔 걸 놓아야 다른 세상으로 갈 수 있어요"

선택에 따라 달라질 미래와 책임

그렇게 외롭게 지켜낸 제 균형의 겉모습만 바라보며 간혹 멋진 삶이라고 말하는 사람들도 있습니다. 왜냐하면 직장을 다니면서도 꾸준히 해마다 책을 출간했기 때문이겠지요. 하지만 저의 속사정을 아는 사람들은 제가 지켜낸 균형이 얼마나 위태로운지 알고 있고, 제가 입고 있는 유니폼이 얼마나 제 몸에 맞지 않는 옷인지도 잘 알고 있습니다. 그래서 그들은 늘 제 걱정을 하며 무리하지 말라는 조언을 해주곤 했어요. 그런데 그 문제는 지난 레터에서 말씀드렸던 것처럼 누구보다 저부터가 입사 초기 때부터 가장 빠르고 뼈저리게 인식하고 있었습니다. 아마도 저처럼 지나치게 생각이 많고 지나치게 신중한 사람이 아닌 다른 결단력 있는 사람이었다면 신입 일 년 차가 끝나기도 전에 당차게 퇴사했을 것이라 생각해요.

하지만 승무원이라는 경력을 온전히 살릴 수 있는 곳은 아이러니하게도 오직 항공사뿐이었고, 전혀 다른 직종으로 이직을 하기에는 솔직히 자신이 없었습니다. 이십 대부터 지금까지 꾸준히 해온 일이라고는 글을 쓰는 일밖에는 없었는데 퇴사 후 전업 작가로 살아가기에는 제가 등단이나 학위 같은 특정한 타이틀을 갖춘 것도 아니고, 아직 인지도도 턱없이 부족할뿐더러 소득이 불안정한 프리랜서로 살아갈 확신도 없는 상태였지요. 맞습니다. 한 마디로 저는 일단 해보지도 않고 잔뜩 겁에 질려서 이러지도 저러지도 못하다가 고민의 무게에 짓눌려 무너져 내린 사람의 표본이라고나 할까요. 가끔은 저도 이렇게 아무런 결단도 내리지 못하는 제 자신이 참을 수 없을 만큼 한심하게 느껴집니다. 무엇이 그렇게 두려운 걸까요.

선생님 : 그래도 이번에는 이렇게 용기를 내셨잖아요. 마음을 회복하고자 상담을 신청하신 것 자체로도 아주 큰 용기입니다.

제가 살고자 상담을 신청했습니다. 더는 지체하면 안 될 것 같았기 때문이었죠. 그런데 궁지에 몰려야만 용기를 내는 사람도 용감한 사람일까요. 궁지에 몰리지 않았을 때도 용기를 낼 수 있어야 비로소 용감하다고 말할 수 있을 것 같은데요. 적어도 퇴사라는 문제에 있어서 만큼은 그렇다고 생각합니다. 도저히 버틸 수 없는 상황까지 내몰리다가 반강제적으로 튕겨 나가듯 퇴사하는 것이 아닌 자신이 추구하는 삶과 정반대의 길로 향하고 있다는 걸 느꼈을 때 무모하리만큼 가차 없이 퇴사하는 것. 그게 제가 생각하는 가장 이상적인 방식의 퇴사였는데 저는 이미 후자의 경우가 되기에는 턱없는 지각을 한 셈이고 전자의 경우가 되려면 부디 더는 이 고민을 지지부진하게 끌고 가서는 안 될 겁니다.

(1) 계속 승무원으로 일하는 경우

정년이 보장된 직장과 안정적인 소득이 보장될 겁니다. 회사라는 버팀목과 함께 '보통의 코스'인 취직-결혼-육아-퇴직-노후로 살아가기 수월하겠지요. 결혼을 하는 경우 은행 대출을 일으켜 신혼집을 마련하는 데에도 큰 도움이 될 겁니다. 회사 생활의 속사정이 어떠할지라도 누군가에게는 이 회사에 소속되었다는 것만으로도 커다란 부러움의 대상이 되고, 그 또한 작은 자부심이 되는 건 분명합니다. 하지만 불규칙한 스케줄 근무와 국제선 승무원 업무의 특성상 늘 시차에 허덕이며 강도 높은 육체/감성 노동에 체력/정신적으로 고통 받는 날들이 찾아오는 빈도가 늘어날 겁니다. 무엇보다 승무원

일과 회사에 아무런 뜻이 없어서 하루하루 월급만을 위해 버티는 삶을 살아가다 정년 퇴직을 하게 될 겁니다.

(2) 퇴사 후 프리랜서로 살아가는 경우

불안정한 소득으로 '보통의 코스'의 시기와 실현이 불확실해집니다. 본인이 하기 나름이겠지만 상대적으로 궁핍해질 확률이 높은 분야와 시대입니다. 설령 책 한 권의 성공과 단기간의 높은 수입을 기록하더라도 미래의 안정을 보장해 주지 않습니다. 회사라는 버팀목이 없으니 은행 대출을 일으키기 까다로워져서 온전히 저의 능력과 수익으로 해결해야 할 경제적인 문제들이 많아질 겁니다. 생계를 위해 단기적인 단순 반복적인 일을 때마다 구해야 할 확률도 높습니다. 대신에 스스로 하루와 일상을 통제하며 자유롭게 원하는 일을 할 수 있습니다. 무엇보다 가장 열정을 쏟을 수 있고 적성에 맞는 일을 하며 언제 어느 곳에서든 온전한 저 자신으로서 살아갈 수 있습니다.

(3) 승무원과 작가 활동을 병행하는 경우

언뜻 보면 '보통의 코스'를 유지하면서도 경제적인 안정과 성취 모두 두 배가 될 수 있는 최적의 길입니다.

저 또한 이 방향을 목표로 삼았던 적이 있었고 그때만 해도 두 가지 일을 병행하는 것에 대한 한 치의 의심도 없었습니다. 실제로 삼사 년 간은 아무런 무리 없이 두 가지 일을 병행해 왔던 것도 사실이지만 코로나 시대를 기점으로는 중심이 완전히 출판 활동 쪽으로 기울어져서 다시 균형을 잡기 어려운 상태입니다. 제 몸과 마음이 특별한 계기로 월등히 튼튼해지거나 심적으로 극적인 타협이 발생해 중심 잡기에 성공한다면 그리 불가능한 선택도 아니라고 생각합니다. 하지만 두 가지 모두를 잘 해내고 싶은 욕심을 떨쳐내지 못한다면 제 삶에 행복과 여유는 존재하지 않을 듯합니다.

불현듯 제가 좋아하는 이동진 평론가의 유튜브 채널에서 시청했던 에피소드 하나가 떠올랐습니다. 그의 설명을 따르자면 아프리카 어느 부족에는 원숭이를 사냥하는 특이한 방법이 있다고 합니다. 그것은 나무 기둥에 작은 구멍을 뚫고 그 안에 사과 한 알을 억지로 밀어 넣어 두는 것인데요. 그러면 원숭이가 다가와 사과를 꺼내려 구멍에 손을 집어넣는다고 합니다. 이제 원숭이는 나무에 매달려 좀처럼 꺼내지지 않는 사과를 억지로 꺼내려 안간힘을 쓰며 옴짝달싹하지 못하는 상태가 되지요. 그때 원주민들이 원숭이를 사냥하려 다가오는데 웃긴 건 원숭이는 손에 잡은 사과를 꽉 쥔 채로 도망가지도 못하고 나무에 매달린 채로 손쉽게 잡힌다고 합니다.

남들의 시선으로는 생각할수록 이해할 수 없는 어리석은 행동이잖아요. 그런데 그 원숭이와 저의 입장이 전혀 다르지 않다는 생각을 했습니다. 지금 처한 환경으로부터 벗어나려면 당장 손에 꽉 쥐고 있는 걸 내려놓는 것부터가 시작일 텐데 자기가 위험한 줄도 모르고 눈앞의 사과만 꽉 쥔 채로 매달려 있는 모습이 저와 똑같았어요. 다른 삶을 살려면 지금 부여잡고 있는 것들을 적당히 놓을 필요가 있는데 욕심이 많은 저는 맛있는 사과는 챙겨서 다른 삶으로 건너가고 싶었던 것이죠. 그러니 저는 여유와 평온이라고는 하나도 없는 번아웃과 우울에 사냥 당하기 딱 좋은 취약하고 나약한 마음 상태였던 겁니다. 다 타버린 재 같은 마음으로 무엇을 감당하고 무슨 선택을 할 수가 있었을까요. 물론 변명일 수도 있겠지만요.

혼자 쓴다는 고독한 일

상담 선생님은 가만히 저의 넋두리 같은 이야기를 듣고 계시다가 중간중간 최소한의 반응과 개입만 하는 방식으로 그동안 제가 마음 안에 꾹꾹 눌러 담고 살아온 것들을 충분히 털어놓을 수 있도록 도와주셨습니다. 누군가에게 속마음을 꺼내놓는다는 것만으로도 이렇게 커다란 위안이 될 수 있다는 걸 저는 모르고 살았던 것 같아요. 물론 그 누군가가 아무나가 되어서는 안 될 일이었겠지만요. 가까운 이들에게 속마음을 털어놓았을 때 진심으로 경청하고 함께 해결책을 고민해 줄 사람이 과연 얼마나 될까요. 대부분은 평범한 직장인의 흔해빠진 투정이거나 심약한 사람의 피곤한 호소 정도로 받아들이지 않을까요. 자신의 일이 아닌 이상 누구도 그 감정의 우물을 깊숙이 들여다볼 수 없는 건 당연한 일이라 생각합니다.

사람이 늘 모든 생각과 감정을 마음에 쌓아두기만 하면 언젠가 역류하거나 폭발한다는 건 알고 있었습니다. 하지만 저는 그 말에 해당되지 않는 조금은 예외적인 경우라고 믿었어요. 왜냐하면 저는 글로 생각과 마음을 풀어내는 게 일상이었던 사람인 만큼 일반적인 고민이든 스트레스든 때마다 배출해 내며 이른바 화병 따위에 걸릴 일은 결코 없을 것이라 생각했거든요. 실제로도 저의 예전 책들의 생산력은 주로 분노에서 비롯한 것들이 많았습니다. 말하지 못한 답답함과 해결할 수 없는 막막함 같은 것들로 이뤄진 분노라고 할까요. 그렇다고 물론 분노 자체를 여과 없이 문장으로 풀어낸 것은 아니었고 감정을 계속해서 객관화하고 희석해서 기록한 글이었지요. 그래서 저만은 괜찮을 줄 알았습니다. 모두 토해내며 살았으니까요.

선생님 : 아무리 많은 글을 써도 사람과 직접 대화하지 않으면 결국 아무것도 온전히 표출되지 못하고 계속해서 쌓여만 갈 거예요.

가만히 생각해 보니 그랬습니다. 혼자 쓰는 글도 혼자 만드는 책도 결국은 상대방과의 상호적인 대화라기보다는 저의 생각과 이야기를 풀어내고 불특정한 다수에게 전하는 일방적인 방식의 소통이었을 뿐인데 저는 그것으로 충분하다고 믿었던 것이죠. 물론 제 책을 읽어주시는 분들과의 소통도 존재했지만 그것은 실시간으로 연결되는 직접적인 소통이라기보다는 서서히 제게 전달되는 느린 편지와도 같은 것이라 직접 마주하는 대화와는 또 다른 의미였습니다. 그렇다면 결국 저는 혼자서만 끊임없는 독백을 이어온 것일 뿐인데 그 독백에 공감해 주시는 분들이 나타난 현상은 굉장한 행운이라고밖에는 설명이 불가능합니다. 아마도 그런 분들이 지금의 이 두서없는 편지도 읽어주고 계신 게 아닐까 싶어요.

아직 이야기를 시작조차 하지 못한 것 같은데 어느새 시간은 한 시간을 훌쩍 지나고 있었습니다. 제 안에 얼마나 많은 생각과 고민들이 꼬여버린 실타래처럼 얽히고설켜 있었던 것인지 이야기를 토해내는 와중에도 주제가 방향을 잃고 이리저리 흘러갔습니다. 선생님 말씀처럼 저는 모든 일을 혼자 감당하고 선택하려는 강박과 욕심 속에서 분명 외로웠고, 그 외로움보다 더 답답했고, 답답함으로 질식할 위기가 찾아오자 그제야 비로소 처음으로 다른 사람에게 손을 내밀었던 것 같습니다. 아마도 용기를 냈으니 상담센터를 찾아왔던 게 맞을 거예요. 그렇지 않았다면 저는 계속 몸과 마음의 이상을 감지하면서도 스스로 이겨낼 수 있다고 고집을 부리다가 지금보다 심각한 상황에 맞닥뜨린 후에야 병원을 찾아갔을 겁니다.

선생님은 저의 공황 초기 증세를 감안해서 병원의 약물 치료도 병행하는 편이 좋겠다고 말씀하셨습니다. 그리고 만약 다음 상담을 생각한다면 그때는 TCI(기질 및 성격 검사)와, MMPI(다면적 인성검사)를 해보는 것도 좋겠다는 제안을 주셨는데요, 물론 퇴사와 미래에 대한 고민 만으로 검사 제안을 주신 것은 아니었고, 이 편지에는 쓰지 않았지만 상담하는 동안 선생님께 말씀드렸던 저의 성격과 기질과 관련된 문제점들을 이 기회에 자세히 파악해 보고 싶은 저의 의견도 반영된 것이었습니다. 그 부분에 대한 설명은 언젠가 제가 더 솔직해질 수 있을 때를 기약하고 싶어요. 상담은 결국 자신도 모르게 내면에 봉인해 둔 생각과 마음을 조금씩 길어 올리는 과정을 통해 자신을 새롭게 발견하는 시간이 아닐까 싶었습니다.

첫 상담을 끝내고 밖으로 나왔습니다. 단 한 번의 상담으로 마음이 회복된다면 얼마나 좋을까요. 아마 그럴 수 있다면 세상에는 마음을 앓으며 고통받는 사람들도 없었을 테죠. 그렇지만 상담을 시작했다는 것만으로도 마음이 기댈 곳을 찾아낸 느낌이라면 너무 과장된 이야기일까요. 과장일지라도 첫 상담을 마친 저의 기분은 센터의 문을 열고 들어설 때보다 분명 홀가분해져 있었습니다. 집으로 돌아가는 길 내내 이런 생각을 했어요. 저에게 절실했던 건 어쩌면 상담이 아닌 사람이 아니었을까 하고요. 물론 가까운 사람일수록 거짓 없이 모든 걸 꺼내 보이기가 오히려 더 힘들다는 점도 알고는 있지만요. 그래도요. 사람을 지나치게 멀리했던 대가를 제대로 치르고 있는 것 같습니다. 하지만 그리 늦지는 않았을 거예요.

네 번째 편지

약물 치료의 시작

"마음이 감기에 걸렸다고 생각하세요"

　

정신의학과의 문을 열었습니다. 놀라움의 연속이었어요. 처음에는 병원의 위치가 제가 오래 다니던 정형외과의 바로 위층에 있었다는 것이고, 그다음으로는 병원 대기실을 가득 메운 사람들의 숫자였습니다. 분명 진료 예약을 하고 방문한 것이었는데 이렇게나 사람이 많을 줄은 상상도 하지 못했습니다. 상담센터를 찾아볼 때처럼 친구의 추천을 받아서 온 병원은 아니었어요. 단순히 인터넷 검색을 통해 집과의 거리, 사람들의 후기, 그리고 조금 특이하지만 선생님의 인상을 꼼꼼히 살펴본 후 선택한 곳이었습니다. 살면서 정신의학과를 접해본 것은 주로 영화나 드라마 속에서 기이하게 비친 모습이 전부였기에 때문에 병원을 처음으로 방문한 저의 첫 느낌은 아무래도 두려움이었습니다.

데스크의 간호사님에게 예약자 이름을 말씀드리니 작성해야 할 검사지를 주셨습니다. 어딘가에 앉아서 검사지 문항들을 체크해야 할 텐데 아무리 둘러봐도 앉을 자리는 보이지 않았지요. 그래서 간호사님이 따로 마련해주신 작은 책상과 의자에 앉아서 펜을 들었습니다. 잠시 병원의 모습과 대기하는 사람들을 살펴봤어요. 얼마 전에 유행하는 독감에 걸려서 이비인후과를 찾아갔을 때도 환자들이 이 정도로 많진 않았는데 세상에는 각자의 이유로 마음과 정신을 앓는 사람들이 예상보다 많다는 생각을 했습니다. 게다가 미디어의 영향인지 아니면 제가 낯선 환경에 색안경을 낀 채 찾아온 탓인지 대기실 사람들의 작은 행동과 대화 하나하나에 의미를 부여하게 되더라고요.

단순히 다리를 떤다거나, 머리를 긁는다거나, 한숨을 쉰다거나, 심지어는 가만히 멍하게 앉아있는 모습에도 편견이 깃든 의미를 부여했습니다. 그 행동들 중 대부분은 누구나 불안하고 긴장될 때 정상적으로 나타내는 몸의 반응이었을 뿐일 텐데, 단지 정신의학과를 찾아온 사람들이라는 이유만으로 단순한 몸의 반응이 아닌 병적인 현상이 아닐까 섣불리 넘겨짚게 되었어요. 그렇다면 독감이 아직 완치되지 않아 간헐적으로 잔기침을 하는 제 모습을 그들은 과연 어떻게 바라봤을까요. 감기에 걸린 가련한 사람으로 바라봤을 까요. 언제든 발작을 일으킬 수도 있는 위험한 사람으로 바라봤을까요. 쓸데

없는 생각은 그만두고 손에 든 검사지에 정신을 집중하기로 했습니다.

검사지는 이전에 상담센터를 처음 방문했을 때와 비슷한 문항들이 많았습니다. 주로 최근의 감정 상태와 생각들에 관해 1번부터 5번까지 그렇다, 매우 그렇다, 보통이다 등등의 정도를 묻는 익숙한 형태의 질문지였는데요, 저의 타고난 성격과 기질 탓인지 혹은 요즘의 제게 정말로 문제가 발생한 탓인지 이상하리만큼 일관되게 부정적인 쪽의 숫자를 체크하게 되었습니다. 그렇다고 거짓으로 체크를 한다면 애써 병원까지 찾아온 제 용기와 결심이 헛수고가 될 것이니 그 순간의 솔직한 감정과 기분 상태를 따라갔습니다. 검사지를 제출하고 얼마나 더 오래 기다렸을까요. 드디어 제 이름이 호명되고 조금은 긴장된 마음으로 복도 끝 진료실로 천천히 걸어갔습니다.

병원 진료실의 첫인상은 상담센터와는 확실히 다른 느낌이었어요. 편안하고 따뜻한 분위기보다 조금 건조하고 사무적인 분위기였습니다. 물론 분위기라는 건 병원의 인테리어에 따라 천차만별로 달라지겠지만 그때의 제 느낌은 진료실 인테리어의 영향보다는 심리적인 긴장과 압박의 영향이 컸을 것이라 생각합니다. 의사 선생님은 저를 지켜보시며 기본적인 질문들을 하셨지요. 그리고는 답변하는 저의 모습과 검사지의 결과를 토대로 아마도 우울을 동반한 공황의 초기 증세라고 하셨습니다. 내심 환자분은 단순한 스트레스인 것 같으니 병원 치료가 필요 없다고 말씀해 주시기를 기다렸는데 이제 진정으로 선고를 받은 듯했지요. 동시에 오히려 치료를 위해서는 확실한 병명이 있는 게 낫겠다는 생각을 하던 찰나였습니다.

선생님 : 그런데 요즘 평소와 다른 행동을 하진 않았나요? 예를 들면 연락이 끊긴 사람에게 이유없이 연락을 했다거나, 주변을 정리하는 행동을 했다거나 하는 것들이요.

선생님의 질문을 듣고 잠시 생각에 잠겼습니다. 우연의 일치인지 저는 최근에 연락이 뜸해진 인연들에게 무작정 메시지를 보낸 적이 있었어요. 단순히 어떻게 사는지 안부가 궁금했고 그들과 이야기를 나누고 싶었거든요. 이런 방식의 연락도 혹시나 어떤 위험한 징후가 되는 걸까 싶기도 했습니다. 게다가 주변을 정리하는 행동은 아니었지만 저는 직업 특성상 늘 하늘 위를 날아다닐 수밖에 없는데 그 부분이 늘 마음에 걸렸어요. 비행기는 가장 안전한 교통수단인 동시에 사고가 발생하면 생존확률이 가장 낮은 교통수단이기도 한데요. 그래서 만약의 경우를 대비해 이제는 혼자 계시는 아버지와 주변의 몇몇 친구들에게 저의 모든 정보가 담긴 비상 연락망을 보냈거든요. 그런데 하필이면 그 시기가 또 최근이었지요.

제 말을 듣고 계시던 선생님도 조금 놀란 표정으로 뭔가를 기록하셨습니다. 그러더니 재차 꼬리 질문을 하셨지요. 아마도 제가 했던 행동들이 자살의 징후인지 아닌지를 명확하게 확인하는 과정 같았어요. 대수롭지 않을 그런 행동들도 진료실을 찾아온 환자의 입에서 말해지면 충분히 오해의 소지가 될 만하다고 생각했습니다. 언젠가 읽었던 책에서도 사람이 마침내 자살을 결심하는 데 가장 큰 영향을 끼치는 건 다름 아닌 바로 자살 직전에 대화를 나눴던 사람의 무심한 말 한마디라고 했는데요. 그것을 토대로 생각한다면 여기저기 안부를 묻고 일상을 정리하는 듯했던 저의 모습이 조금은 위험하게 보였을 것 같기도 했습니다. 하지만 우연히 상황들이 맞물린 탓일 뿐 저는 결코 서둘러 세상을 떠나고 싶은 생각은 없었습니다.

선생님 : 지금은 심적으로 많이 취약해진 상태예요. 몸이 감기에 걸리면 열이 오르고 재채기를 하는 것처럼 마음도 감기에 걸리면 이렇게 여러 가지 신호를 보냅니다. 불안

하고, 신경질 나고, 불면에 시달리고, 그러다가 호흡이 곤란해지기도 하고. 그렇지만 이제 치료를 시작하면 이런 증상들이 계속 이어지진 않을 거예요. 당분간은 저와 함께 꾸준히 마음을 관찰하면서 최대한 잘 보살펴 볼게요.

그날의 진료는 그것으로 끝났습니다. 처방전을 기다리며 새로 알게 된 것 중 하나는 정신의학과는 약국에서 약을 처방받는 것이 아닌 병원 데스크에서 직접 처방받는다는 것이었어요. 아무래도 항정신성 의약품이라 조금 더 엄격하게 관리하는 게 아닐까 싶었습니다. 그런데 생각보다 처방된 약의 종류가 많더라고요. 항우울제, 수면유도제, 그리고 공황증세가 올 때마다 먹는 필요시 약 등등. 저에게 맞는 약과 용량을 찾을 때까지는 어지럽다거나 속이 더부룩하다거나 하는 부작용이 있을 수 있으니 그런 증상이 있다면 병원으로 전화를 달라고 했습니다. 흔히 듣기로는 우울증 약은 한 번 먹기 시작하면 함부로 끊으면 안 된다던데 이것들을 정말 먹어야 하나 싶었지요. 하지만 어떻게 하겠어요. 선고를 받았으니 먹는 수밖에요.

집으로 돌아가는 길에 많은 생각을 했습니다. 나 번아웃이었구나. 나 우울증에 공황도 앓고 있는 환자였구나. 그것도 모른 채 일상의 의미를 잃고 무기력하게 살아가던 나를 가차 없이 채찍질을 해댔구나. 네가 지금 그렇게 나태하게 있을 시간이 어디 있느냐고. 당장 일어나서 생산적인 일을 하라고. 누가 봐도 그 숨 막히는 생활의 결과는 탈진이었을 테고 저는 이미 내려진 정답처럼 그 탈진 속에서도 무엇이라도 해내야 한다는 강박적인 허우적거림을 멈추지 못하고 있었던 것이죠. 그런데 병원에 방문해 명확한 진단을 받으니 두려움보다는 안도감이 들었습니다. 아마도 한동안 제가 이상했던 건 저라는 사람에게 문제가 발생했다기보다는 제 머리 위로 잠시 우울이라는 먹구름이 지나가는 것일 뿐이라는 생각이 들었으니까요.

그리고 수많은 유튜브 관련 영상에서도 그 생각이 정답이라고 알려주었습니다. 게다가 그 영상들의 조회수는 백만이 넘는 것들이 수두룩했지요. 물론 자신들의 상황을 토로하는 댓글들 또한 셀 수 없을 만큼 많았습니다. 번아웃이라는 용어가 유행처럼 번져나가고 관련 책들과 영화들 또한 많이 만들어지고 있다는 건 그와 같은 현실의 반영이겠지요. 하지만 번아웃이라는 조금은 거창한 용어도 결국은 '삶에 지쳤다'라는 보다 직설적인 의미와 다르지 않다는 생각을 합니다. 세상은 우리를 타고난 기질과 성향대로 살아가게끔 내버려 두질 않고, 우리는 그들이 정해놓은 속도와 방향에 억지로 자신을 맞추려다 서서히 소진되기 시작하고, 결국은 탈진에 이르게 되는 게 아닌가 싶습니다. 누구를 위한 삶인 줄도 모른 채로요.

집에 돌아와 약봉지를 가만히 바라봤습니다. 일주일 분의 약이 들어있을 텐데 생각보다 꽤나 두툼했습니다. 저녁 식사 후 먹어야 하는 약을 하나 뜯어서 식탁에 올려두었지요. 평소에 먹는 영양제 같은 것들과는 비교도 할 수 없을 정도로 작은 크기의 약들이 담겨있었지요. 쌀 한톨만 한 크기라면 비슷하려나요. 그런데 이 작은 크기의 약이 저의 마음과 정신에 영향을 줄 수 있다니 신기하면서도 망설여졌던 게 사실입니다. 한번 시작하면 마음대로 끊을 수 없다는 말은 약에 의지해야 한다는 것과도 같잖아요. 아직도 정신을 차리지 못했는지 스스로 이겨낼 수 있다는 착각이 남아있던 걸까요. 망설이면 망설일수록 회복이 늦어질 것이라는 생각으로 약을 뚫어져라 바라보다가 결국 저는 약을 먹어보기로 결심했습니다.

수면제를 먹었더니 평소보다 잠에 드는 시간이 조금은 앞당겨진 것 같긴 했지만 그동안 비행 생활을 하며 해외에서 억지로 컨디션 유지를 위해 먹곤 했던 약들, 이를테면 미국 대형마트에서 쉽게 구할 수 있는 액

상형 수면유도제나, 밤에 먹는 타이레놀 등등 한국의 약국에서는 구할 수 없는 약들보다 효과가 크진 않았습니다. 새벽에는 여전히 뒤척였지요. 항우울제를 먹은 후에는 머리가 멍하기도 하고 속이 메스꺼웠는데요, 그게 바로 선생님께서 말씀하신 부작용 같은 것이라 아마도 제게 맞는 약과 용량을 찾아가는 데에는 시간이 많이 걸릴 듯합니다. 누군가는 운이 좋아 금방 자신에게 맞는 약을 찾기도 한다는데 과연 제게도 별 탈 없이 그런 행운이 찾아와 줄까요.

하지만 그건 그렇고. 마음과 정신에 그 어떤 폭풍이 몰아쳤을지라도 내일의 비행은 여전히 제 스케줄 표에 남아있었습니다. 시간을 계산해 보니 내일은 집에서 오전 열 시에 출발하면 될 듯하네요. 지난번에 인천국제공항까지 출근을 했다가 도중에 공황증세가 찾아와서 당일 결근했던 일화를 기억하실 겁니다. 내일도 그렇게 되면 또다시 결근 요청을 해야 할 것 같은데 과연 제 몸이 얌전하게 있어 줄까요. 그런 걱정을 하다가도 오늘 병원에서 받아온 약이 있으니 한편으로는 비상탈출 버튼을 챙겨가는 것처럼 조금은 안도감이 들기도 했습니다. 내일을 생각하니 벌써부터 가슴이 답답하긴 했지만요. 저처럼 생각이 많은 사람은 이미 내일을 미리 살고 있기 때문이지요.

이제 슬슬 짐을 챙겨봐야겠습니다.
별일이야 있겠어요.

*

다섯 번째 편지

끝이라는 이상한 예감(上)
"조금 유별나고 특별한 사람"

프라하 비행을 떠나는 날이었습니다. 약물 치료를 시작한 후 처음으로 떠나는 비행인 만큼 많은 고민과 걱정이 있었는데요, 그것은 다름 아닌 제 몸과 마음이 약의 기운을 빌릴지라도 저번처럼 어떤 증상을 일으키지 않을 것이라는 확신이 없었기 때문입니다. 그렇지만 겪어보지 않고 미리 알 수 있는 건 아무것도 없으니 우선 출근하는 수밖에 없었지요. 무작정 쉴 수 있는 상황이 아니었기도 하고요. 생계는 그 어떤 순간에도 쉽게 놓을 수 없을 정도로 잔인하다는 것을 공감하시리라 믿습니다. 집을 나서기 전에 미리 약을 챙겨 먹었습니다. 공황 증상이 있을 때를 대비한 '필요시 약'인데 당분간은 매일 먹는 게 좋겠다는 선생님의 말씀을 잘 따라가 보려 다짐했으니까요.

그리고는 캐리어에 약 봉투를 챙겼는지 몇 번이나 확인한 후 집을 나섰습니다. 집에서 공항까지는 자동차로 보통 한 시간 정도가 걸립니다. 여느 때처럼 자동차에 짐가방 세 개를 싣고 운전대를 잡았지요. 늘 같은 도로를 거쳐 출퇴근을 반복한 지 십 년이 넘은 탓인지는 모르겠지만 운전에 온전히 정신을 집중했던 게 언제였는지조차 기억나지 않았습니다. 언제나 다른 생각에 잠겨 있다 보면 어느새 공항 주차장에 도착해 있곤 했으니까요. 그럼에도 차선도 신호도 문제없이 잘 지키는 것을 보면 신기하고 다행일 따름입니다. 만취해 필름이 끊긴 사람도 자신의 집은 곧잘 찾아가는 것과도 비슷하지 않을까 싶습니다. 물론 저는 술을 못 마시는 사람이라 만취한 상태의 느낌과 상황이 무척이나 궁금할 뿐이긴 하지만요.

영종대교 진입을 앞두고 가슴이 조금 떨리기 시작했지만 미리 약을 먹은 탓인지 다행히도 증상이 발작적으로 나타나진 않았습니다. 그래도 언제든 저번처럼 심해질 수 있다는 생각에 긴장의 끈을 놓지 않은 채 주차장에 도착했어요. 출근해서 주차를 하는 아무것도 아닌 일상의 습관을 무사히 마무리했다는 것에도 안도의 한숨을 쉬게 되었다니 아직은 제가 무슨 상황을 겪고 있는지 실감이 나질 않았습니다. 몸에 타박상이나 골절상을 입게 되면 겉으로도 확연히 눈에 띄기 때문에 다른 사람들도 쉽게 알아채고 배려해 주기 마련이지만, 마음의 문제는 눈에 보이지 않으니 다른 사람들에게 양해를 구하려면 구구절절 직접 설명해야 하는 어려움이 있겠다 싶었지요. 실은 마음도 골절을 당한 것과도 마찬가지인 데도요.

코로나 시대가 저물어 가니 그동안 결항됐던 대부분의 노선이 빠르게 회복되고 있었습니다. 체코의 프라하도 그중에 한 곳이었지요. 다시 취항한 노선들이 많은 만큼 그동안 여행을 기다려 온 승객들로 공항은 말 그대로 인산인해였습니다. 공항 청사가 텅 비고 가게들도 모두 문을 닫았던 불과 몇 달 전의 폐가 같았던 모습은 이제 온데간데없었어요. 사람들은 여전히 마스크를 쓰고 있었지만 마스크가 그들의 들뜬 표정마저 숨길 수는 없었습니다. 짐은 무거워 보여도 발걸음만은 가벼워 보였어요. 얼마나 설레는 기분이 들었을까요. 여행 계획이 없는 사람도 밝고 좋은 기운을 받으려 일부러 공항으로 나들이를 떠나오는 것을 보면 공항은 참 알수록 신기한 공간인 것 같습니다.

캐리어를 끌고 설렘과 낭만이 가득한 공항청사와 사람들 사이를 가로질렀습니다. 저는 여행객이 아닌 오직 근로자의 입장이기 때문에 게이트로 이동하는 동안에는 늘 마음이 가볍지는 않아요. 날마다 다른 구성의 승객들로 만석을 이루는 객실에서 일한다는 건 사실 아무것도 예측할 수 없다는 말과 다르지 않기 때문입니다. 그것에 맞게 최대한 준비와 대비를 하는 과정에서 설렘과 보람을 느끼거나 불안과 혼란을 느끼는 건 어디까지나 직원 개인의 몫이겠지요. 당연히 예상하시겠지만 저는 아쉽게도 후자의 범주에 속하는 사람입니다. 물론 늘상 불안과 혼란으로 일관된 건 아니었지만요. 만약 저도 전자의 범주에 속하는 사람이었다면 아마도 지금보다 마음을 앓을 날들이 그리 많진 않았을 겁니다.

단 하나의 좌석도 남지 않은 만석의 비행기가 이륙했습니다. 업무는 여느 때와 다름없이 절차대로 진행되었지요. 식사 서비스, 면세품 판매, 교대로 휴식, 간식 서비스, 다시 식사 서비스, 그 모든 절차의 중간마다 승객 응대, 안전 점검, 정리의 반복. 이것이 일반적인 장거리 비행의 대략적인 업무 절차입니다. 아무래도 사람과 사람의 일이기 때문에 예측이 불가능한 부분들도 정말 많지만 거의 단순 반복에 가까운 작업인 것도 분명한 일이에요. 그래서 익숙해지면 업무가 수월해지는 면이 많은데 이상하게도 저는 최근에 이 익숙한 일들에서 자꾸 실수를 일삼고 있었습니다. 이유 없이 집중력과 판단력이 떨어지는 듯한 기분이었고, 전반적으로 업무숙련도가 갈수록 퇴화되는 느낌이었다고나 할까요.

열두 시간 남짓한 시간이 흐른 뒤 프라하에 도착했습니다. 다행히도 비행 중에 챙겨온 약을 한 번 더 먹어서 그랬는지 참을 수 없을 정도의 불안과 호흡곤란은 없었지요. 그래도 속이 메스껍고 머리가 멍한 부작용이 나타나는 것을 보면 아무래도 한국에 돌아가서 약을 조절할 필요가 있다고 생각했습니다. 보통 승무원들은 해외에 도착하면 셔틀버스에 짐을 싣고 다시 머무를 숙소로 이동하는데요, 직원의 입장으로써 프라하의 좋은 점 중 하나는 공항 바로 맞은 편 도보로 삼 분 거리에 숙소가 마련되어 있어서 버스를 이용하지 않아도 된다는 점이었습니다. 긴 시간 밤을 새우는 노동 후 가장 절실한 건 휴식이기 때문에 숙소가 코앞이라는 건 아주 커다란 위안이 되었습니다.

누군가가 승무원이라는 직업을 부러워한다면 그건 아마 세계의 곳곳을 여행할 수 있다는 생각 때문이지 않을까요. 그건 절반은 맞는 말일 겁니다. 스케줄마다 다르겠지만 평균적으로 장거리 비행으로 해외에 체류하는 시간 동안 하루는 자유 시간이 보장되는데요, 어찌 보면 그 시간은 시차에 적응하며 회복하는 시간이기도 합니다. 하지만 그 시간을 이용해 숙소에서 휴식을 취하거나 외출해서 근교에 다녀오거나 하는 것은 각자의 몫이지요. 평소의 저는 식물처럼 정적인 사람이라 숙소에서 쾌적하게 머무는 것을 좋아했습니다. 그래야만 지금까지처럼 꾸준히 글을 쓸 시간도 확보할 수 있었으니까요. 그런데 이번 프라하의 시간만큼은 어떻게 해서든 숙소가 아닌 바깥에서 보내야만 할 것 같았습니다.

우울증과 공황증세의 치료를 시작한 이후로 왠지 승무원으로서의 시간이 얼마 남지 않은 것처럼 느껴졌거든요. 그렇게 된다면 이토록 일상처럼 해외에 나올 일도 이제는 없어질 테니까요. 승무원을 그만둔다는 건 뜬구름 같은 소리로 들릴 수도 있었지만 제게는 그 목표가 뜬구름이었던 적은 없었습니다. 그런데 그 목표가 이제는 어떤 선택도 제대로 못하고 있는 제게 직접 다가와서 압박을 하는 느낌이었지요. 때로는 어떤 결심과 생각보다 직감이 먼저 길을 인도해 주는 경우가 있잖아요. 시간이 흘러보면 그때의 직감이 정답 혹은 오답이었다는 걸 알게 되기도 하고요. 우선은 노동의 여파로 기절한 듯 쓰러져서 잠에 빠져들었습니다. 수면제를 먹은 탓인지 평소보다 더 깊게 잠든 것 같기도 했지요.

시계는 새벽 다섯 시를 가리키고 있었습니다. 이토록 강렬하게 누구보다 빠르게 밖으로 나가야겠다는 생각을 했던 게 언제였는지도 기억나질 않았어요. 그렇다면 대략적인 계획을 세워봐야겠지요. 구글맵을 켜고 동선을 짜기 시작했습니다. 프라하 시내는 생각보다 작아서 가볼 만한 장소들이 한곳에 모여있는 느낌이었어요. 길치인 저에게는 최상의 조건이었습니다. 우선은 미술관 한 곳과, 식당 한 곳, 그리고 카를성 근처를 둘러보기로 했습니다. 그리고 중간중간 몸이 이끌리는 대로 걸어볼 생각이었지요. 준비물은 포켓 와이파이, 보조 배터리, 신용카드 한 장이면 충분했고요. 외출 준비를 마치고 조식 뷔페에 갔더니 제가 첫 손님이었을 정도로 열정 가득한 프라하의 아침이었습니다.

언젠가 책에서 가볍게 썼던 문장이 있습니다. 길을 잃을 수 없는 상황에서도 길을 잃어야 길치라고. 구글맵이 있어도 길을 잃어야 길치라고. 구글맵이 있으니 이 시대에 진정한 모험이라는 게 가능할까 싶다가도 해외에서는 늘 핸드폰을 손에 꼭 쥔 채 초조하게 걷는 제게는 단순한 외출도 모험이었습니다. 언제 길을 잃을지 모른다는 걱정 때문이었겠지요. 그런데 그날 아침은 오히려 길을 잃고 싶은 마음이었습니다. 오직 얼른 밖으로 나가고 싶다는 생각에 사로잡혀서 조식 뷔페에서도 무슨 음식을 먹는지도 모른 채 배만 채우면 상관없다는 듯이 온갖 종류의 음식을 입으로 밀어 넣었습니다. 마무리로 아침 약을 챙겨 먹는 것도 잊지 않았고요. 그렇게 입에 빵가루가 묻은지도 모르는 채 무작정 숙소 밖으로 나섰습니다.

프라하의 아침은 생각보다 쌀쌀했고 덕분에 저는 몸을 한껏 움츠린 채 시내로 가는 버스를 기다렸습니다. 첫 번째 목적지는 '내셔널 갤러리 프라하'였어요. 버스와 트램을 갈아타며 이 도시의 교통 시스템에 대해 의아하기도 했는데요. 누구도 교통카드를 찍지 않는다는 것이었습니다. 분명 프라하 시민들만의 암묵적인 결제 시스템이 있다고 생각하고, 이방인인 저는 숙소에서 나눠준 당일권 교통카드를 어떻게든 찍어야 한다는 마음에 트램의 구석구석을 둘러봤지만 그 어디에도 단말기가 없었어요. 현지인에게 물어보면 금방 해결되었을 텐데 저는 왠지 해외에만 나오면 말수가 더 적어져서 그냥 교통카드를 주머니에 넣어두었습니다. 확실하진 않지만 어쩌면 온종일 프라하에서 무임 승차한 것일 수도 있을 겁니다.

갤러리에 도착했을 때 평일의 이른 시간임에도 불구하고 많은 학생들이 줄을 서 있었습니다. 아마도 학교에서 단체로 견학 비슷한 걸 나와 있는 듯했지요. 그런데 아직 갤러리가 오픈하려면 적지 않은 시간이 남아있는 상황이라는 걸 알 수 있었습니다. 저는 숙소에서 서둘러 나오는 것만 신경 쓰느라 갤러리 오픈 시간조차 확인하지 않았더라고요. 제가 이렇게나 빈틈이 많은 사람입니다. 갤러리 근처 벤치에 앉아 시간을 기다리면 좋았으련만 오전의 쌀쌀한 날씨는 생각보다 매서워서 어딘가 실내로 들어가야만 했어요. 근처 카페에 가기에는 이미 숙소에서 커피를 두 잔이나 마신 탓에 저는 골목을 두리번거리다가 다행히도 일종의 작은 몰 같은 곳을 발견해서 이런저런 구경을 하며 시간을 보낼 수 있었습니다.

어느새 갤러리 오픈 시간이 다가왔지요. 티켓을 구매해 둘러보기 시작한 갤러리는 미술관이라기보다는 박물관에 가까운 느낌이었습니다. 갤러리는 새하얗고 커다란 정사각형 모양의 부침용 두부 같은 외관이었지만 그 투박함에 비해 유명하고 다양한 화가들의 미술작품을 소장하고 있는 것으로 알려져 있었어요. 게다가 체코의 대표 화가인 '알폰스 무하'의 작품들 또한 다량 소장하고 있어서 관광객들이 꼭 방문하는 곳 중 하나였습니다. 갤러리 오픈런의 좋은 점 중 하나는 널찍한 갤러리에서 고요하게 작품을 감상할 수 있다는 것이죠. 유명한 갤러리는 대부분 너무 많은 사람들로 북적이는 탓에 그림에 집중하기가 쉽지 않았거든요. 해외의 갤러리를 종종 둘러볼 수 있다는 건 이 직업이 가져다준 커다란 선물이 분명했지요.

갤러리 공간이 넓은 만큼 작품의 숫자도 정말 많았습니다. 피카소, 모네, 르누아르 같은 유명한 화가들뿐만 아니라 처음 들어보는 생소한 이름의 화가들의 작품들이 장소를 가득 메우고 있었어요. 물론 제가 미술을 좋아만 할 뿐 관련 지식은 전무해서 그들의 이름을 처음 접하는 것일 수도 있습니다. 혼자 터벅터벅 걸음을 옮기며 작품을 감상하는 동양인 남자가 신기했는지 백발의 연로한 큐레이터님은 자꾸만 저를 보고 웃어주셨습니다. 아무런 의미 없는 웃음일 수도 있겠지만 저는 괜히 할머니의 인자한 미소라는 의미를 부여하고 싶었습니다. 신기한 건 갤러리의 큐레이터 및 직원분들 대부분이 연로한 분들이셨는데요, 저는 그 부분이 참 마음에 들었습니다. 왠지 마음이 편안해지는 분위기라고 할까요.

그런데 갤러리 곳곳을 둘러보며 작품들을 충분히 감상했다는 생각이 들 때쯤 아직 '알폰스 무하'의 작품은 한 점도 마주치지 못했다는 걸 알게 되었어요. 혹시나 모르고 지나친 곳이 있는지 갤러리를 다시 한번 둘러봐도 여전히 그의 작품을 발견할 수는 없었습니다. 그래서 아까 저를 보고 웃어준 할머니 큐레이터님에게 다가가 무하의 그림을 어디서 볼 수 있는지 여쭤봤는데요, 그랬더니 큐레이터님은 여전히 인자한 웃음을 잃지 않으시며 무하의 그림은 전부 위층에 전시되어 있는데 오늘은 '휴관'이라고 하셨습니다. 아. 갑자기 다리가 저리는 것 같았지요. 하필이면 오늘이 휴관이라니요. 물론 다른 작품들을 마음껏 감상한 것만으로도 충분히 만족스러웠지만 그래도 프라하의 무하를 놓쳤다는 건 커다란 아쉬움이었습니다.

하지만 아쉬움이 실망을 의미하는 건 아니었어요. 온통 좋아하는 것들로 채워진 이국의 공간에서 온전히 홀로 보낸 시간은 더할 나위 없는 자유로움과 충만함이었습니다. 저는 늘 해외의 미술관이라는 공간에서 승무원 일의 보람을 느꼈고, 그 시간만큼은 어떻게든 방해받지 않으려 노력해 왔거든요. 이를테면 회사 선배나 동료가 미술관에 동행하고 싶다는 뉘앙스를 보이면 저는 온갖 이유를 둘러대며 혼자만의 시간을 지키고자 노력했어요. 어쩌면 그래서 조금은 유별난 사람이라는 말들을 들으며 직장 생활을 해온 듯합니다. 어떻게 생각하실진 모르겠지만 저는 '유별나다'라는 말이 참 좋아요. 저는 그 말이 '이상하다'라는 말보다는 '특별하다'는 말로 들리고, 또 그렇게 듣고 싶거든요.

예민하다는 말, 유별나다는 말, 특이하다는 말, 이상하다는 말. 상대방이 자신과 조금 다르다 싶을 때 너무도 쉽게 단정 짓는 말들이기도 하잖아요. 조금만 깊숙이 들여다보면 그 사람의 말과 행동을 이해할 수 있을지도 모르는데, 누군가를 이해하려는 노력은 어쩌면 가장 번거롭고 불편한 일이기도 해서 좀처럼 쉽게 시도할 수 있는 일은 아닌 것 같아요. 분주하게 살다 보면 마음의 여유가 점점 사라져서 나 자신만 챙기기에 급급해지니까요. 그래서 상대방을 자기 기준대로 편리하게 단정 지어야만 다가올 스트레스를 줄일 수 있는 것 같기도 합니다. 그것처럼 저 또한 저에게 가장 편리하고 단순한 방식으로 사람들의 시선과 말을 받아들이기로 한 것이지요. 어떤가요. 구독자님도 저처럼 조금 유별나고 특별한 사람이신가요.

여섯 번째 편지

끝이라는 이상한 예감(下)
"모든 발걸음이 작별 인사인 것처럼"

프라하의 거리에 햇볕이 내리쬐고 있었습니다. 갤러리에 입장할 때만 해도 오전의 쌀쌀한 날씨로 몸을 한껏 웅크리고 걸었지만 어느새 한낮이 되어 거리마다 그늘이 지워지고 있었지요. 갤러리가 그리 인기 있는 관광지가 아닌 탓인지 주변은 생각보다 한산했습니다. 북적이는 곳을 싫어하는 저로서는 한적한 분위기가 더할 나위 없이 반가웠어요. 다음 목적지 같은 건 없어도 좋을 만큼 무작정 좁은 골목 사이를 걸으며 즐비한 가게들을 구경했습니다. 세계의 어느 도시를 방문해도 골목 상점들은 그 특유의 아담하지만 다정한 분위기가 있는 것 같아요. 특히나 낯선 도시에서 작은 책방이나 꽃집을 발견할 때면 괜히 이곳은 안전한 장소라는 혼자만의 일방적인 신뢰를 품는 때늦은 순진함과 마주하기도 했습니다.

카를교 방향으로 가기 위해 다시 자연스레 트램을 무임 승차했습니다. 도무지 트램 안에서 교통카드를 찍는 단말기를 찾지 못했기 때문이라는 어설픈 핑계로 자신을 타이르면서요. 빈 좌석에 앉아서 천천히 움직이는 트램 바깥의 풍경을 가만히 바라봤습니다. 유난히 청명한 날씨와 프라하의 이국적인 건축양식이 어우러져 창밖을 감상하는 것만 해도 오늘의 몫을 다 해낸 기분이 들었지요. 옆 좌석에는 저와 비슷한 또래의 여성이 종이책을 읽고 있었는데요, 대중교통에서 종이책을 읽는 모습을 너무 오랜만에 본 탓인지 신기한 마음에 계속해서 몰래 바라보기도 했습니다. 유럽을 좋아하는 이유 중 하나는 아날로그가 다른 서구권에 비해서 여전히 존중받는다는 느낌 때문이에요.

특히나 책을 좋아하는 저로서는 종이책에 몰두해 있는 사람들이 가득한 환경과 사랑에 빠질 수밖에 없거든요. 늘 모든 게 너무 빠른 한국에서 살다 보면 기술의 발전이 조금은 느려져도 괜찮겠다는 생각을 더 자주 하게 되는 듯합니다. 지금보다 조금 느리고 불편하더라도 사람의 손으로 감각할 수 있는 일들이 언제까지나 남아있기를 바란다면 그건 지나치게 낭만적인 생각일까요. 자꾸만 예전의 감성과 감각이 그립고 그 사라짐이 아쉬운 걸 보면 제 마음이 너무 빠르게 나이 든 탓인지도 모르겠습니다. 사람들이 어떻게 생각하건 저는 아날로그가 완전히 사라지기 전에 태어나고 자란 사람이라는 걸 큰 축복이라 여기며 살아가고 있고, 언젠가는 그 자체가 제게 무엇과도 바꿀 수 없는 자부심이 될 것이라 믿어요.

트램과 거리에 사람들이 많아지는 걸 보면 어느새 카를교 근처에 다다른 듯했습니다. 저는 두 정거장 정도 먼저 내려서 산책을 시작하기로 했지요. 오월에는 한국도 마찬가지겠지만 체코도 완연한 봄 날씨로 온갖 나무들이 연둣빛을 발산하고 있었거든요. 연두로 가득한 봄이 얼마나 짧고 귀한 계절인지 잘 알기 때문에 이 찰나를 온몸으로 만끽하고 싶었습니다. 유월부터는 연두가 서서히 초록으로 변해가잖아요. 물론 초록 또한 연두 못지않게 아름다운 색이지만 연두가 가진 여리고 강렬한 탄생의 느낌까지 품고 있진 않은 듯합니다. 초록이 원숙을 의미한다면 연두는 시작과 성장을 의미하는 색이 아닐까요. 사람도 그렇고 모든 생명체의 시작과 끝은 비슷한 과정을 거쳐 간다는 게 당연하면서도 신비로운 따름입니다.

카를교가 저 멀리 보이는 곳에서 산책을 시작했습니다. 카를교는 '블타바 강'을 가로지르며 카를성을 바로 올려다볼 수 있는 가장 인기 있는 관광지이기도 해서 늘 웨딩 촬영을 비롯해 온갖 기념 촬영을 하는 수많은 사람들로 북적이는 곳입니다. 강에는 유람선이 떠다니고 건

너편에는 붉은 지붕의 아기자기한 건물들이 근사한 배경이 되어주는 곳이니 충분히 촬영 명소가 될 만하다고 생각합니다. 다만 저는 아름다운 것도 조금 거리를 두고 멀리서 바라봐야 전체를 제대로 감상할 수 있을 듯해서 오늘은 다른 다리를 통해서 카를성에 가기로 했습니다. 다리로 향하는 거리의 잔디밭과 나무 그늘 아래에는 일광욕을 즐기며 한낮의 여유를 즐기는 사람들로 가득했고, 그 모습을 배경 삼아 걷는 저의 마음도 유난히 평화로웠습니다.

다리를 건너 카를성 마을로 건너가는 길에는 수많은 한국인과 마주쳤는데요, 그중에는 비행기에서 제가 담당했던 승객들도 적잖이 있었습니다. 물론 서로를 바로 알아채기보다는 분명히 언젠가 봤던 낯익은 얼굴 정도로 희미하게 기억하다가 잠시 뒤 서로를 스쳐 간 다음에 그제야 기억이 선명해지는 경우라고나 할까요. 제 성격에 그들에게 먼저 다가가서 저희 같은 비행기로 프라하에 왔다고 넉살 좋게 대화를 건네진 못한 채 다만 마음속으로 그들도 카를성에 가는구나, 프라하는 정말 좁은 도시구나 할 뿐이었지요. 그만큼 프라하를 방문한 사람이라면 모두가 찾는 곳이 프라하 성이라는 뜻이기도 했습니다. 마을에서 성까지는 언덕을 올라 대략 이십 분 정도가 걸리는 동산 정도의 높이였어요.

언덕을 오르다 때마다 뒤를 돌아보면 프라하 시내가 한눈에 들어오는 장관이 펼쳐졌습니다. 언덕에 위치한 가게에는 사람들이 모두 자리를 잡고 있었고요. 청명한 날씨 덕분인지 저 멀리 지평선까지의 풍경이 말끔하게 보였지요. 그러다 문득 앞쪽에서 걷고 있는 낯익은 모습의 한국 여성을 발견했습니다. 아무래도 옆모습이 익숙해서 조금 더 지켜보니 어제 함께 일했던 동료더라고요. 평소라면 인사라도 건넸을 텐데 혼자 산책하는 모습과 풍기는 분위기가 왠지 저처럼 내향인의 정석 같아서 그만두었습니다. 내향인은 내향인을 누구보다 잘 알아보기 마련이잖아요. 물론 인사를 건네고 동행하게 되면 지금보다 흥미로운 이야기가 펼쳐질 수도 있겠지만 내향인은 그것보다는 혼자만의 시간을 지키는 것을 택하는 부류입니다.

프라하 성의 중심에는 '성 비투스 대성당'이라는 프라하에서 가장 큰 성당이 있습니다. 뾰족한 첨탑의 높이가 무려 백 미터나 될 만큼 거대하고 웅장한 외관에 순식간에 압도당할 정도였어요. 건축이야말로 가장 정교하고 아름다운 예술 형식이 아닐까 하며 성당에 입장했지요. 종교가 없는 사람도 종교적인 장소에 가면 그 성스러운 분위기에 자연스레 경건해지곤 하잖아요. 저도 발소리를 죽인 채 조심스레 성당의 내부를 둘러보다가 한쪽 벽면에 설치된 스테인드글라스에 눈길이 머물렀습니다. 알고 보니 그것은 알폰스 무하가 제작한 작품이었고, 오전에 전시 휴관으로 무하의 작품을 보지 못했던 아쉬움을 이것으로 보상받는 듯했습니다. 괜히 체코의 국민 화가로 불리는 게 아닐 만큼 곳곳에 무하의 흔적들이 있었어요.

대성당의 실내와 외관을 천천히 감상하다 보니 어느새 시간이 오후 네 시 정도가 되었습니다. 현지 시간으로는 한창 관광을 시작하고 잠시 뒤면 멋진 야경을 감상할 수 있는 시간이었지만 시차가 바뀌어 있는 저의 체력은 슬슬 숙소로 돌아가라는 유혹을 하고 있었지요. 아쉬움이 컸다면 어떻게든 무리해서라도 조금 더 많은 곳을 둘러봤을 테지만 저의 오늘은 여러모로 만족스러웠기 때문에 이제 숙소로 돌아가기로 결심했습니다. 대신 구글맵으로 가장 가까운 길이 아닌 가장 멀리 돌아가는 길을 선택해서 걷기 시작했어요. 돌아가는 대신 그 길에서 더 많은 풍경을 바라볼 수 있는 동선으로요. 이를테면 한국에서 이따금 빠른 열차 대신 구태여 무궁화호를 타서 느긋한 여유를 만끽하고 싶은 마음 같은 것이었죠.

프라하 성을 뒤로 한 채 끝없이 이어지는 내리막길을 걸었습니다. 도로의 양쪽으로 울창한 숲이 그늘이 되어줬고, 오가는 차도 거의 없어서 온전히 저 혼자 드넓은 숲을 걷는 느낌이었어요. 그런데 못내 아쉬움이 남았는지 뒤쪽으로 프라하성이 완전히 보이지 않을 때까지 자꾸만 뒤돌아보게 되었습니다. 예전의 저였다면 언젠가 다시 비행으로 찾아올 테니 그때는 또 다른 곳을 둘러보면 되겠다는 대수롭지 않은 마음이었는데요, 이번에는 혼자만의 짧은 나들이였지만 숙소의 침대에서부터 프라하의 거리를 걷는 모든 발걸음마다 '마지막'이라는 예감이 들었습니다. 그래서 내심 이번이 아니라면 영영 볼 수 없을지도 모른다는 생각이 제 몸을 억지로라도 이끌었던 게 아닐까요.

그렇다고 제가 이번 프라하 비행을 끝으로 퇴사를 하겠다는 분명한 결심을 한 것은 아니었는데요, 저도 모르게 요즘 제가 겪고 있는 우울과 공황의 증상들을 생각했을 때 끝을 직감하고 일상이었던 이 생활과의 작별 인사를 시작했나 봅니다. 프라하성은 이미 시야에서 사라진 지 오래였지만 저는 계속해서 뒤를 돌아봤습니다. 그리고 별것 아닌 거리의 모든 장면조차 못내 아쉬워 최대한 많이 사진으로 담아두려 애썼지요. 머릿속에는 십 년 전 처음 회사에 입사해 승무원이 되었을 때부터 지금까지의 장면들이 파노라마처럼 흘러갔습니다. 처음 유니폼을 입었을 때, 그 모습을 바라보던 부모님의 표정, 수

많은 기내의 사건들과 사람들, 미워하고 존경하고 시샘하고 친절한 동료들, 인사고과로 인한 스트레스를 비롯한 그 모든 장면들.

늘 불만투성이로 다녔지만 그래도 어떻게든 조직과 문화에 적응하려 애썼던 십 년의 세월이 끝을 예감하는 지금에 와서는 고마웠다는 마음으로 남는다는 게 역설적이었습니다. 그럼에도 제 삶을 지탱해 준 일이었다는 건 부정할 수 없는 사실이니까요. 걸음마다 미련이었고, 걸음마다 후회였으며, 걸음마다 불안이었지만, 그래도 걸음마다 후련함과 설렘이 가득했습니다. 아마도 그동안의 생활을 정리하고 새로운 세상으로 몸을 던질지도 모른다는 막연한 직감이 아니었을까요. 그 직감이 현실이 되거나 망상이 되려면 지금부터 어디까지나 온전한 저의 몫일 테지만요. 어쩐지 이제는 제가 가만히 있다 할지라도 더는 보다 못한 제 몸과 마음이 그동안의 제 생각과 고민을 분석한 결과를 토대로 저를 움직여 주지 않을까 싶습니다.

한 시간 이상을 그렇게 생각에 잠긴 채 걸었더라고요. 새벽부터 일어나서 활동을 시작했으니 적지 않은 걸음을 걸었을 텐데 발이 아프다거나 피로하다거나 하는 생각은 들지 않았어요. 이상하리만큼 몸도 마음도 가벼워서 어디라도 충분히 더 걸을 수 있을 것처럼 한껏 들뜬 기분이었지요. 그 기분을 따라가도 좋았겠지만 이만해도 작별 인사로는 괜찮다라는 마음으로 숙소로 향하는 열차를 탔습니다. 숙소에 도착해 신발을 벗으니 발이 많이 부어있었어요. 부은 발을 바라보며 후회보다는 뿌듯함이 가득한 걸 보면 그래도 저 나름대로의 작별 의식을 잘 마무리한 듯했습니다. 숙소의 창밖으로 보이는 반짝이는 프라하 공항의 야경을 한참 동안 바라보다 잠이 들었습니다.

한국으로 돌아오는 비행기에서도 약에 의지하니 약간의 답답한 증상만 있었을 뿐 무탈했습니다. 쉽게 예민해질 만한 상황에서도 평정심을 찾은 사람처럼 고요할 뿐이었는데요, 아무래도 작별 인사를 끝으로 마음가짐 자체가 달라지니 이제는 비행 근무가 저의 일이 아닌 그들의 일로 느껴졌습니다. 이런 평정심이라면 일을 계속할 수도 있겠다는 부질없는 생각이 잠시 들기도 했지만 그건 어디까지나 심적으로는 이미 외부인이 된 사람의 섣부른 추측과 판단의 오류일 뿐이라는 걸 너무도 잘 알고 있었지요. 그때의 평정심이라는 것은 어떤 삶의 지혜를 깨달은 것과는 상관없는 단순히 일에 대한 마음의 완전한 소멸에서 비롯한 것이었습니다. 마음이 떠난 뒤에는 이제 자연스레 몸도 마음따라 떠날 차례겠지요.

마지막이 분명하다면 프라하는 마지막에 가장 적합한 도시였습니다. 작별 인사가 무작정 아름다울 수는 없겠지만 그래도 프라하는 작별 인사마저도 아름답게 비칠 정도로 저에게만큼은 가장 낭만적인 도시로 기억되지 않을까요. 그런데 마음이 떠난 자리를 억지로 몸으로 채우려 하면 안 된다는 걸 절감하는 일이 생겼습니다. 최소한 여름까지는 상담과 약물 치료를 병행하면서 어떻게든 비행 스케줄을 소화하고, 그동안 앞으로의 구체적인 계획을 세우려는 생각이었는데요. 저는 프라하 다음 비행이었던 필리핀에 다녀온 직후 극심한 감기 몸살에 걸리고 말았습니다. 의지와 계획과는 상관없이 약한 노동 강도에도 체력이 이상할 만큼 더는 버텨내질 못했습니다.

저는 유종의 미 같은 걸 생각했었는데 그런 건 의미가 조금이라도 남아있을 때의 일이겠죠. 게다가 제 마음은 이미 프라하에서 암시적인 유종의 미를 거둔 셈이기도 했으니까요. 그렇게 조금은 막연하기만 했던 끝이라는 이상한 예감은 서서히 제 앞에 민낯을 드러내기 시작했습니다. 여기서 멈추지 않으면 이번에는 너를 정말 가만두지 않을 것이라고. 몸을 압도하는 정신력 같은 건 저 같은 보통 사람에게는 해당되지 않는다는 걸 인정하지 않을 수 없었지요. 프라하 산책로에서 끊임없이 뒤를 돌아보며 알 수 없는 아득한 감정에 잠겼던 저의 모습이 막연한 우연은 아니었나 봅니다. 세상의 모든 일이 과학적으로만 흘러가진 않겠지요. 역시나 이상한 예감은 틀리지 않습니다.

일곱 번째 편지

나를 분석하는 시간
"너무 사랑하면 최악을 떠올리죠"

상담실로 가는 발걸음이 가벼웠습니다. 오늘은 얼마 전에 진행했던 심리검사의 결과가 나오는 날이었거든요. 기질 및 성격검사와, 다면적 인성 검사라는 생소한 이름의 검사였던 만큼 저라는 사람을 보다 구체적으로 알아가는 계기가 될 듯해서 그 결과가 사뭇 궁금했습니다. 그래서 걱정보다는 호기심이 가득한 마음에 발걸음이 가벼웠나 봅니다. 걱정이 덜 했던 이유는 검사 결과에 대한 아무런 기대도 없었기 때문인데요. 마음과 정신이 소진된 지금의 저로서는 결과가 얼마나 좋지 않은지에 관심을 기울일 뿐 좋은 쪽으로는 생각할 수 없었습니다. 어린 시절 적성검사 결과지를 받아 들고 들뜬 마음으로 어른이 된 나의 모습에 대해 상상해 보는 아이의 심정으로 상담실의 문을 열었습니다.

선생님 : 안색이 안 좋아 보이세요.

필리핀 세부에 다녀와서 몸살이 난 직후였습니다. 상담실에 방문하기 전에 오전 일찍 동네 병원에 들러서 수액을 맞고 온 길이기도 했고요. 불길하고 익숙한 몸살 증상에 다시 코로나에 감염됐나 싶어서 몇 차례 자가 검사도 해봤지만 코로나 재감염은 아니었습니다. 세부에서 우버이츠로 시켜 먹은 후라이드 치킨의 속살이 생각보다 불그스름했지만 개의치 않고 말끔하게 해치웠던 장면이 가장 의심스러웠습니다만, 분명 그것만이 문제는 아니었겠지요. 가장 분명한 원인은 제가 몸과 마음을 앓으며 신체의 면역력이 현저히 저하된 상태였기 때문이 아니었을까요. 평소와 같았다면 조금 덜 익은 치킨을 먹었다 한들 밤을 새고 비행을 다녀왔다 한들 이렇게 쉽게 컨디션이 악화되진 않았을 겁니다.

선생님이 내어주신 결과지에는 낯선 그래프와 숫자들이 가득했습니다. 아마도 저라는 사람을 설명해 줄 중요한 수치들이겠지요. 아무리 살펴봐도 저 혼자 파악하고 이해하는 건 불가능해 보였습니다. 결과지에 대한 선생님의 설명을 최대한 간략하게 요약하자면 이랬습니다. 근심과 걱정이 가득한 우울감. 미래에 대한 불안. 낮은 유대감. 위험회피. 높은 자율성 추구. 그중에서 선생님이 가장 흥미롭게 설명해 주신 부분은 '위험회피'와 '자율성'의 수치가 현저히 높게 나타났다는 부분인데요.

보통 위험을 회피하는 사람의 경우에는 자율성이 낮게 나타난다는 말씀을 하셨지요. 저는 선생님의 설명을 가만히 들으며 마치 제가 아닌 다른 사람의 심리검사 결과를 듣고 있는 듯한 느낌에 사로잡혔습니다.

짐작하고 있던 것들이 객관적인 수치로 눈앞에 펼쳐졌고, 그리고 그 수치들이 생각보다 더 복잡하게 서로 얽히고설켜 있었습니다. 담담하고 태연한 마음이었지만 조금은 몽롱한 기분이 들었어요. 근심과 걱정이 가득해서 몸과 마음이 고장 난 건 이미 알고 있었고, 낮은 유대감이 이토록 적나라하게 드러날 줄은 몰랐거든요. 이십 대 때부터 그 어느 곳에서도 소속감을 느끼지 못한 채 오직 제가 좋아하는 쪽으로만 기울어진 삶을 살다 보니 어쩌면 당연한 결과이기도 했지만요. 이를테면 취업 전에는 글을 쓴다는 이유로 사람들을 의도적으로 멀리했고, 회사에서는 암묵적으로 '일보다 다른 것에 정신 팔린 사람'으로 여겨졌고, 출판의 세계에서는 '직장 다니며 취미로 쓰는 사람'이라는 인식이 강할 수밖에 없었습니다.

제가 다른 사람이었더라도 저를 그렇게 바라봤을 듯해요. 누구를 원망할 수 없는 건 저부터 언젠가 이런 상황과 직면하리라는 걸 오래전부터 알고 있었고, 그게 멋진 삶인 줄 착각한 채 살았다는 것입니다. 그 결과 어느

쪽에서도 '우리'라는 안정적인 범주의 소속감을 느끼지 못했고, 누가 봐도 무리해서 이중 생활을 했으니 어찌보면 유대감이 더 낮게 나오지 않는 것만 해도 다행이었지요. 유대감과 연대감. 결국 인간관계의 측면에서는 최악을 예상하고 있었는데 이 정도면 아직은 차악 정도로 받아들이면 되지 않을까요. 늘 책에서 인간관계에 대한 고민과 다짐을 풀어내며 살아왔는데 정작 그런 사람의 결과가 이렇게 나온다니 인생은 참 모순적입니다. 어쩌면 저의 인생이 유난히 더 그런 것일 수도 있고요.

그런데 위험회피와 자율성의 상관관계에 대해서는 짐작조차 못했던 부분이었습니다. 위험을 회피한다는 건 안전하고 익숙한 일상을 선호하며, 그 일상이 변하는 것을 꺼리는 경향이었어요. 자율성이라는 건 말 그대로 자유의지를 갖고 자신의 일상을 꾸려가는 것을 의미했고요. 문득 저는 어떤 상황에서 가장 극심한 스트레스를 받는지 생각을 해보게 되었습니다. 언젠가 선생님이 제게 '발작버튼'이라는 단어를 알려주셨는데 생각할수록 저는 '저의 비좁은 생활의 반경 안에서의 일상이 간섭받을 때' 그 발작버튼이 눌리는 듯했습니다. 이를테면 스스로 잘할 수 있는 일들을 누군가에 의해 억지로 바꿔야만 할 때 저는 침해 받는 느낌을 받아서 지나치게 신경질적이 되곤 했거든요. 까다롭고 예민해서 상대하기 힘

든 인간입니다

선생님 : 수영씨, 혹시 최근에 가장 행복을 느꼈던 순간은 언제인가요?

 행복. 가장 단순한 질문이 가장 어려운 법이죠. 누구나 행복을 바라며 살지만 정작 행복을 구체적으로 느껴본 사람은 많지 않을 것 같습니다. 행복은 어디에 숨어 있는지 아무리 찾아도 모습을 드러내지 않는 투명한 존재 같았지요. 하지만 분명 제게도 행복한 순간들이 많았을 거예요. 불행한 삶을 살지도 않았고 오히려 화목한 가정에서 아무런 부족함 없이 살았던 게 사실이니까요. 하지만 사람은 당면한 문제에 갇히게 되잖아요. 저는 자연스레 일적인 부분에만 몰두하기 시작했습니다. 그래서 너무도 분명한 행복이었던 독자분들과의 북토크 때의 장면들을 선생님에게 말씀드렸어요. 어떤 장면에서는 소설처럼 온갖 비유를 하며 설명하기도 했고, 또 어떤 장면에서는 지금 감동을 받은 사람처럼 감정에 젖어 설명하기도 했지요.

선생님 : 수영씨는 승무원이라는 직업에 대한 이야기를 할 때는 뜬구름 위에 있는 듯한 표정이었는데, 글쓰기나 책에 관련된 이야기를 할 때는 온전히 이 자리에 있는 것 같네

요. 그때 비로소 수영씨라는 사람이 제 앞에 앉아있는 것처럼 느껴졌어요. 이미 고민에 대한 선택은 정해진 것 같은데 어떤 점이 가장 두렵나요?

선생님은 늘 명확한 정답을 말씀하셨지요. 선생님뿐만 아니라 다른 사람들도 저의 고민을 듣다 보면 당연히 회사를 그만두는 게 맞다고 했고요. 그러게요. 물론 누구도 다른 사람의 속을 완전히 들여다볼 수는 없으니 단순하게 결론짓는 것일 수도 있겠지만요. 저는 무엇이 그렇게 두려운 걸까요. 아마도 전업 작가로서의 생존 가능성을 가장 두려워했던 것이겠죠. 선생님에게 또 한 번 숱한 걱정과 핑계를 털어놨습니다. 누구도 작가로서의 저를 찾지 않을 가능성과, 소재가 완전히 고갈될 가능성과, 인공지능의 위협과, 하물며 출판산업의 종말 등등 제가 생각할 수 있는 모든 종류의 두려움을 꺼내놨지요. 상담 때마다 똑같은 말을 반복해서 죄송하다는 사과도 잊지 않았습니다.

선생님 : 글을 너무 사랑하시네요. 그래서 최악을 생각하게 되는 거예요. 누군가와 사랑에 빠졌을 때의 경우와 똑같아요. 너무 행복하면 자신도 모르게 이별을 떠올리는 것처럼요.

맞습니다. 저는 글을 사랑하는 사람입니다. 그건 분명하게 말할 수 있는 사실이에요. 혹시나 제 글을 오래 전부터 꾸준히 읽어주신 분이 계시다면 제가 얼마나 사랑이라는 단어를 쉽게 꺼내지 않는 사람인지 아실 겁니다. 평소에도 그 단어는 아낄 수 있는 만큼 아껴서 꼭 필요한 순간에만 꺼내왔습니다. 그 만큼 글에 대한 저의 마음은 짝사랑일지라도 진심이었어요. 재능과 인기의 유무와는 상관없이 제게 글쓰기는 취미 같은 게 아니라 삶의 전부를 걸었던 유일한 대상이었습니다. 현실의 삶보다 문장 안에서의 삶과 발전이 중요했던 많은 날들을 보냈어요. 제가 지금 어떤 종류의 글을 쓸 수 있는 사람인지는 잘 모르겠지만 글쓰기에 대한 저의 마음은 그렇습니다.

선생님 : 당장 지금 뭔가를 선택할 필요는 없어요. 갑작스런 퇴사보다는 우선 가능하다면 휴직을 먼저 해보는 건 어떨까요.

제 입장에서는 '당장'이 아닌 입사 후 십 년 동안이나 끌어온 문제였지만, 오래된 고민이라고 하기에는 여전히 갈피를 잡지 못하고 있으니 충동적인 것처럼 비칠 수도 있겠다는 생각을 했습니다. 그런데 선생님이 추천해 주신 휴직에 대해서는 그동안 생각해본 적이 없었거든요. 계속 회사를 다니거나 그만두거나의 두 갈래로만 생각하고 있었던 건 정신의학과와 관련된 질환으로도 휴직이 가능한지 몰랐기 때문입니다. 눈에 보이지 않는 질병이니만큼 아무래도 진단과 증명이 어려울 것이라 여겼으니까요. 그런데 선생님의 설명을 들으니 이미 무수히 많은 직장인들이 저와 비슷한 증상으로 병가 및 휴직인 상태라는 걸 알게 되었습니다. 최후의 선택은 그 이후로 해도 늦지 않을 것이라는 충분히 합리적인 조언도 받았지요.

선생님은 상담센터에서는 휴직에 필요한 진단서 발급을 해줄 수 없으니 담당 의사 선생님에게 가서 의논해보는 방향을 추천해주셨습니다. 그리고 오늘의 결과지도 필요할 것이라며 서류 봉투에 챙겨주셨지요. 단 결과지에 나온 복잡한 수치와 내용을 인터넷에 검색해보진 말라는 당부를 받았는데요, 불안한 상태에서는 어떤 정보든 안 좋은 쪽으로 받아들이기 때문이라고 하셨습니다. 더군다나 오늘의 결과는 '지금'의 제 상황에서 비롯한 결과일 뿐 마음을 회복하고 상황이 변하면 검사 결과도 그것을 따라 변할 것이니 크게 마음에 담아둘 필요는 없다고도 하셨지요. 챙겨주신 서류를 받아들고 선생님에게 감사의 인사를 드렸습니다. 아직 상담을 몇 번 하진 않았지만 굉장히 커다란 위안과 도움을 받고 있다고요.

곧장 정신의학과 선생님을 찾아갔습니다. 챙겨온 서류도 보여드렸지요. 그런데 선생님은 전혀 예기치 못했던 말씀을 하셨어요. 지금 당장은 진단서 발급이 어렵고 추가적인 병원 검사를 따로 받아야만 그 결과에 따라서 진단서를 써주신다고요. 그런데 오늘 검사를 받아도 결과가 빠르면 일주 뒤에 나온다고. 일주. 지금의 상태로는 그동안의 비행 근무를 감당할 수 없겠다는 판단이 들었습니다. 잠시 멈추지 않으면 상태가 더 악화될 게 분명해 보였지요. 우선은 즉시 병원 검사를 진행했습니다. 놀라운 비용이 청구되었지만 어쩔 수 없었지요. 두 시간에 걸친 까다롭고 진 빠지는 검사였습니다. 간략히 설명하자면, 제한 시간 내에 그림을 그렸고, 퍼즐을 맞췄으며, 문장을 작성했고, 시청각 반응과, 암기와 암산 테스트였습니다.

병원을 나와 지친 몸으로 가장 먼저 한 일은 또 공교롭게도 회사에 전화하는 일이었습니다. 이런저런 사정으로 일주일간 연차를 사용하겠다고 하니, 당연한듯 이런저런 사유로 불가하다고 해서, 저도 당연하게 다시 여러 번 설득해서 '저의' 연차를 받아냈습니다. 떠날 것을 염두에 둔 사람에게 더는 망설일 것 따위는 없잖아요. 또 한 번의 검사 결과를 기다리는 입장이 되었지만, 그 결과에 따라서 휴식의 가능성이 판가름 나겠지만, 그래도 지금의 이 결정이 올바른 판단이라 생각했지요. 이제는 마음이 고장 난 저를 순순히 받아들여야 합니다. 제게는 우선 일주일이라는 시간이 생겼어요. 여러분은 삶이 힘들 때 가장 먼저 혹은 가장 마지막으로 누구를 찾아가시나요. 맞아요. 그래서 저도 일단 본가인 대전으로 갑니다.

*

여덟 번째 편지

휴직의 시작

"이렇게도 살 수 있다는 걸 느껴봐요"

저는 대전에서 나고 자란 사람입니다. 흔히 재미없는 도시로 불리는 대전이지만 애초부터 대전에서 태어나 대전을 벗어나 본 적 없는 사람은 늘 대전에서만 살아왔기 때문에 재미있는 것과 재미없는 것의 차이를 잘 알지 못합니다. 무엇이든 익숙한 환경을 벗어났을 때 비로소 이전의 환경을 제대로 바라볼 수 있게 되는 걸까요. 저 또한 대전을 떠나 대학교에 진학하면서 비교 대상이 생기자 그제야 대전이 다른 도시보다 잔잔하고 차분한 도시라는 걸 깨닫게 되었습니다. 그래서 오히려 너무 많은 사람들과 너무 많은 차들로 북적이는 서울의 삶보다는 고향인 대전과 그곳의 분위기가 늘 그리웠지요. 아마도 고향의 존재는 설령 애증일지라도 누구에게나 비슷하지 않을까 싶습니다.

혼자 살게 된 이후로 제게 본가에 간다는 말은 당연히 대전에 간다는 말과 다르지 않았습니다. 그런데 몇 년 전부터는 그 당연한 의미가 조금은 달라지게 되었습니다. 제 책 『깨지기 쉬운 마음을 위해서』와 『긴 작별 인사』를 읽어주신 분들이 계실진 모르겠지만, 그 책들에는 고향과 가족에 관한 글들이 많은데요. 특히나 『긴 작별 인사』는 몇 년 전 세상을 떠난 엄마를 애도하는 책이기도 하지요. 그 책에는 홀로 남겨진 아버지가 상실을 이겨내기 위해 엄마와 함께 살던 대전의 집을 떠나 직장이 있는 청주로 이사를 가는 내용이 담겨있습니다. 어쩌면 오늘의 편지는 그 책을 쓴 이후 처음으로 가족에 관한 이야기를 하는 셈이기도 하겠네요. 대전이 아닌 청주로 아버지를 만나러 가기 시작한 지도 어느새 두 해가 흘렀습니다.

지난 편지를 기억하실까요. 휴직을 위한 정신의학과의 검사 결과를 받아보려면 최소한 일주일의 시간이 걸린다는 내용이 있었는데요. 그래서 저는 연차를 몰아 쓰고 아버지가 계신 청주에 왔습니다. 저는 아직도 청주에 간다는 말이 어색하기만 해요. 실제로 여전히 사람들에게 대전에 간다고 잘못 말하기도 하고, 대전을 떠나온 이상 이제 제게는 본가라는 상징은 완전히 사라진 걸까 싶기도 합니다. 물론 시간의 흐름은 늘 성실하게 과거의 기억을 조금씩 지워가고 새로운 날들에 적응하게 합니다만, 그럼에도 그 흐름에 역행하는 기억과 몸의 습관들이 분명히 존재한다고 믿어요. 몸에 깃든 장소와 습관은 아무리 오랜 시간이 흘러도 완전히 지워지지 않고 특정한 기억에 기대어 한순간에 되살아나곤 하니까요.

*

그동안 저보다 아버지의 근황을 궁금해하시는 독자분들도 계셨어서 우선은 아버지의 이야기를 조금 들려드릴게요. 아버지는 다행히도 생각보다 잘 지내고 계세요. 우리 가족 대부분의 추억이 깃든 대전을 떠나올 때만 해도 많이 힘들어하셨었는데 아무래도 청주에 친구분들도 많이 계시고 오히려 함께 살던 대전 집을 떠나오신 게 일상의 회복에는 도움이 되었던 것 같습니다. 건강과 취미를 위해 날마다 댄스 학원을 다니시고, 엄마가 알려준 대로 깔끔하게 살림도 잘하십니다. 여전히 해마다 달력이 새로 생기면 엄마의 생일과 기일, 그리고 결혼기념일에 가장 먼저 빨간펜으로 동그라미 표시를 해두는 것도 잊지 않으셨고요. 물론 담배는 여전히 끊지 못하셨고 앞으로도 그럴 계획은 없는 듯 보입니다. 잘 지내시는 거겠죠.

가끔 이렇게 청주에 올 때면 아버지와 한 번은 꼭 함께 가는 식당이 있습니다. 언젠가 글에서도 썼었던 '강가에서'라는 대청댐 주변의 운치 좋은 경양식 집이에요. 늘 세 식구가 함께 가던 곳을 삼 년 전부터는 둘이 가기 시작했지만 그곳에서 식사를 할 때면 꼭 셋이 있는 듯한 기분이 들거든요. 식당의 주인아주머니는 여전히 저희를 반겨주시고 지금까지 단 한 번도 엄마의 빈자리에 대해 묻지 않으셨어요. 혹시나 마음 아픈 질문이 될까 봐 대신 표정으로만 모든 상황을 짐작하고 위안을 건네시는 그 따뜻하고 너그러운 배려가 감사할 따름입니다. 이번에도 저희는 같은 식당의 같은 테이블에 앉아 같은 메뉴를 주문했습니다. 이제는 드라마에서나 나올 법한 전통적인 경양식 돈가스와 함박스테이크 같은 것들이었죠.

아버지는 아무 말 없이 무표정으로 나이프로 돈가스만 썰고 있는 제가 신경 쓰이셨는지 힘든 일이 있는지 여쭤보셨습니다. 아마도 평소에 전화 통화를 하면서 이미 제게 심상치 않은 일이 있다는 걸 눈치채고 계셨을 거예요. 이상하게도 아버지와 아들 사이에는 서먹한 벽이 있어서 엄마와 허물없이 대화할 때보다는 어려운 점이 많아서 말씀드리지 못하고 있었지요. 이제는 둘만 남은 소중한 가족이지만 엄마의 부재로 가장 어려운 관계가 된 느낌도 들었습니다. 유년 시절에는 둘도 없는 단짝 친구처럼 지냈는데 말이지요. 우선 식사를 천천히 하며 아버지와 가벼운 이야기들을 나누는 중에도 일부러 가장 중요한 이야기는 피했습니다. 아무래도 식사하면서 이야기할 수 있는 무게의 주제는 아닌 것 같았거든요.

후식으로 나온 커피와 차에서 김이 모락모락 났습니다. 주인아주머니도 후식을 내어주시며 저희의 얼굴을 번갈아 살펴보시고는 이내 자리로 돌아가셨지요. 아마도 제가 너무 안색이 좋지 않았을뿐더러 표정도 심각했을 겁니다. 커피를 한 모금 마시고 아버지께 그동안의 상황을 말씀드렸어요. 몸과 마음이 고장 난 이유와 상담과 약물 치료를 시작한 일, 그리고 앞으로의 휴직과 그 이후의 계획에 대해서요. 아버지는 저의 건강을 걱정하시면서도 회사와 관련된 일은 신중하게 생각하길 원하셨지요. 제가 아버지였더라도 그렇게 생각했을 겁니다. 친척분들뿐만 아니라 아버지의 친구분들까지도 안정적인 직장에 다니는 저의 결혼 소식을 손꼽아 기다리던 시기이기도 했으니까요.

무엇보다 직장 밖의 삶에 대해서는 아버지 만큼 잘 아는 사람도 없을 겁니다. 우연의 일치인지 아버지가 직장을 그만 두시고 자영업을 시작한 시기가 지금의 제 나이와 비슷했지요. 부자지간의 평행이론이나 숙명처럼 저 또한 아버지가 그랬던 것처럼 지금 중대한 선택의 기로와 맞닥뜨린 셈인데요. 지금의 선택에 따라 제 미래가 전혀 다른 모습이 된다는 것을 아버지는 이미 겪어본 사람으로서 누구보다 많은 걱정을 하셨을 겁니다. 그래서 더욱 저만은 자신과는 다른 선택을 해서 안정적으로 살아가길 바라셨을 테고요. 하지만 워낙 완고했던 저의 설명과 생각보다 심각했던 상황에 아버지는 이렇게 말씀하셨습니다. 네가 행복한 삶을 살면 아빠는 그것으로 되었다고. 아마도 엄마가 살아있었어도 똑같이 말했을 것이라고.

언젠가 엄마에게 속마음을 꺼내 보인 적이 있었거든요. 아마도 출근길 영종대교 위에서 전화 통화를 할 때였을 겁니다. 출퇴근 때마다 짧게라도 엄마에게 전화를 했었으니까요. 전화로 이렇게 말했던 기억이 납니다. 아무래도 일이 너무 적성에 맞지 않아서 생각보다 오래 다니기는 힘들 것 같다고요. 그랬더니 엄마는 그럼 그만두고 대전으로 내려오라고 했었지요. 자기가 어떻게든 먹여 살릴 테니 언제든 그만두고 네가 행복한 일을 하라고요. 물론 절반은 농담이었겠지만 그 말을 들었을 때는 마음이 한결 가벼워진 채로 출근을 했었습니다. 아버지의 말씀이 맞았어요. 하지만 엄마라면 이렇게 말을 했을 것이라는 가정은 틀린 말이었죠. 엄마는 이미 살아있을 때 제게 그렇게 말을 했었으니까요.

*

다음 날 오전. 혼자 엄마를 만나러 대전의 추모 공원을 찾았습니다. 아버지에게 아무래도 이번에는 혼자 다녀오고 싶다는 말씀을 드린 채 운전대를 잡았지요. 온전히 엄마와 둘이 되어야 무슨 말이라도 건넬 수 있을 듯한 기분을 아실까요. 연둣빛이 무성한 숲길을 가로질러 추모 공원에 도착했습니다. 이곳에도 완연한 봄이 찾아와 있었죠. 납골당은 식물의 이름들로 구역이 나뉘어 있고 엄마가 잠든 곳은 '구절초'라는 이름의 구역이었습니다. 지금까지는 엄마가 있는 곳의 이름으로만 기억하고 있었는데 문득 꽃말이 궁금해서 검색해 보니 다름 아닌 '어머니의 사랑'이었습니다. 우연이겠지만 그래도 꽃말 자체만으로도 엄마의 사랑이 그리워서 찾아왔다는 의미가 되는 듯했습니다. 이제라도 꽃말을 알게 되어 다행이었지요.

자세를 낮춰 엄마의 사진을 마주했습니다. 먼 곳에 있어서 그리울 때마다 올 수는 없었어요. 그리움을 차곡차곡 마음속에 쌓아두었다가 이렇게 한 번씩 흘려보냅니다. 힘들거나 답답할 때만 찾아오는 이기적인 마음에 용서를 구했고요. 하지만 지금은 엄마에게 투정 부릴 수밖에 없었지요. 지금은 내가 어떤 선택을 하는 게 좋을까요. 원래 스스로 알아서 잘해왔지만 이번에는 그게 잘 안돼서 이런 안색으로 엄마를 찾아왔는데. 행복한 길을 가라고 이미 예전에 말해줬지만 그래도 나는 이제 세상을 모르지 않는 사람이라 현실이 너무 두려워요. 엄마의 얼굴을 바라보며 속으로 계속 말을 건넸습니다. 엄마도 정답만을 달라는 제가 조금 괘씸할까요. 엄마도 알겠죠. 답은 이미 제 안에 있다는 걸. 다만 직면해야 할 차례라는 걸.

한참을 앉아있다 엄마에게 인사를 건네고 추모 공원을 떠났습니다. 아주 천천히 긴 휴식을 위한 준비를 마치고 있는 듯한 기분이 들었지요. 정답이 이미 제 안에 있을지라도 직면할 용기와 각오가 필요하니까요. 번지 점프를 할 때와 마찬가지라고 하면 너무 억지일까요. 점프를 포기하지 않는 이상 어차피 뛰어내릴 건 변하지 않는 사실이지만 마음의 준비와 각오를 다져야만 스스로 직접 뛰어내릴 수 있습니다. 만약 점프대에서 여전히 망설이고 있는데 누군가 강제로 떠밀어서 뛰게 된다면 그건 점프가 아니라 추락이 되겠죠. 물론 로프가 달려있으니 생명에 지장은 없겠지만 아마도 정신은 온전할 수 없을 겁니다. 저도 제 삶에서 추락이 아닌 점프를 하기 위해서 지금 이 고난의 시기를 건너고 있는 것이라 믿고 싶어요.

*

 일주일 동안 아버지와의 단조로운 시간을 보내고 다시 서울로 돌아왔습니다. 지난 검사 결과가 나오는 날이기도 했지요. 가족을 만나는 일이란 든든한 응원의 존재를 두 눈으로 직접 목격하는 것과도 같아서 그래도 마음이 조금은 안정되고 갈피가 잡히는 듯했습니다. 이제 중요한 건 검사 결과에 따른 선생님의 진단뿐이었어요. 그것에 따라서 저는 다시 승무원 일과 치료를 병행하며 지낼 수도 있고, 휴식에 전념하는 시간을 보낼 수도 있겠지요. 드디어. 진료실에 들어가 선생님을 마주 보고 앉았습니다. 선생님은 결과지를 집중해서 살펴보고 계셨지요. 마침내 저에게 보여주신 결과지는 역시나 예상과 크게 다르지 않았습니다. 불안과 우울과 공황. 수치는 대부분 좋지 않은 쪽을 가리키고 있었지요.

 선생님은 폐쇄병동에 입원할 정도가 아니면 진단서를 몇 개월씩 길게 써주기는 힘들다고 하셨지요. 정신의학과의 진단서를 악용하는 경우도 많다고 하시면서요. 그렇지만 저의 상황과 결과를 살펴봤을 때 분명 휴식이 필요한 상황인 건 맞으니 자신의 재량껏 진단서를 써주신다고 하셨습니다.

선생님 : 수영씨, 이번 휴식을 너무 자신을 채찍질하기만 했던 그동안의 시간을 돌아보는 안식년으로 생각하고, 정말 원하는 삶이 무엇인지 충분히 생각하며 시도해 보면 좋겠어요. 고속도로에는 중간중간 휴게소가 있잖아요. 물론 휴게소를 들르지 않으면 더 빠르게 목적지에 도착할 수는 있죠. 하지만 그만큼 사고의 위험도 늘어나잖아요. 그것처럼 수영씨도 지금 잠시 휴게소에 들른다고 생각하세요.

휴게소에서 충분히 휴식을 취하고 언제 다시 출발할지는 그다음에 생각해볼 것. 의무나 부담이 아닌 열망과 취향으로 휴식을 채워볼 것. 감기에 걸린 마음을 인정하고 자극 대신 다정한 포옹을 줄 것. 사회적인 나이와 통념 대신 온전한 나로서만 살아볼 것. 내가 좋아하고, 내가 잘하고 싶고, 나를 뜨겁게 하는 것들을 되찾을 것. 어른의 꿈 따위는 비웃음을 사는 세상에서 다시 한번 꿈을 향해 몸을 던져 볼 것. 현재를 미래를 위한 희생양으로만 삼지 않을 것. 목표를 높게 세울지라도 그곳까지 가는 주변의 풍경을 충분히 둘러보며 만끽할 것. 최악을 생각만 하지 말고 차라리 최악이 되어볼 것. 그리고 다시는 남들의 소식에 흔들리며 자신을 착취하지 않을 것.

긴 휴식의 초입에서 다짐이 너무 거창할 걸까요. 다짐이 많으면 제대로 된 휴식이 아닐 테지만 좋아하는 것들로만 이뤄진 다짐이라면 괜찮지 않을까 싶기도 합니다. 병원 데스크에서 진단서를 받아서 집으로 가는 길에 다시 회사에 전화를 했습니다. 무려 몇 달을 휴직하는 것에도 처리는 순식간이었지요. 저를 대신할 승무원분들이 팔천 명이나 존재한다는 건 다행이기도 했지만 한편으로는 서글픈 일이기도 했습니다. 언제든 클릭 한 번이면 대체 가능한 인력이라는 의미이니까요. 하지만 이제 휴직자가 되었습니다. 잠정적인 백수가 되었고, 저 자신이 되었습니다. 이 끝은 어떻게 될지 지금으로서는 가늠할 수 없지만 지금은 모든 걸 잊고 온전히 저 자신에게 집중해 보려 합니다. 내일부터는 또 다른 이야기가 펼쳐지겠지요.

아홉 번째 편지

새로운 휴식의 시작
"산책과 청소"

현관을 열고 들어선 집의 모습이 사뭇 달라 보였습니다. 바깥의 푸릇한 오월의 풍경과는 달리 한껏 암막 커튼이 쳐진 캄캄한 집은 한 마리의 커다란 짐승이 웅크리고 있는 듯한 모습이었지요. 거실은 퀴퀴한 냄새로 가득 채워져 금방이라도 질식할 것 같았고, 소파 위에는 온갖 잡동사니가 아무렇게나 널브러져 있었습니다. 옷방에는 여전히 겨울 패딩과 코트가 어제 입은 것처럼 맨 앞에 걸려 있었고, 곳곳에 놓아둔 습기 제거제에 가득 찬 물은 얼마나 오래됐는지 누런색을 띠고 있었습니다. 해외에 체류하는 날들을 제외하면 날마다 이곳에서 대부분의 시간을 보냈음에도 우선은 몸과 마음의 문제를 돌본다는 이유로 정작 제가 어떤 모습으로 살고 있었는지 둘러보지 못했던 것이죠

그런데 오늘은 집의 너저분한 풍경이 한눈에 들어왔습니다. 오랜 고민 끝에 휴직 처리를 하고 돌아온 날이

었기 때문이었을까요. 휴직을 실감하기에는 아직 몇 시간도 채 되지 않았지만 마음은 한결 홀가분해진 걸 느꼈습니다. 세상은 이미 완연한 봄으로 물들었는데 집은 여전히 한겨울이었죠. 겨울옷과 겨울 이불을 세탁소에 맡겨야겠다는 다짐을 했던 것도 벌써 몇 달이나 지난 뒤였습니다. 미루고 미루다 보니 오늘이 된 셈이네요. 생각해 보니 저는 모든 걸 미루다가 이 상황이 된 것인지도 모르겠습니다. 겨울옷 정리도, 봄맞이 청소도, 고민도, 걱정도, 선택도. 미루기만 했더니 감당이 안 될 만큼 쌓여서 이제는 집도 마음도 어디서부터 정리해야 할지 대책이 서질 않는 상태가 되었나 봅니다.

그래도 이제는 모든 걸 더는 미룰 수 없는 시기에 마침 휴직을 하게 되었으니 지금까지와는 다르게 살아볼 생각입니다. 비행으로 빼곡했던 달력이 백지가 되었고 제 의지와 선택에 따라 앞으로는 그 백지를 다른 것들로 채울 수도 있겠지요. 하지만 우선은 선생님의 말씀대로 상담과 치료를 병행하며 '잘 쉬는 것'을 최우선의 목표로 삼아봐야 할 듯합니다. 잘 쉬기 위해서는 일단 잘 쉴 수 있는 쾌적한 환경부터 조성해야겠지요. 우울에 묻힌 제 마음도 집도 이제는 바깥의 푸릇한 봄을 따라 대청소를 시작할 시간입니다. 자기관리를 꾸준히 잘 해왔다고 믿었는데 지금 저의 상태는 그런 것과는 거리가 너무 멀게만 느껴져요. 지금은 이런 저를 받아들이고 조급하게 다시 예전으로 돌아가야겠다는 생각을 가장 경계해야겠지만요.

집안의 모든 창문을 활짝 열었습니다. 대로변에 위치한 건물이라 온갖 소음이 순식간에 집으로 넘어왔지만 소음보다 먼저 집으로 넘어온 건 다름 아닌 한낮의 햇빛이었어요. 캄캄한 어둠이었던 집안 곳곳이 밝은 빛으로 민낯이 드러내고 있었습니다. 그럴수록 어둠에 간신히 숨어있던 정리되지 않은 지저분한 부분들이 더욱 눈에 띄기 마련이잖아요. 아무래도 오늘을 대청소의 날로 삼아야 한다는 어떤 계시 같은 느낌이 들었습니다. 휴직의 첫날이니만큼 말끔하게 대청소를 한 뒤 다시 시작한다는 새 마음과 새 시작의 의미를 부여하기 이보다 더 좋은 날은 없을 듯했지요. 마침 시간도 아직 이른 점심이니 마음만 먹으면 두 시간 정도면 청소를 끝낼 수 있지 않을까 싶었습니다.

창밖의 푸릇해진 가로수가 바람에 흔들리는 모습을 바라보며 청소를 시작했습니다. 가장 먼저 세탁소에 맡길 겨울옷과 겨울 이불을 정리하기 시작했지요. 오래된 솜이불인 탓인지 제가 관리를 못 한 탓인지 이불 커버를 떼어내는 과정에서 유난히 더 퀴퀴한 냄새가 진동을 했습니다. 이런 이불로 겨울을 나고 봄까지 지내왔다는 게 저 자신에게 미안할 정도였지요. 지금 모든 걸 휴식으로 중단하지 않았더라면 하마터면 솜이불을 덮고 여름을 맞이한대도 그리 놀랍지 않은 일이었겠지요. 우선 가장 많은 자리를 차지하는 두껍고 무거운 솜이불과 겨울 패딩과 코트들을 옷걸이 몇 개에 한데 묶어서 현관 밖에 내놓았습니다. 집 청소를 마치면 곧장 세탁소에 맡기려는 계획이었지요.

집안 곳곳 청소기를 돌리고 바닥에 엎드려 물걸레질을 하다보니 어느새 땀방울이 송골송골 맺히는 게 느껴졌습니다. 무기력에 시달리며 청소도 설거지도 무작정 미뤄두기만 했었다는 게 믿기지 않을 정도로 청소에 대한 열의가 무서울 정도로 타올랐어요. 무엇이든 처음에는 유독 정성을 쏟고 남다른 의미를 부여하게 되는 것처럼 저는 오늘을 기점으로 당분간은 스트레스의 근원이었던 제 본래의 직업과 멀어진다는 생각이 커다란 전환점이 되어준 덕이겠지요. 그 전환점에 힘입어 무려 휴직 일 일 차인 오늘부터 어제와는 전혀 다른 기분으로 땀을 흘리며 대청소를 시작했다는 점이 저로서도 신기할 따름입니다. 하지만 무엇이든 무리하면 금방 지치기 마련이니 오늘의 열의를 진정시키며 계속해서 청소를 했습니다.

분홍색 물때가 낀 욕실 바닥도 왁스를 사용해 정성껏 닦았고, 그동안은 눈에 들어오지도 않던 창틀과 주방 인덕션도 전용 세제를 이용해 말끔하게 닦아냈습니다. 귀찮다는 이유로 요리도 하지 않았는데 역시나 아무것도 하지 않아도 먼지와 때는 성실하게 쌓여갈 뿐이었습니다. 청소라는 건 결국 더러운 걸 깨끗하게 만드는 일과도 같은데 그 과정에 직접 참여하며 사물이 깨끗해지는 걸 목격하다 보면 어느새 마음 한편도 조금씩 표백되기 시작하는 걸 느낍니다. 집안일은 대부분 번거롭고 부담되는 일로 다가오지만 때로는 빨래와 설거지를 하며 그동안 말하지 못해 쌓이기만 했던 마음을 조금이나마 씻어내는 해소의 역할을 해줄 때도 있는 것처럼요.

운동 경기하듯 빠르게 청소를 끝낸 집안을 바라봤습니다. 땀을 닦아내며 아까와는 다르게 정리 정돈이 완료된 말끔한 모습을 보니 이제야 집도 계절에 맞는 옷을 입은 것처럼 보였지요. 열린 창문을 통해 시원한 봄바람이 불어왔고 기분 전환 삼아 뿌린 룸스프레이에 집안 곳곳에 상큼한 향기가 감돌았습니다. 미루고 미루다 보니 끝이 보이지 않았는데 내친김에 청소를 끝내버린 기분이란 뿌듯함 그 자체였지요. 말끔해진 집안을 한동안 바라보다 세탁물을 차에 싣고 세탁소로 향했습니다. 너무 오랜만에 왔다며 반갑게 인사를 건네주시는 세탁소

아저씨의 말마따나 그동안의 저는 평범한 생활에서 적잖이 멀어진 삶을 살았던 것도 같았습니다. 해가 바뀌고 계절이 바뀌면 당연히 해야 할 일도 하지 않은 멈춰진 삶이었지요.

대청소가 끝났지만 아직 한낮의 시간이었습니다. 오랫동안 출근을 제외하고는 외출을 극도로 꺼렸던 시기를 보냈지만 어쩐지 오늘은 바깥을 걷고 싶었어요. 오월의 풍경이 어땠는지 시월의 풍경이 어땠는지 그런 것에 신경조차 쓰지 못할 시간을 보냈거든요. 물론 요즘 같은 분주한 사회에서 계절이나 날씨 따위의 낭만에 시간을 쏟을 수 있는 직장인이 얼마나 되겠어요. 대부분 출퇴근 시간이나 점심시간에 잠깐 햇볕을 쐬며 거리의 풍경을 바라보는 게 전부일 테니까요. 그렇지만 저의 경우에는 그 느낌이 조금 다른 삶이었습니다. 비행 근무를 멀리 오래 다녀오면 상대적으로 시간이 더 빠르게 가는 듯했지요. 가령 비행을 다녀오니 한 달이 끝나있고, 비행을 다녀오니 계절이 사라진 느낌이라면 너무 과장된 표현일까요.

더군다나 제 몸도 마음도 정상이 아니었다 보니 유난히 시간이 더 빠르게 흘러간 것처럼 느껴졌지요. 하지만 올봄은 이렇게 제 앞에 정면으로 도착했습니다. 개인의 시련은 안타까운 일이지만 봄은 그런 것과 상관없이 여전히 아름다웠다는 걸 한껏 뽐내고 있었지요. 저는 온 몸으로 봄을 만끽하기로 결심하고 최대한 가벼운 차림으로 산책을 떠났습니다. 시끄러운 이 동네에서 제가 유일하게 좋아하는 곳이 있는데 그곳은 바로 우장산 둘레길이라는 곳입니다. 처음에는 우장산 숲속에 산책로가 있어서 어딘가의 둘레길을 닮았다는 생각을 하며 걷곤 했는데 알고 보니 지자체에서 이미 우장산 둘레길로 이름 붙인 곳이었더라고요. 집을 나와 오 분 정도만 걸으면 바로 둘레길에 들어설 수 있는 가까운 거리에 위치해 있기도 합니다.

말 그대로 우장산이라는 작은 산을 둘러서 산책로를 만들어 놓은 곳이지요. 집 근처에 이 둘레길이 있어서 정 붙일 곳 없던 이 동네에서 얼마나 커다란 위안을 얻었는지 모르실 겁니다. 특히나 코로나 시대에 비행기도 멈춰 선 나머지 몇 달씩 집에서 옴짝달싹하지 못한 시기에는 둘레길이 저뿐만 아니라 이 동네 사람들의 심신의 답답함을 해소해 준 은인 같은 장소였지요. 그때는 헬스장도 이용할 수 없었으니 둘레길 곳곳에 마련된 간이 운동기구의 인기가 엄청나게 치솟았을 때이기도 했으니까요. 둘레길은 그때나 지금이나 여전히 산책하는 사람들과 강아지들, 그리고 가끔은 너구리가 출몰하기도 하는 우거진 숲속의 안식처 같은 곳입니다. 집 근처에 산책로가 있다는 건 다른 단점들을 상쇄할 만큼 커다란 축복이었지요.

빌라들이 양쪽으로 즐비한 언덕을 오르면 둘레길의 초입입니다. 이 길을 오를 때면 늘 눈에 띄는 작고 오래된 피아노 교습소가 있어요. 철제 미닫이문 하나로 실내외를 분리하고 있는 그 집의 내부를 본 적은 한 번도 없었지만 어쩐지 들여다보지 않아도 내부의 모습이 고스란히 그려지는 건 아마도 저희 엄마도 살아있을 때 피아노 교습소를 운영했었기 때문이겠지요. 요즘은 교습소라고 이름 붙은 학원이 거의 없지만 제가 어렸을 적에는 아파트 상가마다 아주 작은 규모의 피아노 교습소가 있었습니다. 엄마의 교습소 문을 열고 들어가면 주로 아파트 아이들의 개인 레슨을 봐주던 커다란 피아노 한 대와 기름 난로가 중앙에 놓여있었고, 벽 쪽으로는 아이들의 연습을 위한 작은 방 서너 개가 붙어 있었어요.

지금의 피아노 학원은 어떠할지 잘 모르겠지만 그때는 피아노 교습소뿐만 아니라 대부분의 방과후 학원들이 아이들의 놀이터 역할을 했습니다. 더군다나 지방의 작은 동네에서는 상대적으로 학구열이 높은 편이 아니었기 때문에 초등학생들의 학원은 몇몇을 제외하고는 온전히 잘 어울려 노는 것에 집중되어 있었죠. 물론 어디까지나 제 생각일 뿐 자식을 학원에 보내놓은 부모의 마음은 조금 더 열성적이었을 수도 있겠습니다. 그래서 엄마도 방과 후 아이들에게 피아노를 가르치면서도 이런저런 놀이와 다과에도 신경을 썼던 기억이 나요. 엄마는 날마다 교습소를 출퇴근했고, 아버지도 날마다 회사를 출퇴근 했기 때문에 외동인 저는 집에 혼자 있는 시간이 많았지만, 그래도 그 시절을 회상해 보면 그저 행복일 따름이었지요.

언덕을 오를 때마다 교습소를 바라보며 엄마가 떠오른다는 건 슬픈 일일까요 아니면 다행인 일일까요. 아마도 이제는 슬픔의 시기는 지나갔으니 그저 반가운 일이라고 생각합니다. 한낮의 둘레길은 말 그대로 한산한 분위기였습니다. 생각해 보면 이 동네에 사는 동안 한 번도 한낮에 산책을 해본 적이 없었더라고요. 그래서 대낮의 산책로가 제게는 생경하기만 했습니다. 늘 어둠에 잠겨있던 산책로 주변 숲의 민낯을 처음 발견하고는 이곳이 원래 이렇게 푸릇하고 아름다운 곳이라는 걸 알게 되었어요. 오월. 모든 식물이 연둣빛으로 생동하고, 춥지도 덥지도 않은 상쾌한 날씨가 이어지고, 기분 좋게 내리쬐는 햇볕이 어우러지는 계절. 산책로가 온몸으로 사람을 환영하고 있는 듯한 느낌이었습니다.

산책로에는 운동복 차림의 동네 어르신들과 따라 나온 강아지들이 대부분이었습니다. 아무래도 많은 사람들이 일을 하고 있을 시간이니 당연한 모습이었지요. 저는 키가 작진 않은 편이라 평소처럼 빠르게 산책로 한 바퀴를 걸으면 대략 이십 분 정도가 걸립니다. 그런데 오늘은 평소의 배가 더 걸리는 시간을 들여서 산책을 했습니다. 뒷짐을 진 채 자꾸만 멈춰서서 하늘 높이 자라난 나무들을 한참 동안 바라보면서요. 나뭇잎 사이로 새어 들어오는 밝은 햇빛의 눈부심과 나무 위를 빠르게 달리며 사라지는 다람쥐의 모습을 발견할 수도 있었지요. 아주 오랜만에 평화롭다는 기분이 들었고, 그 기분을 느낀 저에게 한 번 더 놀랐습니다. 잠시 모든 걸 멈추고 산책로를 걸었을 뿐인데. 평화는 원래 가까운 곳에 있었던 걸까요.

산책로 도중에 마련된 널찍한 운동 공간의 한쪽에는 어르신들이 삼삼오오 모여서 바둑이나 장기를 두고 있었고, 그 옆에는 익숙하고 세련된 요구르트 전동차가 정차해 있었습니다. 요구르트 아주머니는 아마도 산책을 하는 사람들을 단골로 삼고 있었겠지요. 아무래도 몸을 많이 움직이면 갈증이 나기 마련이라 산책로에서 인기를 독차지하고 있는 듯했습니다. 어쩌면 사람 사는 곳 어디에서나 볼 수 있는 광경이었지만 오늘따라 이 평범한 모습들이 현실이 아닌 과거로의 시간 여행 같은 느낌이 들었습니다. 저는 일상의 평화롭고 행복한 모든 장면과 얼마나 멀리 떨어져 있었던 걸까요. 눈을 뜨면 비행기와 승객이었고, 눈을 감아도 비행기와 승객이었던 오랜 시간 속에서 저는 무엇을 얻고 무엇을 잃으며 지내왔을까요.

밤 산책을 할 때는 보이지 않던 다른 코스가 눈에 들어왔고, 그 길을 따라가니 전혀 다른 넓은 세상이 펼쳐졌습니다. 늘 익숙한 곳만 걸어서 이곳이 산책로의 전부인 줄 알았는데 방향을 바꾸니 오히려 더 다채로운 풍경과 맞닥뜨렸습니다. 울창한 숲의 한복판을 걷는 것처럼 이전의 산책로보다 훨씬 더 무성한 나무들이 길을 에워싸고 있었지요. 그 길을 누구보다 느리게 터벅터벅 걸었습니다. 산책로의 어르신들도 강아지들도 모두 저를 저만치 앞서갔지요. 아마도 오늘 만큼은 제가 이 동네에서 가장 느리게 걷는 사람이었을 겁니다. 그동안의 산책이 오직 열량을 태우는 것에만 집중했던 순전한 운동이었다면 오늘의 산책은 비로소 사유를 하고 마음을 가다듬는 명상에 가까웠습니다. 오래도록 꿈꿔왔던 그런 종류의 산책이었지요.

산책로 정상에 마련된 벤치에 앉아서 동네를 내려다봤습니다. 빼곡하게 채워진 숱한 건물들과 그 사이를 이리저리 관통하는 차들이 보였고, 그 모든 걸 내려다보는 이 숲의 나무들도 보였습니다. 나무들은 날마다 이곳에 서서 작은 현실 속에서 아등바등하는 저를 내려다보며 무슨 생각을 했을까요. 눈을 감고 있으니 바람에 흩날리는 나무들의 소리가 들렸습니다. 종종 이름 모를 새소리가 섞여 들었고 그동안 살아왔던 삶의 모습과 사람들의 얼굴들이 떠올랐습니다. 그 모습이 어떠했든 오늘부터는 모든 것의 기약 없는 중단입니다. 당분간은 아무런 생각 없이 이렇게 산책로 정상에 앉아서 가만히 눈을 감고 하염없이 생각과 마음을 보살피는 시간을 보내고 싶습니다. 인생에 한 번쯤 이런 시간을 보내봐도 괜찮겠지요.

열 번째 편지

걱정의 쓸모
"결코 의미 없는 일은 아니었겠지요"

불면을 일삼던 밤이 오랜만에 저를 안아줬습니다. 약의 도움이 컸겠지만 약으로도 도움받지 못했던 날들을 보내면 신뢰를 잃기 마련입니다. 휴직 전에는 출근 시간과 시차를 조절하기 위해서라도 억지로 약을 먹고 잠들곤 했습니다. 그렇게 약을 먹으면 잠시나마 강제로 전원 스위치를 내리는 느낌이었지만 숙면으로 연결되는 건 아니었지요. 한 시간에 수십번씩 깨면서라도 약을 먹은 까닭은 그렇게라도 잠들어야 다음 날 비행에서의 노동을 감당할 수 있었기 때문입니다. 얼마나 예민하면 약도 소용없었는지 지금 생각해도 안쓰러울 따름이지만 그 정도로 예민한 사람이었기 때문에 계속 해서 글을 쓸 수 있었던 것도 분명한 사실이라서 이제 불면은 약도 소용없는 저라는 사람과 영원히 동행하는 존재로 받아들이게 되었죠.

그런데 오늘 아침 눈을 뜬 저는 낯선 개운함을 느꼈

습니다. 숙면을 이룬 듯한 어색한 느낌이 온몸을 감돌았지요. 보통은 아무리 늦잠을 자도 몸이 찌뿌둥하고 찝찝한 기분을 지울 수 없었는데 오늘은 몸과 마음이 완충된 듯한 느낌으로 아침을 맞이했습니다. 약의 도움과 더불어 아마도 요 며칠 한낮의 산책으로 햇빛을 많이 받은 덕분일지도 모르겠네요. 하지만 무엇보다 휴직으로 내일의 부담이 사라졌다는 사실이 숙면을 안겨줬을 겁니다. 이 정도면 약을 먹지 않아도 충분히 괜찮을 것이라는 방심이 샘솟았지만 의사 선생님이 다 괜찮을 것 같은 기분이 드는 이럴 때를 가장 조심하라고 말씀하셨던 기억을 떠올리고는 착실하게 약을 입에 넣었지요. 아침에 일어나 가장 먼저 약을 먹는 일도 이제 습관이 되었습니다.

오늘은 상담이 있는 날입니다. 지난달의 편지들로 전하지 못한 게 하나 있는데요. 친구가 추천해 준 상담 선생님께 몇 차례 상담을 받다가 얼마 전부터는 회사의 의료센터에 소속된 선생님께 상담을 받기 시작했습니다. 아무래도 이제 무급 휴직자에게는 경제적인 부분도 면밀히 고민해 봐야 할 문제이기도 했으니까요. 무료로 상담을 받을 수 있는 회사 의료센터로 상담을 옮긴 건 철저히 현실적인 문제였습니다. 그래도 첫 선생님께서 흔쾌히 이해해 주시며 그동안의 상담을 기반으로 한 소견서를 써주신 덕분에 회사에서 다시 시작한 상담도 아무런 무리 없이 진행할 수 있었어요. 게다가 두 번째 선생님 또한 첫 선생님 못지않게 저의 이야기를 정성껏 들어주시고 조언해 주시는 감사한 분이셔서 저로서는 다행일 따름이었지요.

선생님 : 얼굴이 많이 편안해지셨네요.

오늘 아침의 개운함이 저의 착각만은 아니었던 걸까요. 선생님 또한 예전보다 밝은 얼굴로 인사를 건네주셨습니다. 선생님의 질문은 대부분 제가 모르던 부분들을 바라볼 수 있게 하는 예리한 질문들이었지만 때로는 그 꼬리에 꼬리를 무는 집요한 질문들이 저를 조금 힘들 게 할 때도 있었지요. 힘들 게 했다는 건 선생님이 질문이 무례해서 제 기분이 언짢았다는 것이 아닌 제가 떠올리기 어렵고 불편한 내면 깊숙한 곳의 이야기를 길어 올리는 과정이 스스로 힘들었다는 의미입니다. 이를테면 가족에 관한 이야기나 저의 결함과 결핍에 대한 이야기들이겠지요. 그럴 때면 잠시 서로 대화를 중단한 채 차를 마시거나 그 질문을 조금 미루거나 화제를 돌리는 방식으로 상담을 이어갔습니다.

선생님 : 이제 본격적인 휴직의 시작이잖아요. 어떻게 지내고 있어요.

우선은 아무런 계획이 없습니다. 일부러 아무런 계획도 세우지 않으려 노력하고 있다고 말하는 편이 낫겠네요. 삶을 너무 정성껏 살다가, 미래만 생각하다가 몸도 마음도 이렇게 됐으니 당분간 아무런 생각을 하지 않는 게 좋을 것 같아요. 휴직 당일에는 오래 미뤄둔 대청소를 했고, 요 며칠은 한낮에 숲길에서 산책을 했고, 남는 시간에는 그동안 읽지 못했던 책들을 읽거나, 코로나 때부터 잠정적으로 중단해 온 운동도 다시 시작했습니다. 그런 시간들을 보내며 오래 잊고 있던 평화로움이나 행복이라는 감정들을 어렴풋이 다시 느껴볼 수 있었어요. 나이가 들어가는 탓인지 숲속의 나무를 바라보고 있으면 저도 모르게 마음이 겸허해지기도 하는데 그런 변화가 마음에 듭니다.

선생님 : 아무런 계획이 없다는 말에 비하면 뭔가를 굉장히 많이 시작했네요. 비행은 이제 당분간 쉬게 되었는데 그럼 글 쓰는 일은 어떻게 하고 있나요. 본격적으로 글을 써보기에도 좋은 시기가 될 것 같아서요.

지금은 일단 아무것도 쓰지 않고 있어요. 그동안 비행과 글쓰기를 병행하며 지켜온 균형이 저의 강박과 욕심에 한순간 무너졌다고 생각하거든요. 물론 마음이 가고 뜻이 있는 곳으로 균형이 기우는 것도 어찌 보면 당연하고, 그 이전에 적성과 기질의 문제가 훨씬 더 중요한 부분이기도 했지만요. 저도 가끔은 애초에 변변찮은 글쓰기를 시작하지 않았더라면 제 삶은 어떻게 흘러갔을지 생각을 해봅니다. 그랬더라면 지금쯤 비행이라는 하나의 길을 따라가며 남는 시간에는 여가를 즐기고, 어쩌면 이미 결혼과 육아를 병행하고 있을지도 모를 일이죠. 그랬더라면 다른 생각할 여유 같은 건 주어지지도 않았겠지만요. 그런데 하필 유일하게 좋아하고 뜻이 있던 게 글쓰기라서 구태여 삶을 이렇게 피곤하게 살아가게 됐단 말이죠.

글을 쓰는 일에는 생각과 마음 정리가 필수적으로 동반되기 마련이라 가뜩이나 생각이 많은 사람에게는 헤어 나올 수 없는 덫에 걸려든 것과 마찬가지라고 생각해요. 생각의 심연으로 빨려 들어가면 다시는 이전의 세상으로 돌아올 수 없겠더라고요. 아무리 자신의 이야기를 쓰는 에세이스트라고 할지라도 어떤 태도와 마음으로 글을 쓰는지에 따라 작가의 마음 건강 상태가 달라질 텐데 저는 너무 진중하고 정직하고 정성껏 글을 대해왔던 것 같아요. 놀이로 생각해도 될 것을 과업처럼 무겁게 받아들였던 것 같기도 하고요. 그렇다고 글쓰기를 원망한다는 건 아닙니다. 어차피 과거로 다시 돌아간대도 저는 글쓰기를 다시 선택했을 것 같고, 지금은 글쓰기를 원망하면 제 삶이 송두리째 부정당하는 일이라 감히 그럴 수 없어요.

선생님 : 그렇지만 그런 태도로 글을 써 왔기 때문에 지금의 수영씨가 있다고 생각해요. 어딘가의 누군가는 수영씨의 글을 읽으며 수영씨에게 많이 고마워할 거예요. 절대로 의미 없는 일이 아니었다는 말씀을 드리고 싶네요. 물론 수영씨는 잘 모르겠지만. 그런데 지금은 글을 쓰고 싶지 않아서 안 쓰고 있는 건가요. 아니면 쓰고 싶은데 지금 상황에서는 안 쓰는 게 나을 것 같아서 참고 있는 건가요. 만약 쓰고 싶은데 휴식을 위해서 일부러 그 마음을 억누르고 있는 것이라면 그것도 좋은 방법은 아니에요. 솟구치는 마음을 무작정 봉인만 해두면 언젠가 분명 한 번에 터지게 될 거예요. 쓰고 싶으면 쓰세요. 다만 어떤 부담도 책임도 없이 스스로 편하게 쓸 수 있는 방법은 수영씨가 잘 모색해 봐야겠지요.

언젠가 글쓰기가 제게 순전한 즐거움이었던 시절은 꽤나 오래 전인 듯했습니다. 아마도 진로를 고민하던 대학 시절이었지요. 잘 모르시겠지만 그때는 '이글루스'나 '티스토리' 같은 블로그가 유행하던 시절이었고 무작정 끄적이면서도 다른 사람에게 공개할 공간이 필요했던 저도 유행 따라 블로그를 시작하게 되었었죠. 글을 올리면 다른 사람의 댓글이 달리고 그렇게 낯선 사람들과 글을 주제로 소통을 하는 게 참 즐거웠습니다. 즐거움 만큼 의욕을 고취시키는 것도 없잖아요. 즐거움은 지속적인 글을 낳았고, 글은 또다시 소통을 낳았던 때였죠. 돌이켜보면 그때가 제 인생에서 가장 자유롭고 즐겁게 썼던 시절인 것 같아요. 물론 지금의 뿌듯함과 감사함과는 비교 할 수 없겠지만 오직 즐겁게 썼다는 측면에서는 그렇습니다.

선생님 말씀처럼 저는 다시 즐겁고 편하게 쓸 수 있는 길을 모색해야만 했습니다. 저는 지금 무급 휴직자이지만 돌아갈 것을 염두에 두기보다는 완전히 떠날 것을 작정한 사람에 가깝기 때문에 앞으로의 생계와 생존을 위해서라도 '지속 가능한 글쓰기'의 방법을 찾아야만 했지요. 가장 좋아하는 취미가 생업이 되면 그 재미를 잃게 된다는 법칙이 있지만 재미를 잃더라도 그래도 여전히 뜻과 열정이 남아있는 좋아할 수 있는 일을 업으로 삼는 게 맞다는 판단이기도 했고요. 그렇다면 지금은 거창한 포부보다는 다시 즐거움을 찾기 위한 글쓰기의 방법을 마련할 때라는 셈인데 아주 작은 것에서부터 다시 시작해 봐야 할 듯합니다. 무조건적인 봉인이 정답이 아니라면 조금씩 그 마음을 자유롭게 풀어줘야겠지요.

선생님 : 휴식 기간 동안 가장 경계해야 할 태도가 있다

면 어떤 것들이 있을까요.

아무래도 가장 경계하고 조심해야 할 건 저 자신이겠지요. 물론 지금의 번아웃이나 우울과 불안은 상담과 치료를 시작했을뿐더러 휴식에 돌입했으니 시간이 갈수록 분명 나아지겠지만 저의 근원을 이루는 기질은 결코 변하는 일은 없을 테니까요. 예민하고 불안한 성격이라 늘 계획을 세워야 안심이 되는데 그것도 참 우스운 게 인생이 계획대로 되지도 않는데 저는 어떻게든 변수의 변수까지 막아보겠다며 만약 내일 무슨 일이 예정되어 있다면 미리 머릿속으로 시뮬레이션을 마쳐야만 했거든요. 그런데 막상 내일이 되면 정작 걱정했던 일은 전혀 벌어지지 않고 탈 없이 마무리된 게 대부분인데 저는 그 불안과 걱정을 잠재우지 못한 채 반복해 온 것이죠. 지금은 일이 없으니 그것들이 잠복해 있지만 언제든 다시 깨어날 겁니다.

그리고 저도 몰랐는데 저는 남들과의 비교에 생각보다 굉장히 취약한 사람이었더라고요. 물론 사람은 기본적으로 비교 본능을 갖고 있지만 저의 경우에는 다른 것에는 세상을 초탈한 듯 무디게 살아가는데 제가 좋아하는 일에서만큼은 자꾸만 남들과 비교하게 되고 초라해지고 그렇습니다. 여기에는 아무래도 인스타그램의 영향이 가장 크겠지요. 비교에 취약한 사람은 소셜 미디어를 안 하는 게 가장 탁월한 선택이겠지만 제 입장에서는 인스타그램이 저와 독자분들을 연결해 주는 유일한 창구라서 그만둘 수는 없으니 어디까지나 저의 절제력에 달린 문제라고 생각했습니다. 그래서 제가 택한 방법은 지금의 저에게 어떤 식으로든 좋지 않은 자극을 주는 게시물과 소식은 모두 안 보기로 결심한 것이었어요.

그래서 저는 인스타그램 상의 친구들 소식을 전혀 모르고 지낸 지 오래되었습니다. 어찌 보면 굉장히 이기적인 태도로 볼 수도 있겠지만 지금은 저 자신을 지키고 회복하는 게 최우선의 과제이니만큼 별것 아닌 것 같지만 냉정하게 내린 결정이었지요. 얼마 전에 읽은 임경선 작가의 '나 자신으로 살아가기'라는 에세이에서도 작가로 살아가는 것에 있어서 가장 중요한 건 남들 소식에 신경 끄고 책상에 앉아서 글을 쓰는 것이라는 내용이 있더라고요. 오랜 세월을 인기 있는 전업 작가로 살아온 그 분의 삶의 태도에 본받고 싶은 점이 많았습니다. 책 한 권을 내고 사라지는 작가가 대부분인 세상에서 결국 무엇이든 지금도 계속 쓰고 있어야 작가로 불릴 수 있다는 말이 아직도 머릿속을 맴돌고 있지요

선생님 : 그래도 계속해서 스스로 돌파구를 찾아내고

있네요. 보통 이런 상황에서는 판단력이나 결단력이 흐려져서 스스로 해결 방안을 탐색하기보다는 다른 사람에게 의지하기 마련이거든요. 회복에 대한 의지가 굉장히 강해 보인다고 할까요. 그 말은 한편으로는 삶의 대한 의지가 강하다고 봐도 좋겠네요.

삶에 대한 의지. 상담실을 나와 주차장으로 걸어가는 동안에도 계속해서 그 말이 제 머릿속을 맴돌았습니다. 종교가 없는 저는 전적으로 인간의 의지를 믿는 사람이고, 인간의 의지와 선택으로 예정된 운명과 우연의 각도를 조금이나마 바꿀 수 있다고 믿는 사람입니다. 운명을 거역할 수는 없어도 인간의 온 힘으로 약간의 방향 정도는 틀어둘 수 있으리라는 믿음이지요. 교만한 믿음일 수도 있겠지만 그 믿음을 기반으로 제 삶의 지평이 펼쳐지고 있는 건 분명합니다. 맞아요. 저는 잊고 있었지만 삶에 대한 의지가 강한 사람이었고, 지금도 그렇기 때문에 필사적으로 회복하려고 발버둥 치고 있는 것과 같습니다. 상담과 치료의 결심도, 휴직과 회복의 선택도 결국은 계속해서 제 삶을 살아가고 싶었던 발버둥이었습니다.

상담을 끝내고 돌아오는 길은 늘 기력이 소진됩니다. 아무래도 마음 가장 깊은 곳에서 이야기를 힘겹게 꺼내는 작업이기에 어찌 보면 자연스런 현상이기도 할 테지요. 그래도 상담을 받는 날마다 마음은 조금 더 가벼워지는 기분입니다. 집에 돌아오니 낯선 메일이 한 통 도착해 있었는데요. 강원도 태백의 탄광 마을에서 보내온 강연 섭외 요청 메일이었습니다. 오랜 영광을 뒤로 하고 쇠락의 길로 접어든 탄광 마을에 청년들이 모여서 마을 재건 프로젝트를 진행 중인데 그곳에 마련된 공간에서의 에세이 쓰기와 관련된 강연 요청이었어요. 평소와 같았다면 비행 근무로 스케줄 조정이 불가했을 테지만 지금의 저에게는 뜻밖의 우연처럼 시기적절한 제안이었지요. 역시나 계획과 노력보다는 우연의 힘이 셀 때가 많은 듯합니다.

사람 마음이 참 신기한 게 싫어하는 일에서의 도전은 어떻게든 피하고 싶어서 온갖 핑계를 만들어 내지만, 좋아하는 일에서의 도전은 아무리 낯선 일일지라도 어떻게 하면 잘할 수 있을지 방법부터 생각해 내기 시작합니다. 저 또한 마음이 불안정한 지금 시기에도 저 메일을 받는 순간부터 어떤 이야기를 해야할지, 어떤 순서와 방식으로 자료를 만들지부터 머릿속에 떠오르더라고요. 게다가 이런 일련의 활동들이 저의 정신에도 큰 도움이 되어줄 것이라 믿었기 때문에 곧장 답장을 보냈습니다. 서울에서 태백은 꽤나 먼 거리일 테지만 태백이 아니라 어딘가 섬마을일지라도 저를 필요로 하는 곳이라면 어디든지 가겠다는 결심도 휴직의 계획 중 하나였거든요. 그래서 저는 이제 기쁜 마음으로 태백에 갈 날을 기다려 봅니다.

열한 번째 편지

태백에 다녀왔습니다

"여유를 갖고 침묵을 가까이 두기"

태백은 제게 굉장히 낯선 도시 중 한 곳입니다. 제가 워낙 생활과 활동의 반경이 좁은 사람인 탓에 강원도 여행을 갈 때도 사람들이 주로 가는 곳만 다니곤 했거든요. 여름에는 바다를 보러 강릉과 속초, 겨울에는 눈 쌓인 대관령을 보러 평창 정도만 다녔을 뿐 그 이외의 지역에는 방문할 기회가 좀처럼 없었습니다. 그런데 마침 태백에서의 강연 요청이라니 우연히 휴직의 시작과 시기도 맞물려서 처음 내디딘 발걸음에 기분 좋은 행운이 따르는 듯했습니다. 문제는 제가 에세이 쓰기에 대한 주제로 어떤 이야기를 들려드릴 수 있을까였지요. 그동안 제가 해온 출판 관련 활동이라면 대부분 북페어 참여와 신간이 출간될 때마다 몇 차례씩 진행했던 북토크가 전부였던 터라 '강연'이라는 이름 자체가 막연하고 생소했던 것도 사실이었습니다.

제가 참석해 온 강연들은 주로 지식이나 경험을 체

계적으로 전달하는 일종의 수업과 유사한 형식이 전부였지요. 그런데 저는 스스로 누군가에게 뭔가를 가르치거나 설명하기에는 지식과 경험이 비천하다고 느낍니다. 이미지 관리를 위한 겸손이 아닌 자신감의 결여일 수도 있지만 제가 생각하는 저는 그런 사람입니다. 더군다나 저는 그동안 항공사 승무원으로 살아가며 불규칙한 스케줄 근무를 해왔기 때문에 운 좋게 강연이나 북토크 요청을 받아도 날짜에 대해 확답을 드릴 수 없었지요. 언제든 스케줄이 변경될 수 있다는 건 어디까지나 저의 사정일 뿐 그 뒷일을 감당하는 건 섭외자와 참석자들의 몫이니까요. 그래서 늘 도서관이나 기업에서 글쓰기 관련 강연을 하는 동료 작가들이 참 부러웠습니다. 그 부러움을 억누르며 제가 할 수 있는 건 오직 계속 쓰는 것뿐이었지요.

하지만 그 모든 불안과 부담의 총합보다 추구하는 방향으로의 새로운 도전이라는 설렘이 무기력한 시간을 보내고 있던 제게 청량한 활력을 불어넣어 줬습니다. 그 기세로 짧은 시간 내에 피피티를 만들며 설명해 드릴 수 있는 저의 경험을 대략 정리해 두었지요. 일반 사무직으로 근무하시는 분에게 피피티란 지루한 일상의 반복과도 같겠지만 현장의 노동자로 일해온 저에게 피피티란 대학 시절 이후로는 떠올려 볼 기회조차 없었던 서먹한 대상이라는 걸 알아주셔요. 사람 마음이 참 신기하죠. 설레고 들뜨는 일이 예정되어 있으면 그때까지는 이유도 없이 좋은 기분으로 날들을 살게 되니까요. 그래서 사람들도 미리 여행 날짜를 정해두면 아무리 버거운 일상도 그날만을 바라보며 버틸 수 있나 봅니다. 저도 착실히 상담과 치료를 병행하며 그날이 오기만을 기다리고 있었지요.

그렇게 오늘이 되었습니다. 계획대로라면 아침 일찍 일어나 간단히 식사도 하고 여유롭게 드라이브 삼아 태백에 갈 생각이었습니다. 그런데 막상 외출 준비를 끝내고 내비게이션에 주소를 입력하니 무려 네 시간이 넘는 시간이 찍혔어요. 전속력으로 질주해야 간신히 정시에 도착할 수 있을 듯했지요. 분명 어젯밤에 계산해 봤을 때는 길어야 세 시간 반 정도가 걸리는 거리였는데 출근길을 감안해도 뭔가 이상했습니다. 그 이유를 알게 된 때는 서울을 빠져나가는 긴 지하도로에 갇힌 와중이었습니다. 전광판에 고속도로 공사 중이라는 문장이 정신없이 점멸하고 있었고, 덕분에 출근길 차들이 차선 하나로 몰려들어 정체라기보다는 정지에 가까운 상황이 이어졌습니다. 그때부터 제 안의 활력과 여유는 불안과 긴장에 그대로 자리를 넘겨주게 되었지요.

결국 서울을 완전히 빠져나가는 데에만 두 시간이 훌쩍 넘었고, 길고 긴 수많은 터널을 건너 낯선 지역들을 차례로 통과하고 있었습니다. 분명 제가 아는 태백은 강원도 지역인데 내비게이션은 자꾸만 충북과 경북 쪽으로 안내하고 있었고, 도로의 표지판들조차 봉화와 울진 방면을 나타내고 있었습니다. 이쯤 되면 애초부터 내비를 잘못 찍은 게 아닌가 싶어서 목적지를 몇 번이나 다시 확인했는지 모릅니다. 아마도 출근길을 피해 우회하여 다시 강원도로 진입하려는 경로 같았지요. 휴게소 몇 곳을 지나쳤지만 잠깐의 여유도 없어서 온갖 급한 용무를 억누른 채 속도를 내는 것에만 집중했습니다. 몇 시간 동안 쉼 없이 달리기만 하다보니 고속도로에 휴게소가 필수적으로 설치되어 있는 이유를 알 것 같았지요. 차는 달리고 있는데 정신은 혼미해져서 몽롱한 기분마저 들었습니다.

오래된 차로 급가속과 급정거를 반복하며 이토록 먼 거리를 달리는 건 차에게도 못 할 짓이었어요. 거리와 시간을 지켜보다 도저히 정시에는 도착하지 못할 것 같아서 담당자에게 전화로 양해를 구할까 싶다가도 좀 더 빠르게 달리면 될 듯해서 이내 그만두었습니다. 태백에 가는 길은 분명 온통 푸릇한 산맥에 둘러싸여 있었을 텐데 아무런 풍경도 기억나지 않는 이유는 순전히 시간 계산을 잘못한 제 불찰이겠지요. 일찍 도착해 태백의 아담한 카페에서 여유를 즐기며 강연 준비를 마저 할 생각이었는데 가소로운 생각이었습니다. 제가 얼마나 과속을 했던 걸까요. 목적지에 도착할 때쯤 시간을 보니 기적처럼 오 분의 여유가 남아있었습니다. 저는 강연 장소에 들어가기 전에 얼른 편의점에 들러 초코바 하나를 비상약처럼 욱여넣었지요. 빈속에 당까지 떨어지면 안 될 것 같아서요.

약속 시간에 급박하게 도착하거나 늦는 걸 굉장히 싫어하는 저인데 더군다나 강연을 하는 날에 그런 일을 벌일 뻔했으니 얼마나 초조했을까요. 하지만 평소의 저는 좀처럼 감정이 표정에 드러나지 않는 사람이라 가슴에 어떤 폭풍이 휘몰아쳐도 표정은 평온하고 차분할 따름이었습니다. 강연 장소인 책방에 들어서니 초대해 주신 분들이 여유롭게 반겨주셨고, 참여자분들은 아직 다 오시지 않은 상황이었습니다. 이토록 느긋하고 평화로운 분위기에 도착하기까지 얼마나 혼자 조마조마했는지 구태여 말씀드릴 필요는 없었겠지요. 이곳은 태백 탄광 마을의 청년 공동체인 '광광스토리지'의 활동 공간인 '무브노드'라는 책방 겸 작업실이었어요. 여러 지역에서 모인 청년 예술가들이 탄광 마을을 새롭게 재건하는 프로젝트의 일환으로 이해하시면 될듯합니다.

마침내 시간이 되었습니다. 모인 분들 앞에서 인사를 드리고 강연 비슷한 걸 시작했지요. 소규모라서 왠지 서로 가까이 둘러앉은 느낌이었습니다. 그래도 그동안 지역을 돌아다니며 북토크를 해왔지만 그때와는 구성원 자체가 전혀 다른 상황이었어요. 북토크는 기본적으로 제 책을 읽어주신 분들이 모이는 자리였기 때문에 아무래도 저라는 사람을 간접적으로나마 알고 오신 분들이 대부분이었다면 오늘은 그야말로 저를 전혀 모르시는 분들과 처음 대면한 자리였습니다. 요즘은 자발적 고립을 취지로 일부러 도시와 멀리 떨어진 곳에서 생활하며 마음을 회복하는 프로그램이 유행이기도 하잖아요. 그것처럼 오늘 모이신 분들도 탄광 마을에서 정해진 기간 동안 마련된 프로그램을 체험 중인 분들이셨고요. 그래서 우선 그분들의 관심을 끄는 것부터가 중요할 듯했습니다.

아무래도 두 개의 삶을 사는 저의 모습을 보여드리는 것부터 시작하는 게 좋겠다는 생각이 들었지요. 승무원이라는 직업은, 더군다나 남자 승무원이라는 직업은 이곳이 아닌 어느 곳에서 설명을 해도 모두들 신기해하는 낯선 일이기도 했으니까요. 그런데 화려하고 근사해 '보이는' 유니폼을 입고 살아가는 삶 속에서도 전혀 다른 일을 병행하며 그 길의 꿈을 꾸는 사람의 이야기는 언뜻 들으면 굉장히 흥미롭게 느껴지기도 할 겁니다. 저도 참 간사한 사람인 게 결국 그 일을 버텨낸 탓에 지금 회복기를 보내게 됐으면서도, 그 일이 이야깃거리가 된다는 걸 누구보다 잘 알아서, 어쩌면 필요할 때마다 교묘하게 이용하고 있는 것과 다름없다는 생각이 들었는데요. 그렇지만 그 일을 제외하면 제 삶의 플롯이 통째로 날아가는 셈이니 저로서는 양심의 가책과 함께 계산적이 되는 것이겠죠.

강연이라는 이름은 언제나 부담스러울 따름이고, 저는 늘 세상 어딘가에는 저 같은 사람도 살고 있으니 그 사람의 이야기에 잠시 귀 기울여 달라는 뉘앙스로 풀어가는 편입니다. 준비를 많이 할수록 오히려 도중에 길을 잃는 경우가 많아서 준비는 대부분 커다란 골격만 잡고, 나머지는 상황에 따라 다른 이야기를 하는 편이 덜 경직되고 유연하게 흘러가더라고요. 그런데 한 가지. 저는 강연 도중에 찾아오는 찰나의 침묵을 스스로 견뎌내지 못하는 편이라 쉼 없이 말을 하게 됩니다. 침묵이 찾아오면 괜히 제가 실수를 했다거나 강연이 만족스럽지 못해서 다들 아무런 반응이 없는 것처럼 느껴지기도 하거든요. 그런데 이 불안도 결국 저 혼자만 느끼는 내면의 증상일 뿐 오히려 지켜본 사람들의 경우에는 전혀 눈치채지 못하실 때가 많았습니다. 저만의 강박이자 고민이었던 셈이죠.

그러다 언젠가 그 찰나의 침묵을 두려워하지 않아도 된다는 강한 깨우침을 얻은 날이 있었는데요. 그날은 바로 제가 좋아하는 신형철 평론가님 강연을 찾아갔을 때였습니다. 영화와 책에 관한 강연을 하신 날이었는데 평론가님은 처음부터 차분하고 느슨한 말투로 이야기를 이끌어가셨지요. 그러다 중간중간 생각에 잠기신 것처럼 찰나의 침묵이 이어졌지만 이내 아무렇지 않은 듯 이야기로 돌아오셨습니다. 그때의 침묵은 오히려 어색한 적막보다는 조금 더 고요히 집중하게 만드는 힘이 있었어요. 물론 저의 지나친 팬심이 만들어낸 환상일 수도 있었겠지만 되레 쉼 없이 이야기를 이어가는 것보다 중간마다 짧은 침묵이 있는 편이 강연자도 여유로워 보였고 듣는 입장에서도 생각할 틈을 만들어주는 듯했습니다. 여유를 갖고 침묵을 두려워하지 않아도 된다는 의미로 받아들였지요.

그날 이후로는 사람들 앞에서 뭔가를 발표할 때나 행동을 보여야 할 때 찰나의 침묵도 없어야 한다는 강박에서 조금씩 벗어나게 되었습니다. 그래서 때마다 예기치 못한 침묵이 찾아오면 서둘러 그 틈에서 벗어나야 한다는 조바심 대신 그날의 장면과 분위기를 떠올려 보려 애쓰는데요. 놀랍게도 효과가 탁월해서 저도 모르게 불안한 마음이 차분해지곤 합니다. 사람의 학습효과란 정말 대단해서 뭔가를 잘하고 싶다면 그걸 이미 잘하고 있는 사람을 찾아가는 게 가장 확실한 방법인 것 같아요. 누군가와 정식으로 사제 관계를 맺지 않아도 단지 그 사람의 삶을 지켜보며 스스로 배울 점을 찾아 익힐 수 있다면 그 누구라도 스승으로 모실 수 있는 게 아닐까 싶습니다. 그런 의미에서 저는 그날을 그 어떤 날보다도 값진 가르침이자 경험으로 기억하고 있지요.

태백의 강연에서도 중간중간 침묵이 찾아왔지만 얼른 내쫓으려 하지 않고 자연스레 지나갈 수 있도록 내버려 두었습니다. 고작 몇 초의 시간이었겠지만 제게는 다시 이야기를 시작할 수 있는 충분한 여유가 되어줬지요. 게다가 다행히도 참여자분들이 글쓰기에 관해 많은 관심을 갖고 다양한 질문을 해주셔서 저 또한 개인적인 경험과 생각들을 들려드릴 수 있었습니다. 그렇게 주어진 두 시간을 훌쩍 보냈는데요, 제가 오늘 설명드린 이야기와 답변들의 형식을 앞으로는 강연이라는 이름으로 불러봐도 될까 싶었습니다. 부담으로만 느낀다면 피하게 될 것이고, 피하기만 하다보면 어떻게 되는지 누구보다 지금의 제가 잘 알고 있을 테니까요. 지식을 전달하는 강연도 있겠지만 저처럼 단순히 자신의 이야기를 전달하는 강연도 분명 가능하다고 믿고 싶습니다.

강연을 끝내고 잠시 광광스토리지의 청년분들과 이야기를 나눴습니다. 태백이 고향인 분도 있었지만 대부분 다른 지역에서 오신 분들이었고, 서울에서의 삶에 지쳐서 퇴사 후 태백에서 새로운 삶을 찾아가는 사람, 친구의 추천으로 얼떨결에 마을의 일을 맡아서 하다가 결국 이주를 한 사람 등등 거의 우연한 기회로 탄광마을에 머물다 정을 붙이고 공동체가 되었다고 합니다. 그렇게 모인 청년들이 탄광이라는 콘텐츠를 새롭게 재탄생 시키려는 프로젝트를 꾸리게 되었고, 해마다 각종 문화행사와 사업을 기획하여 탄광 마을에 생동감을 불어넣고 있었습니다. 누구에게도 그 용기와 선택은 쉬운 결정이 아니었을 겁니다. 그런데 생각해 보면 누구에게나 어려운 결정만은 아니었겠지요. 어쩌면 새로운 삶을 연습해 보고 있는 지금의 제가 태백에 온 건 우연을 넘어 운명에 가까운 듯했습니다.

낭만이 사라진 자리를 재테크가 꿰차고 있는 듯한 요즘 세상은 돈벌이가 되지 않는 일을 벌이는 청년들에게 정신 못 차리고 쓸데없는 짓을 한다는 가벼운 말들을 늘어놓습니다. 그렇지만 늘 사람 냄새나는 곳에는 시대가 떠미는 길과는 반대로 걷거나 그런 것쯤은 신경조차 쓰지 않는 사람들의 수많은 발자국들로 이뤄진 움푹한 세상이 있습니다. 계산에 무지하다거나 인생을 허투루 살아서 다른 길을 걷는 게 아닌 단지 애초부터 주류의 세상에 관심이 없었거나 관심을 끊고 자신의 길을 걷는 사람들도 많지요. 각자의 삶이 있을 뿐인데 우리는 너무도 쉽게 하나의 기준으로만 타인의 삶을 재단하려 합니다. 저 또한 한창 일의 포화 속에서 몸부림칠 때는 비슷한 시선으로 세상을 바라봤던 듯해요. 그러다 자아가 타협의 길로 넘어가기 직전에 버텨내지 못하고 튕겨져 나온 셈이죠.

청년분들의 다정한 손인사를 뒤로 하고 책방을 떠났습니다. 주차해 둔 골목으로 걸어가는 동안 그제야 아까는 다급한 마음에 둘러보지 못했던 마을의 풍경들이 눈에 들어왔지요. 작은 슈퍼와, 버스 정류장, 한적한 거리와, 마을을 감싸 안고 있는 푸릇한 숲의 모습들. 여유를 갖고 천천히 골목을 걷다 보니 긴장이 풀린 탓인지 약간의 현기증이 밀려왔습니다. 아마도 아침부터 초코바 하나만 욱여넣은 채 긴장의 연속에 놓였던 탓이었겠지요. 저 같은 부류의 사람은 사람과 많은 시간을 보내면 적잖이 기력이 소진되어 녹초가 되기 마련이지만 상황과 사람에 따라서 하루 끝의 온기는 극단적으로 다를 수밖에 없습니다. 피로한 와중에도 따뜻한 장면들만 남아서, 그 따뜻한 장면들이 머릿속에서 좀처럼 떠나가질 않아서 그날 밤은 전혀 다른 이유로 좀처럼 잠에 들지 못합니다.

태백에 온 김에 하루 정도 머물면서 도시의 곳곳을 둘러보면 좋았을 테지만 다음날 예정된 약속 탓에 바로 서울로 돌아가야 한다는 점이 아쉬웠습니다. 하지만 지역의 유명한 맛집만큼은 꼭 들러봐야 하잖아요. 더군다나 책방을 떠나기 전에 청년분들이 꼭 먹어봐야 한다며 추천해 준 곳이 마침 멀지 않은 곳에 있어서 그곳으로 차를 몰았습니다. 유명한 막국수 집의 본점이었는데요. 사실 막국수와 감자전이라는 메뉴 자체는 태백뿐만 아니라 전국의 어디에서나 맛볼 수 있는 흔한 메뉴였지만 대부분의 맛집이 그렇듯 의미를 두기 시작하면 가장 맛있는 음식이 되곤 하지요. 게다가 맛집을 찾아오는 수고가 만들어준 허기까지 합쳐지면 자신도 모르게 고개를 끄덕이며 인정하게 됩니다. 제가 찾아간 식당과 음식도 그랬습니다. 이보다 더 의미를 둘 수 없는 날에 일찍을 모두 마친 뒤 홀가분한 마음으로 먹은 그날의 늦은 첫 끼는 낯선 도시를 저만의 장소로 기억하기에 충분했습니다.

기분 좋은 포만감에 젖어 잠시 창문 밖을 바라봤을 때 빗줄기가 떨어지고 있었습니다. 탄광 마을을 떠날 때 저 멀리 먹구름이 밀려오는 듯했는데 어느새 이곳까지 몰려온 모양입니다. 점점 더 거세지는 빗줄기가 금방 그칠 것 같진 않아서 얼른 식당을 나와 차에 올라탔지요. 아까는 출근길이었지만 지금은 정확하게 퇴근길 시간에 가까워지고 있었습니다. 하지만 일정을 모두 마친 저로서는 서두를 이유가 전혀 없었지요. 중간에 휴게소도 한번 갈 생각으로 여유롭게 차를 몰았습니다. 아까와는 다른 경로를 통해 서울로 가는 까닭인지 터널 대신 높은 산맥이 끝도 없이 이어지며 차를 내려다보고 있었어요. 지도를 보니 말로만 듣던 태백산이었습니다. 서울에서는 좀처럼 마주하지 못하는 광활한 대자연 속을 달리는 기분이란 일종의 해방감과도 같았습니다.

산맥 아래를 천천히 달리는 동안 빗줄기가 잦아들고 있었습니다. 창문을 반쯤 열었을 때 그 틈으로 비를 머금은 숲 냄새가 넘어왔는데요, 저는 그 숲 냄새에 취해서 빗줄기가 차 안으로 들이치는 것에는 아랑곳하지 않고 계속해서 창문을 열고 차를 몰았습니다. 어딘가 중간에 잠시나마 차를 세울 수 있는 곳이 있다면 당장에라도 그렇게 하고 싶었지만 막상 마땅한 자리가 없었지요. 빠르게 뒤로 스쳐 가는 푸른 산맥이 아쉬웠지만 태백으로의 초대가 아니었다면 겪어보지 못했을 장면들이었습니다. 결국 제가 좋아하는 일이 저를 낯선 도시로 이끌어줬고, 정작 휴식이 간절했던 제가 태백의 청년분들로부터 많은 것들을 배우고 돌아가는 길입니다. 하루도 채 지나지 않은 시간이 흘렀지만 다시 돌아간 서울은 어제의 서울과는 또 다른 모습일 겁니다.

열두 번째 편지

세상에서 가장 아름다운 감옥
"인스타 세상을 유영하는 사람들"

　손안의 작은 화면을 통해 다른 사람의 일상을 구경합니다. 하루에도 몇 번씩 습관적으로 화면을 쓸어올리거나 쓸어 넘기며 수많은 사람과 사람 사이를 헤엄치지요. 현실에서 친분이 있는 사람도 있지만 대부분 인스타로만 연결된 모르는 사람들입니다. 모르는 사람들과 연결된 까닭에는 다양한 이유가 있을 겁니다. 단적인 예를 들자면 상대방이 유명인이거나 유용한 정보를 제공한다거나 자신이 선망하는 이미지를 갖고 있는 사람이라서 일방적으로 팔로잉을 할 수도 있겠지만, 대개는 업무적으로 어떻게든 연결되었다거나 피드에 업로드된 사진들을 바탕으로 자신과 비슷한 일상을 보낸다거나 단순한 이성적인 호감과 취향이 겹치는 듯한 사람들과 자연스레 맞팔을 맺는 경우도 많겠지요.

　출퇴근길 버스나 지하철에서, 식사를 하는 식탁에서, 누군가를 기다리는 약속 장소에서, 하루를 마무리하는 침대에서, 혹은 무엇을 할지 모르는 모든 순간에 인스타 세상을 자유롭게 유영합니다. 심지어는 누군가와 함께하는 시간 속에서도 그 사람을 앞에 둔 채 타인의 세상을 구경하며 시간을 보내기도 하지요. 그럼에도 그 사람이 서운해하지 않는 건 그 사람 또한 마찬가지로 틈틈히 타인의 세상을 기웃거리기 때문일 겁니다. 손에 담긴 작은 화면을 통해 수십 명의 일상이 빠르게 쓸려가지요. 아주 가끔 화면을 확대하거나 캡쳐하기도 하고 친구에게 공유하기도 하지만 거의 무심한 찰나의 포착일 뿐 화면을 끄면 기억나는 장면이 많지 않습니다. 물론 꼭 기억해야만 하는 타인의 찰나가 존재하는지는 잘 모르겠지만요.

아침에 눈을 뜨고 다시 잠들 때까지 타인의 세상을 구경하던 시간을 그러모아 쌓아두면 과연 얼마나 될까요. 그 시간은 결국 낭비라는 진부한 이야기를 시작하려는 건 아닙니다. 페이스북과 인스타그램이 개발된지 어느덧 이십 년이라는 시간이 훌쩍 지난 이 시점에서 모두가 이미 알고 있는 소셜미디어가 개인에게 끼치는 영향 같은 이야기는 철 지난 화두인 게 사실이지요. 이제는 그 모든 영향을 알면서도 어떤 식으로 개인에 맞게 소셜미디어를 활용해야 하는지, 어떻게 해야 부정적인 영향과 긍정적인 영향 사이의 균형을 스스로 통제할 수 있는

지에 초점을 맞춰야 하는 시기가 아닐까 싶어요. 물론 지금도 여전히 시대의 흐름에 아랑곳하지 않고 그 어떤 소셜미디어도 하지 않는 사람들도 많지만요.

저는 소셜미디어에 사생활을 최대한 공유하지 않는 편이지만 그렇다고 소셜미디어로부터 자유로울 수 있는 사람은 아닙니다. 아무래도 저의 창작물을 불특정 다수에게 공개해야 하는 입장이기 때문에 어찌 보면 제게는 필수라고 볼 수도 있겠네요. 물론 그 이유 때문만이라고 한다면 거짓말이겠지요. 타인의 일상을 구경하는 것만큼 재미있는 일도 없으니까요. 더군다나 요즘은 누군가가 궁금하면 검색 후 스토리를 구경하는 것만으로도 그 사람 하루의 모든 순간을 바라볼 수 있는 세상이기도 합니다. 어찌 보면 참 편리하기도 한데 또 그만큼 자신의 일상을 모르는 사람들에게 무방비로 노출하는 것이라서 무섭기도 한 게 사실입니다. 지켜야 할 선도 애매하고 조심한다고 해서 누군가의 악용을 통제할 수 있는 것도 아니니까요.

하지만 그런 것들보다 무서운 게 사람의 습관이겠지요. 몸과 정신에 좋지 않다는 걸 알면서도 일단 습관적으로 하게 되는 것들이 많잖아요. 술과 담배도 그렇고 많은 중독성을 띤 대부분의 것들의 부작용을 알면서도 사람들은 쉽게 멈출 수 없습니다. 물론 그 반대의 경우도 성립합니다. 몸과 정신에 좋은 습관도 중독이 되면 구태여 노력하지 않아도 자연스레 몸이 움직이게 되는 것처럼요. 소셜미디어를 건강하고 유용하게 이용하는 무수한 사람들에게는 실례가 될지도 모르겠지만 이것은 어디까지나 저에게만 한정된 이야기이고, 삶에 지쳐 탈진한 저의 마음을 소셜미디어 속 타인의 홍수로부터 지켜내고자 하는 고민과 생각을 나열한 단적인 이야기일 뿐이니 만큼 긍정적인 측면은 부러 배제하도록 하겠습니다.

저는 오늘도 수시로 타인의 세상을 구경했습니다. 친구를 만나러 가는 버스 안에서 운 좋게 자리에 앉을 수 있었고, 덕분에 편안한 자세로 화면 속 사람들을 구경할 수 있었지요. 항공사 승무원으로 일하며 출판 활동을 해온 저는 아무래도 승무원 동료들과 책이나 그림을 창작하는 사람들과 적잖이 연결되어 있습니다. 그건 현실에서도 그렇고 자연스레 인스타 세상에서도 마찬가지겠지요. 그래서 인스타에 접속하면 승무원 동료들이 일상을 보내는 해외 곳곳의 일상과 창작자들의 작업 과정과 활동들이 화면을 가득 채웁니다. 누구나 그렇겠지만 평범한 일상보다는 일탈에 가까운 장면을 추려서 피드에 업로드하기 마련이잖아요. 때로는 사진을 업로드하기 위해 일탈의 환경으로 떠나는 수고로움도 마다하지 않습니다.

이전에는 사진을 찍기 위한 만남이나 사진을 남기기 위한 여행을 하는 사람들을 가리키며 사진을 찍어대다 풍경을 놓치는 주객전도된 사람들이라고 폄하하던 시절도 있었지만, 지금은 그런 현상을 보고 쉽게 주객전도라고 단정 지을 수 없는 세상입니다. 무엇이 우선인지 모호한 세상이기 때문이지요. 아무리 경험하는 게 중요하다고 해도 누군가 자신의 경험을 봐주지 않고, 자신의 경험이 타인에게 보이지 않는다면 그것은 비록 본인의 경험과 만족이 됐을지언정 증명할 수 없는 경험에 불과해지기도 합니다. 슬프지만 지금은 무엇이든 인증을 해야만 사실이 되고 가치 있는 일이 되는 '인증의 시대'이니까요. 자신만이 인정하는 자신만의 경험 같은 건 무용한 일이 되는 모습이 씁쓸하지만 고개를 끄덕일 수밖에 없습니다.

타인의 세상을 구경하는 사람들의 마음이 어떤 바람에도 흔들리지 않는 꼿꼿한 나무와 같다면 얼마나 좋았을까요. 아쉽게도 마음이란 꼿꼿함과는 거리가 먼 잔바람에도 흔들리는 위태로운 풀잎에 가깝습니다. 사람들은 저의 승무원 동료들이 업로드하는 사진들에 좋아요를 누르고 댓글을 달면서 근사한 삶이라고들 생각하지만 저는 같은 일을 해온 입장으로써 그 사진들 몇 장이 결코 승무원 삶의 전체를 대변해 주지 않는다는 걸 누구보다 잘 알고 있잖아요. 열 몇 시간이 넘는 육체와 감정 노동 끝에 주어진 하루 남짓한 해외에서의 시간 동안 시차를 극복하고 외출해야만 이국의 풍경을 바라볼 수 있다는 걸 사람들은 모를 뿐더러 알고 싶어하지도 않습니다. 중요한 건 지금 업로드된 근사한 이국의 풍경들이니까요.

사람들은 승무원의 일상은 그것이 직업이기 때문에 사진 뒤의 일련의 생활을 모를지라도 순수한 마음으로 부러워하며 구경할 수 있을 겁니다. 하지만 나와 생활이 비슷하다고 생각했던 평범한 사람, 내심 이 사람보다는 내가 형편이 낫다고 믿었던 사람, 나처럼 재미없는 일상을 보내는 줄로 알았던 사람들의 일탈의 모습들, 이를테면 그들의 인스타 피드에서 해외여행이나 고급 리조트와 사치품 등등 예상과는 다른 여유로운 장면들이 업로드되면 더는 순수한 마음으로만 바라볼 수 없게 되지요. 부러움을 넘어 내면에서 조금씩 다른 감정들이 샘솟기 시작합니다. 질투, 시샘, 열등감, 자괴감, 초라함, 불안. 그러한 감정을 품는 자신의 모습이 마음에 들진 않지만 계속해서 쌓이는 그 감정들을 억누르기란 쉽지 않습니다.

담당 상담 선생님의 말씀을 빌리자면 저 감정들이 꼭 못난 감정들인 것만은 아니라고 합니다. 사람이라면 누구나 언제든 품을 수 있는 자연스러운 감정이라 하셨지요. 그러니 너무 부정하며 거부할 필요는 없다고요. 하지만 자연스러움이 곧 유익함을 의미하는 건 아닐 겁니다. 물론 열등감과 질투의 감정을 원동력으로 삼아 끊임없이 자신을 채찍질하며 발전하는 사람도 있겠지만, 문제는 그 화살이 지나치게 자신을 갉아먹거나 상대방을 원망하는 방향으로 날아가는 경우가 아닐까요. 질투는 미움이 되고, 미움은 다시 분노가 되어, 마음은 침묵의 용광로처럼 끓어오릅니다. 냄비의 물도 너무 오랫동안 끓으면 뚜껑을 날려버리기도 하는데 하물며 삭히지 못한 분노는 어떤 방식으로 폭발할지 누구도 예상할 수 없겠지요.

인스타에는 보통 사람이 무리하지 않으면 경험할 수 없고 가질 수 없는 장면들로 가득합니다. 사실 평범한 사람은 남들에게 보여줄 만한 일상을 보내지 않는데, 평범해 보이지 않기 위해서 무리를 하지요. 그렇게 평범한 사람들이 무리해서 하나씩 업로드한 사진들이 쌓이면 새로운 평균이 만들어지고, 그 새로운 평균은 또 누군가의 기준과 시작이 되어 끊임없이 반복되며 높아집니다. 각자의 생활 최대치의 기쁨과 행복을 그러모아 상향평

준화된 평범함의 기준이 만들어지는 셈이죠. 진짜로 평범한 사람은 늘 새롭게 거듭나는 그 기준 앞에서 자신의 위치를 왜곡하기 마련이고요. 만약 쉼 없이 무리해서 그 평균점에 도달한다면 그때는 만족감이 들까요. 아쉽게도 욕심이라는 무한한 감정은 결코 채울 수 없는 밑 빠진 독입니다.

몰라도 상관없을 타인의 일상을 구경하는 일이 이토록 우리의 평온한 일상을 뒤흔들어 놓는 줄 알면서도 멈출 수 없는 건, 어쩌면 타인을 추월하고 싶다거나 타인에게 뒤처지기 싫다거나 혹은 그런 것들로부터 아무런 영향을 받지 않는다거나, 영향을 받고 있다는 것조차 눈치채지 못했기 때문이겠지요. 사실 재밌고 궁금해서 그냥 습관처럼 하는 일에 특별한 이유 같은 걸 생각하는 건 너무 피곤하고 소모적인 일이기도 할 테지만요. 인스타 세상을 유영하며 저의 마음이 자주 소란스러웠던 까닭은 아마도 타인들의 소식에 마음이 너무도 쉽게 휩쓸렸기 때문일 겁니다. 특히나 마음이 건강하지 못한 지금의 저는 유난히 뿌리가 가벼워져서 누군가 입김만 불어도 이리저리 흩날리는 상태이기도 하니까요.

타인의 소식에 초조함이 극한에 다다랐던 때는 아마도 코로나 직후 재테크 열풍이 불었던 시기였습니다. 뉴스는 연일 주식과 부동산 가격 상승에 관한 기사를 다뤘고, 이전에는 존재조차 몰랐던 금융사의 직원들이 유튜브 채널에서 스타가 되었던 때. 그렇게 평생 투자를 모르고 살던 사람들까지도 어떤 두려움도 없이 자산 증식의 광풍에 뛰어들어 수익 인증을 하기도 했었지요. 부끄럽지만 저 또한 그중의 한 명이었습니다. 그때는 항공사도 순환 근무를 하던 시절이기도 했고, 현실을 살아가는 사람으로서 가만히 아무것도 하지 않으면 이대로 끝도 없이 뒤처질 듯한 기분에 무작정 그 흐름에 편승하게 되었습니다. 공부도 경험도 없이 막무가내로 시작했던 투자의 결과는 기쁨은 순간일 뿐 결과는 역시나 필패였지요.

저는 그때 초조함과 질투라는 감정이 얼마나 빠르게 이성을 마비시키는지 체감했던 것 같습니다. 평소라면 주의할 만한 투자 유혹에도 귀가 솔깃해졌고, 지금까지 성실하고 순박하게 살아오신 아버지까지 부추기다가 관계를 망칠 뻔하기도 했지요. 조급함에 잠식당한 저는 이미 예전의 제가 아니었습니다. 글쓰기는커녕 독서도 하지 않고 재테크 이야기만 하기 시작했지요. 사람을 만날 때도 자꾸만 그 사람의 자산을 상상하는 못난 마음을 일삼기도 했고요. 그러다 다시 정신을 차리게 된 계기는 주식 광풍이 태풍처럼 지나간 자리에 남은 욕망의 잔해

들 때문이었습니다. 수익을 인증하던 사람들과 인기를 끌던 전문가들은 신기루처럼 사라졌지만, 언제든 욕심이 휘몰아치는 시기가 다시 찾아오면 즉시 돌아올 것을 예고하는 듯했지요.

조급함의 횡포는 비단 재테크에만 영향을 끼친 게 아니었습니다. 그것은 제가 가장 사랑하는 일인 글을 쓰고 책을 만드는 일에도 사악한 기운을 불어넣었지요. 사랑하는 만큼 탐욕도 심해졌던 탓인지 저는 이 일에서만큼은 계속해서 성장해 나가고 싶었습니다. 그 마음이 비행과 출판 활동을 병행할 수 있게 해준 가장 큰 원동력이었던 것도 사실이지만, 동시에 그 마음이 저를 가장 조급하고 초라하게 만들어 저 자신을 번아웃의 먹잇감으로 내던진 것 또한 사실입니다. 그때부터는 인스타에 업로드되는 인기 많은 작가들의 소식이 불편해지기 시작했고, 그렇게 되지 못하고 정체기를 보내고 있는 저를 책망하기 시작했지요. 단기 목표와 비교 대상을 턱없이 높게 세워두고 저는 스스로 빠질 구덩이를 파고 있었던 겁니다.

그런데 모든 일의 결과만 쉽게 보인다는 건 현실과 인스타 세상이 그리 다르지 않았습니다. 현실도 좁은 시야로만 바라본다면 손안의 네모난 인스타 세상보다 결코 넓은 세상이 아니었습니다. 재테크와 출판 활동을 예로 들었지만 저를 조급하고 초라하게 만들었던 타인의 소식들은 그것만이 전부가 아니었겠지요. 현실에서든 인스타에서든 결과만을 바라보며 내면에서 일어나는 많은 감정을 느꼈을 뿐 그 결과가 있기까지 그 사람의 과정에 대해서는 쉽게 떠올려 보지 않았습니다. 당연히 남들은 알 수 없는 지난한 노력의 과정이 있었을 테고, 그 사실을 알면서도 눈앞에 넌지시 보이는 결과와만 비교하며 그동안 제가 쌓아 올린 저라는 사람의 가치는 폄하하기도 했습니다.

이미 가진 것에 대해서는 감사할 줄 모르고, 남이 가진 것에 대해서만 부러워하는 삶이라면 그곳에는 영원히 그 어떤 만족도 행복도 없을 겁니다. 저는 분명 감사해야했습니다. 부유한 환경이 아니었음에도 특별한 부족함 없이 살아왔다는 것도, 가장 좋아하고 잘할 수 있는 일을 발견했다는 것도, 게다가 직장을 다니면서 출판 활동도 꾸준히 병행해왔다는 건 저의 의지와 노력이기도 했지만 운이 따라준 덕분이겠지요. 무엇보다 세상 어딘가에는 제가 쓴 글을 읽어줄 사람들이 분명히 존재한다는 믿음이 생기기까지의 과정은 아마도 제가 선택할 수 없는 순전한 행운이었기에 가능한 일이었다고 믿습니다. 생각해 보면 저는 그 누구보다 이미 가진 것도 받은 것도 많은 사람이었다는 걸 이제야 깨닫고 있는 셈이죠.

　　인스타 이야기를 꺼낸 건 사실 핑계입니다. 중요한 건 세상과 타인을 바라보는 저의 마음과 태도일 텐데 괜히 달갑지 않은 감정들이 차올라서 탓할 대상이 필요했던 것일 수도 있지요. 어떻게 하면 타인의 소식에 흔들리지 않는 소신과 철학을 갖출 수 있을진 모르겠지만, 모르기 때문에 앞으로도 계속 흔들리는 와중에도 타인의 꼿꼿한 태도를 배우려 합니다. 어쩌면 소셜미디어는 고립된 자신을 세상과 연결해 주는 구원인 동시에 세상에서 가장 아름다운 감옥이 아닐까요. 어떤 방식으로든 그곳을 드나들며 살아갈 수밖에 없다면 이제는 막연한 외면이나 부정보다는 적극적으로 저만의 활용법을 익히려고 합니다. 이토록 자유롭고 매력적인 감옥의 열쇠를 쥐고 있는 것 또한 바로 자기 자신이니까요.

열세 번째 편지

북페어와 사람들(上)
"책은 판매하는 상품입니다"

　서울국제도서전이 다가왔습니다. 한국에서 해마다 한 번 열리는 가장 큰 규모의 북페어인 국제도서전은 책을 사랑하는 사람이라면 놓칠 수 없는 행사입니다. 평소에는 문장으로만 만날 수 있던 작가와 판권지에 이름을 올린 수많은 출판업 종사자를 한 공간에서 만날 수 있는 자리이기도 해서 저 또한 내색은 하지 않았지만 들뜬 마음으로 국제도서전을 기다려 왔습니다. 작년까지 참여했던 북페어가 대부분 독립출판물 위주의 행사였다면 국제도서전은 한국의 기성출판사들을 비롯해 해외의 출판사들까지 참여하는 큰 행사라서 처음으로 참가사 자격으로 참여하게 된 저로서도 의미가 남달랐지요. 일 년의 중심인 유월에 예정된 행사이니 만큼 올해 초부터 반 년을 기다려온 셈입니다. 참가신청을 했을 때만 해도 한창 비행 일을 하고 있었을 때라 운 좋게 참가가 확정이 된다면 어떻게든 연차를 쓸 생각이었죠.

그때만 해도 제가 우울과 공황으로 병휴직을 하게 될 거라고는 생각지도 못했었는데 공교롭게도 그 덕에 때마침 참가가 확정된 도서전을 여유롭게 준비할 수 있었습니다. 사실 신간이 출간된 상황도 아니었고 대형출판사처럼 커다란 부스를 주문 제작하고 여러 이벤트를 기획한 것도 아니라서 그다지 준비라고 부를 만한 것도 없었지만 늘 그렇듯 모든 처음은 유난히 설레고 정성을 쏟기 마련이잖아요. 작게 독립출판을 하는 입장에서 여타 기성출판사들의 부스를 둘러보며 많은 걸 배우고 싶은 생각도 컸습니다. 오래전 대학교를 졸업한 이후로는 스스로 배움의 의지가 없으면 찾아오는 배움의 기회도 허공으로 달아난다는 걸 여실히 깨닫게 되더라고요. 어깨 너머라도 생각보다 많은 걸 배울 수 있는 행사가 될 것이라 기대했습니다.

수요일부터 일요일까지 오 일간 진행되는 행사라서 화요일 저녁에 미리 부스를 설치하고 왔습니다. 큰 행사인 만큼 코엑스 곳곳의 전광판에 유명 작가들의 인사말을 비롯해 도서전 내내 진행되는 강연 및 프로그램에 관한 홍보영상이 상영되고 있었지요. 독립출판부스는 기성출판사와 따로 떨어진 공간에 마련되어 있어서 입구를 지나 조금 더 걸어가야만 했는데요. 그 길에 이미 설치가 완료된 대형출판사들의 부스를 구경하며 걷다 보니 역시나 규모 있는 출판사들답게 부스의 크기뿐만 아니라 공간 활용과 전시 형식 또한 예술적인 부분이 적잖이 가미되어 있었습니다. 한눈에 관객의 이목을 끌 만큼 아름다운 부스와 매력적인 이벤트, 그리고 그 모든 요소를 압도하는 탁월한 작가들의 작품과 이력은 동경 그 자체였지요.

도서전은 첫날부터 많은 인파가 몰렸습니다. 오전부터 코엑스 홀을 감싸안을 정도로 입장 줄이 길었고 말 그대로 그 넓은 전시장이 발 디딜 틈이 없을 만큼 관객들로 붐볐습니다. 개막식 때는 김건희 님이 축사를 한 것을 비롯해 특정 작가의 홍보대사 사퇴와 관련된 크고 작은 사건과 논란으로 전시장이 소란스러웠지만 아무래도 정치적인 이야기이니 만큼 구태여 여기서는 말을 보태지 않는 편이 낫겠지요. 도서전 참여 경험이 많은 제작자 동료에게 들은 말로는 도서전이 워낙 큰 행사라서 평일부터 연차를 내고 며칠 내내 연속으로 찾아오는 관객들도 많다고 하더라고요. 제 부스를 지키며 한눈에 전시장을 둘러봐도 하루로는 부족하다는 말에 충분히 공감할 수 있었습니다.

다른 행사도 아니고 책 관련 행사에 이 정도로 많은 인파가 몰릴 줄은 몰랐습니다. 출판업과 종이책이 사양

산업의 대표 주자로 이름 붙은지도 까마득히 오랜 세월이 흘렀고, 해마다 국민독서량이 처참할 정도로 줄어든다는 기사만 수도 없이 쏟아지는 실정인데, 도대체 이 많은 사람들은 어디에서 나타난 걸까요. 물론 어떤 공통분모를 가진 사람이든 한곳에 모이면 그 수가 엄청나게 많아 보이는 건 당연하겠지만 그래도 실제로 그 사람들이 눈앞에 펼쳐지는 광경을 보면 출판이 더는 취미가 아닌 저의 입장으로서도 잠시나마 감격스러울 따름이었습니다. 출판과 종이책의 미래가 날마다 이런 풍경이라면 얼마나 좋을까 하는 철 지난 희망을 품어보기도 하는 순간이었지요.

그동안 그래도 꾸준히 독립출판페어에 참여했던 경험이 있어서 부스에서 책을 직접 판매한다는 건 낯설지 않은 일이었는데 국제도서전은 아무래도 관객 수와 모든 책에 대한 관심도 자체가 남달라서 책 판매가 이뤄지는 속도가 저로서는 놀라움 그 자체였습니다. 실은 저는 늘 북마켓에 참여할 때면 비행 근무를 다닐 때 갖고 다니는 여행용 캐리어 두 개에 책을 꽉 채워서 다녔거든요. 그 캐리어가 수납 공간도 넓고 투박해서 마켓용으로는 최고인데 아마도 회사에서 알면 기가 찰 노릇이겠지요. 아무튼 국제도서전은 훨씬 큰 행사이니 캐리어 하나 정도만 더 추가하면 되지 않을까 하는 생각이었습니다.

그래서 총 세 개의 캐리어를 가득 채워서 전시장에 도착했는데 저를 제외한 모두가 끌차를 끌며 짐을 나르고 있더라고요.

보통 택배 기사님들이 택배를 쌓아서 끌고 다니시는 그 끌차 있잖아요. 다들 거기에 박스를 가득 싣고 수차례씩 왕복으로 짐을 나르고 있었는데 그 사이에서 저는 여유롭게 캐리어만 줄로 연결해서 비행을 떠나듯 걷고 있었던 것이죠. 아마 다 합쳐봐야 백 권이 조금 넘는 책이 담겨있었고, 부족하면 날마다 집에서 챙겨오려는 나름의 효율적인 생각이었지만 친한 동료가 제 부스를 보고는 그 정도 책으로는 이틀도 버티지 못한다고 해서 반신반의했거든요. 아무리 큰 행사라도 관객들이 모든 작가의 모든 책을 다 사는 것도 아닌데 게다가 독립출판은 기성출판에 비하면 너무 작고 소중한 규모이기도 해서 상대적으로 관심을 받기 어려운 게 사실이거든요. 그래도 경험 많은 친한 동료의 말을 믿어보기로 했습니다.

밤늦은 시간이었지만 코엑스와 집을 한 번 더 왕복했습니다. 집에 있던 캠핑용 밀크박스 다섯 개에 책을 가득 채워서 경비 아저씨께 빌린 끌차까지 싣고 다시 전시장에 다녀왔습니다. 번거롭고 피곤한 일이었지만 그날 동료의 말을 듣지 않았더라면 저는 평일 출근길 지하철에서 날마다 캐리어 몇 개를 끄는 신세가 되었을 겁니다. 그만큼 도서전 기간 동안 참가사들의 전체 평균 판매량이 월등히 높았다는 의미였겠지요. 물론 독립출판사들은 대부분 한두명이 모든 걸 도맡아서 하는 경우가 대부분인 반면에 대형출판사들은 말 그대로 회사이고 기업이니 때문에 그 편차를 단순 비교하는 건 무의미하겠지만 구태여 구분하지 않고 모두가 같이 판매고를 올릴 수 있다면 그것만으로도 충분히 만족스러운 행사가 될 겁니다.

　책은 문화상품이지만 기본적으로 상품입니다. 상품은 판매를 하는 물품이지요. 모든 상품이 그렇겠지만 유독 책은 늘 우리 주변에 있어도 관심 있는 극소수의 사람에게만 펼쳐지는 독특한 상품이기도 합니다. 선택 받지 못하면 상품의 존재 목적이 무의미해지는 것과 다름없으니 책이 담고 있는 내용과는 별개로 최우선의 목표는 누군가에게 펼쳐지는 것이겠지요. 독서 인구는 앞으로도 급격히 줄어들 것이 분명한데 책을 만드는 출판사는 그 한정된 독자에게 펼쳐지기 위해 얼마나 많은 경쟁을 해야 할까요. 경쟁우위를 점하지 않으면 자연스레 도태될 테니 생존을 위해서라도 책을 알리는 것에 게을러질 수 없습니다. 책의 작품성이나 유용함 또한 알려지고 펼쳐지는 그 시작점을 넘어서지 못하면 전개될 수 없으니까요.

그 첫걸음은 홍보가 전부라 해도 과언이 아닐 만큼 도서전 참가사들의 부스는 저마다 자신을 한껏 뽐내고 있는 책들로 가득했습니다. 작가의 유명세와 입소문을 제외하면 보통의 독자가 보통의 책을 선택하는 데에 가장 많은 중점을 두는 건 여전히 표지의 아름다움과 제목의 신선함일 겁니다. 예쁘고 귀여운 것 앞에서는 한없이 녹아내리는 게 사람의 마음이니까요. 그 앞에서는 굳게 다짐했던 마음도 상품의 쓸모도 모두 한낱 부질없는 지론일 뿐입니다. 그래서 책들도 다채로운 옷을 입고 한껏 자신의 매력을 뽐내야만 하지요. 색상과 질감으로, 표지와 내지의 디자인으로, 띠지의 문구로, 유명인의 추천사 등등으로 몸을 치장한 책들이 사람의 손길을 유혹하는 모습이 이제는 지극히 당연한 평범한 모습으로 여겨집니다.

그리고 이제는 작가뿐만 아니라 편집자와 마케터도 더는 책 뒤에 숨어있는 사람들이 아닌 시대입니다. 몇 년 전만 해도 유명한 작가들은 가끔 큰 사인회에서나 볼 수 있었고 작가란 늘 무엇보다 문장으로 존재해야 한다는 미덕이 통용되는 시대였습니다. 그런데 이제는 문인들 또한 적극적으로 세상에 모습을 드러낸 채 독자들과 소통하는 자리를 갖는 게 일상이 되었지요. 인스타 라이브로 팬미팅을 하기도 하고, 유튜브로 일상을 공유하기도 하면서 신비주의에 벗어나 친근한 이미지로 변모하고 있습니다. 물론 예전에 비해 기술이 발달해 손쉽게 독자들과 연결된 덕분이기도 하지만 출판사에서 강구한 마케팅의 일환이기도 하겠지요. 이유가 어찌 됐든 세상의 흐름을 자연스레 따라가는 긍정적인 변화라고 생각합니다.

도서전은 오후 두 시 정도가 인파의 절정을 이루는 시간인 듯했습니다. 참가사들에게는 그만큼 자신들의 책을 많이 홍보하고 판매할 수 있다는 의미와 마찬가지라 각자의 부스에서 모두 분주해 보였습니다. 사실 독립출판사들이 모여있는 책마을이라는 공간은 기성출판사들이 모여있는 메인홀과는 가깝지 않아서 그쪽의 사정을 제대로 볼 수 없었지만 책마을이 이 정도로 붐비는 걸 보면 그쪽은 직접 확인하지 않아도 얼마나 많은 관객이 몰려있을지 알겠더라고요. 관객들의 동선은 보통 메인홀을 거쳐서 책마을로 이동하는 방식이었는데 그들의 손에 들린 쇼핑백의 책들만 봐도 도서전에서 어떤 책들과 굿즈가 인기를 끌고 있는지 알 수 있었습니다. 간혹 그 쇼핑백 안에 동료 작가의 책이 담겨있을 때면 괜히 반갑기도 했지요.

사실 독립출판물은 일반 대중에게 접근성이 좋은 편

은 아닙니다. 요즘은 기성과 독립의 경계가 많이 모호해졌지만 애초에 독립출판물이란 쉽게 말해 출판사를 통해 출간되는 책이 아닌 말 그대로 자신이 원하는 것을 직접 만들어서 동네서점들을 통해 소규모로 알음알음 판매하던 제작물을 가리켰습니다. 정식으로 바코드를 받은 책들도 드물어서 독자들도 해당 책을 구매하려면 동네서점을 통할 수밖에 없었지요. 그런데 이제는 제 책들뿐만 아니라 많은 독립출판물들도 바코드를 기본적으로 받을 뿐더러 책의 생김새나 마케팅 또한 기성출판 못지않게 진행하는 추세입니다. 하지만 그럼에도 여전히 자신만의 개성으로 확연히 차별화된 진정한 독립출판물을 꾸준히 만들어 내는 제작자분들도 많은데 저는 그들을 존경합니다.

저는 독립출판이 무엇인지도 모른 채 우연한 기회로 시작한 사람이라서 먼저 활동하던 분들의 도움이 없었다면 아마도 첫 책을 끝으로 글쓰기 인생이 끝났을지도 모릅니다. 그렇지만 제가 바라는 건 독립출판도 기성출판도 아닌 다만 쓰고 싶은 글을 계속 쓰는 것과, 어떤 방식으로든 제 결과물이 독자분들에게 닿는 것이었죠. 그동안 줄곧 익숙한 방식인 독립출판으로 책을 만들어 소개해왔고, 종종 좋은 기회가 닿으면 함께 책을 만들기도 하면서, 우연히 시작된 저의 출판 활동이 꾸준히 이어졌다는 건 분명 무리이기도 했고, 그것 때문에 시기마다 잡아두지 못한 채 애써 흘려보낸 것들도 많았지만, 후회의 감정보다는 독립출판을 시작하지 않았다면 몰랐을 전혀 다른 세상과의 연결에 커다란 행복과 만족을 느끼고 있습니다.

하지만 그건 저의 사정일 뿐 책을 좋아하는 사람들 사이에서도 독립출판물은 여전히 낯선 분야입니다. 그동안은 독립출판페어를 줄곧 참여했기 때문에 행사에 오시는 분들 또한 기본적으로 독립출판세계에 대해 조금은 알고 오시는 분들이 대부분이었다면, 국제도서전에서는 기성출판물을 구경하다가 얼떨결에 발이 닿아 독립출판물들을 접하게 된 분들이 많았습니다. 그래서 제 부스인 '고어라운드'를 구경하시는 분들도 어째서 전부 오수영이라는 사람의 책들만 출간하는 것인지 의아해하시더라고요. 당연히 부스에 혼자 서 있던 사람이 그 책들의 저자이자 제작자라는 것 또한 모르실 수밖에 없었을 겁니다. 기성출판부스에는 종종 작가들이 이벤트를 하기도 했지만 대부분 출판사 직원들이 책을 판매하고 있었으니까요.

그래서 그 상황을 관객들께 자주 설명해 드려야 했지만 생각해 보면 오히려 그럴 수 있어서 좋았습니다.

저를 전혀 모르는 불특정한 수많은 사람, 하지만 분명 책을 사랑하는 사람들에게 저와 제 책을 처음으로 소개할 수 있는 상황이었으니까요. 그 마음이 들자 아무리 혼자 내내 부스를 지키며 피곤할지라도 즐거운 마음으로 책을 소개할 수 있었어요. 사람들은 저를 보며 어떻게 페어 때마다 혼자 모든 날을 감당하냐고 신기해 하지만 저도 실은 체력적으로 지칠 때가 많습니다. 다만 원래 해오던 일이 비행 일이라서 그것에 비하면 북페어 쯤은 상대적으로 편안하게 느껴지는 것뿐이지요. 더군다나 제가 가장 좋아하는 일일뿐더러, 제가 만든 창작물이니 만큼 아무래도 제가 종일 소개하고 싶다는 욕심과 고집이기도 합니다.

하지만 늘 혼자 참여하기 때문에 놓치는 부분들도 많은데요. 우선은 자리를 비우고 식사하기도 애매합니다. 물론 쪽지에 금방 돌아오겠다는 내용을 간략히 적어서 부스에 붙여둔다면 아무런 문제가 없겠지만 제 성격상 괜히 죄송한 마음이 들어서 쉽지는 않더라고요. 게다가 북페어는 오직 책 판매만을 목적으로 하기에는 너무 아쉬울 정도로 구경거리가 많습니다. 다른 참가사들의 창작물들도 여유롭게 둘러보며 이야기 나눌 수 있는 최적의 행사인데 가끔 부스를 비우고 구경을 하다보면 제 부스를 비워둔 것도 잊을 정도로 푹 빠져들게 됩니다.

그래서 종종 다른 참가자분들이나 독자분들이 이곳저곳 방랑하며 구경 중인 저를 발견해서 부스에 가보라며 귀띔을 해주시기도 하는데 때마다 민망하고 감사할 따름이지요.

그럴 때는 팀으로 참가하는 분들이 부러울 때가 있습니다. 단지 페어 때의 식사와 구경에 수월하기 때문만은 아니겠지요. 누구나 그렇겠지만 유독 창작을 하는 사람들은 보이지 않는 벽에 자주 부딪히는데 그때마다 그 고민과 좌절의 순간을 누구보다 잘 이해하고 도움의 손길을 건넬 수 있는 것 또한 함께 작업하는 팀원들일 겁니다. 글을 쓰고 책을 만드는 그 고독한 작업을 혼자 감당하는 것과 동료들과 함께 서로 이끌어 주는 건 아무래도 다를 테지요. 하지만 사람은 여럿이 모이면 언제나 부작용도 있기 마련이라 사람이 어려운 저는 이렇게 빈약한 합리화를 하면서 여전히 혼자서 모든 걸 감당하는 쪽을 택하지만 도무지 혼자 해결할 수 없는 일 앞에서 도움이 필요할 때는 누군가를 찾아 떠나는 치사한 사람입니다.

열네 번째 편지

북페어와 사람들(下)
"혼자이거나 여럿이거나"

국제도서전의 제 부스는 위치가 탁월했습니다. 부스에서 가만히 관객들을 응대하다 보면 멀리서 환호와 박수 소리가 들릴 때가 있었는데 그건 다름 아닌 강연장에 연사가 도착했다는 의미였습니다. 독립출판사들이 모여 있는 책마을은 커다란 강연장 두 곳의 중앙에 자리 잡고 있었는데요, 특히나 제 부스에서는 고개만 들면 연사들의 강연 모습이 가깝게 보였습니다. 국제적인 행사이니만큼 연사들의 라인업 또한 황홀했습니다. 날마다 이름만 들으면 알 법한 저명한 교수와 작가들의 강연을 멀리서나마 바라볼 수 있다는 점은 부스 위치의 특혜이기도 했지만, 오직 바라만 볼 수 있을 뿐 혼자 부스를 지키느라 가까이 다가가 참석할 수 없다는 점은 틈 없는 창작자의 설움이기도 했지요.

강연 시간에는 많은 관객이 강연장으로 이동하기 때문에 전시홀에는 잠깐의 한적함이 찾아오기도 했습니다. 저도 그 틈을 이용해 의자에 앉거나 바닥에 쪼그려 앉아서 스트레칭도 하고 간단히 간식도 챙겨 먹으며 체력을 비축했지요. 그러면서도 여전히 시선은 강연장으로 향했습니다. 많은 인파가 무대에 선 연사의 강연에 몰입해 있었고, 사진과 메모 등등 각자의 방식으로 그 순간을 담아가려 기록하는 모습이 보였습니다. 언젠가부터 줄곧 떠올려 본 성공한 학자와 작가의 삶이란 바로 그런 모습이었지요. 그들은 제가 질투와 시샘의 감정을 느끼기에는 이미 너무 높은 경지에 다다른 분들이었기 때문에 오히려 순수한 동경만을 품을 수 있었습니다.

저는 어릴 적부터 연예인보다는 학자와 예술가에게 막연한 동경을 품었던 아이였습니다. 부모님의 영향도 아니었고, 특정한 계기가 있었던 것도 아닙니다. 단지 그들의 탁월한 지성과 깊숙한 감수성에 감탄하던 평범한 아이였지요. 그렇다고 제가 학자나 예술가가 되겠다는 다짐을 했던 적은 없었고, 하물며 공부나 창작에 흥미를 느끼지도 못했습니다. 다만 문학과 사회학과 철학 같은 인문학 분야의 책들에 이끌리기 시작했고 어쩌면 그런 관심이 지적 허영의 토대가 된 것일지도 모르겠습니다. 제대로 공부해 본 적 없으니 깊이가 있을 리 없었고, 관심은 있으니 책 몇 권 읽은 걸로 지성이 향상된 줄로만 알았던 그 시기의 저는 여러모로 겉멋만 들었을 뿐

실상 속은 텅 빈 아이에 불과했지요.

지성적이고 감성적이고 생산적인 일에 허영심이 있으니 그 마음이 저를 책과 가까운 곳에서 살게 했지만 그 삶에서 내실은 예전에 비해 얼마나 채워졌는지 저로서는 알 방도가 없을 따름입니다. 다만 그 마음을 따라갔더니 꾸준히 책 주변을 맴돌며 살게 되었고, 그 영향으로 운 좋게 글을 쓰고 책을 만드는 일까지 하다 보니 이렇게 도서전 한복판에 덩그러니 놓인 인생이 되었지요. 하지만 이제는 지적 허영이 아닌 진실된 지성과 인문학적 소양을 추구해야 하는 시기인 만큼 어떤 목적을 위한 공부보다는 스스로 책임을 위한 공부를 할 때라고 느낍니다. 공부를 하면 할수록 제가 얼마나 작은 존재인지 깨달아 가는데 그게 오만과는 거리가 멀어서 다행일 때도 있지만 겸손이 아닌 지나친 초라함이 되지 않도록 노력을 해야겠지요.

북페어의 즐거움 중 하나는 가까운 부스의 창작자들과 이야기를 나누며 친해질 수 있다는 점입니다. 그래서 저는 개인적으로 이미 친분이 있는 동료가 가까이 있는 것도 좋지만 전혀 모르는 낯선 분들과 부스를 나란히 하는 걸 선호합니다. 모르는 사람을 알게 되는 건 그 자체만으로도 흥미로운 일이고 그들의 창작물로부터 늘 새롭게 배우는 점이 많더라고요. 물론 좋아하는 일이 같은 사람들이 모이는 장소이기 때문에 '선호'라는 단어도 써 볼 수 있는 것일 테고, 그만큼 즐겁게 서로 나눌 수 있는 정보도 많기에 가능한 이야기입니다. 만약 일도 사람도 마지못해 모여있는 곳이었다면 아마도 모두 지금과는 전혀 다른 표정과 태도를 일삼고 있겠지만요.

이번 옆 부스 이웃은 음악과 관련된 책들을 만드는 분들과, 지역 잡지를 만드는 분들이었습니다. 늘 그랬듯 처음에는 어색하게 인사만 나누지만 시간이 갈수록 사적인 이야기도 나누고, 간식도 나눠 먹으며, 게다가 한 쪽이 부스를 비우면 대신 책을 판매해 주기도 하면서 빠르게 정이 듭니다. 알고 보니 옆 부스 이웃님들은 오랫동안 인디신에서 활동하신 유명한 보컬과 베이시스트셨고 심지어 저 또한 대학 시절부터 그분들의 노래를 듣고 자랐더라고요. 행사 내내 친구분들이라며 부스를 방문하신 분들 또한 대부분 익숙한 이름의 가수분들이셨어요. 그 사실을 알게 된 이후로는 도서전을 오가는 매일을 지하철에서 그분들의 노래와 함께했습니다. 역시나 창작의 세상에 발을 담그면 어떻게든 연결된다는 마음으로요.

직접적인 연결은 없을지라도 같은 공간에서 같은 일

을 하다보면 느슨한 동료애가 생깁니다. 더군다나 업장에서 땀 흘리며 하는 일일수록 동료애를 넘어선 전우애 비슷한 감정이 들기도 하지요. 이를테면 승무원 일의 경우에도 사실 강도 높은 육체노동과도 마찬가지이기 때문에 비행이 끝나면 유니폼이 땀에 절어있기 마련입니다. 승객의 입장에서는 비행 동안 승무원을 볼 수 없는 시간이 더 많기 때문에 의아해할 수도 있겠지만 승무원이 눈에 보이지 않는다는 건 그들이 작업 공간에서 노동을 하고 있다거나 휴게실에서 교대로 쉬고 있다거나 둘 중 하나입니다. 장거리 비행의 경우 기내에서만 이만 보 이상을 걷는 날도 많으니 탑승할 때 처음 보는 서먹한 동료도 착륙할 때쯤에는 어느새 끈끈한 전우가 되어있기도 하지요.

도서전의 참가사들과는 비록 땀 흘리며 같이 육체노동을 하진 않고, 게다가 그들 모두가 서로의 경쟁사들임에도 틀림없지만, 동시에 우리는 모두 지금의 한정된 독서인구마저 유튜브와 넷플릭스에게 빼앗기지 않으려 안간힘을 쓰는 사람들이기도 합니다. 언젠가 누구도 책을 읽지 않는 날이 찾아온다면 현실적인 문제로 사라지는 업체들도 많겠지만 동시에 그때까지 책이라는 물성을 통해 문장의 힘을 세상에 전달하려는 사람들도 있겠지요. 만들수록 손해라는 걸 알면서도, 이제는 부질없는 일이라는 걸 알면서도, 그럼에도 숙명처럼 끊임없이 쓰고 만드는 사람들도 있겠지요. 그렇게 생각하면 출판업이란 서로의 생존을 위한 경쟁이기도 하지만 거대한 흐름 앞에서 함께 싸우며 대응하는 동료이자 전우로 볼 수도 있겠습니다.

북페어의 경험이 쌓일수록 뿌듯한 점 중 하나는 부스에서 마주 보고 인사를 나눈 독자분들과 세월의 흐름을 따라 함께 성장해 가는 모습을 피부로 체감할 수 있다는 점입니다. 첫 책을 출간했을 때부터 찾아와 주신 고민 많던 대학생 독자분들이 이제는 꿈을 이룬 어엿한 직장인의 모습으로 혹은 이미 부모가 되어 갓난아이가 잠든 유모차를 끌고 다시 찾아주실 때의 감동이란 이루 말할 수 없습니다. 작가와 독자의 관계란 아는 사람이라고 말할 수도, 그렇다고 모르는 사람이라고 말할 수도 없는 애매모호한 관계이지만, 분명 내면의 감정을 공통의 언어로 잠시나마 나눴던 관계이기에 유독 특정한 단어로 정의하기 어려운 듯합니다. 하지만 분명한 건 그들은 서로 일상의 무게를 적잖이 덜어주는 중대한 관계라는 것이겠지요.

아쉽고 부러운 점이 있다면 여성 작가와 여성 독자들의 친밀하고 편안한 관계입니다. 아무래도 에세이를 읽는 독자층의 대부분은 이삼십 대 여성이기 때문에 제 독자분들 또한 마찬가지이죠. 한 유명 작가는 자신의 책에서 작가와 독자의 관계는 서로의 생활을 알지 못하는 정도로 선을 긋는 편이 가장 좋다고 말했지만, 그래도 매번 행사 때 찾아와 주시는 독자분들은 인간의 마음을 가진 이상 더 반갑고 편애하기 마련입니다. 그래서 때로는 부스에서 짤막하게 서로 안부를 묻기도 하고 고민을 털어놓기도 하는데 저는 그 과정에 있어서 반가움과 친밀함을 숨김없이 드러내면 종종 의도치 않은 오해를 살 때가 있어서 시간이 갈수록 조심스러워질 수밖에 없더라고요. 성별의 문제는 아닐지라도 나름의 고충 정도라고나 할까요.

물론 부스에서의 직접 판매 방식으로 늘 좋은 만남만 이뤄지는 건 아닙니다. 아무리 좋아하는 일이라 할지라도 많은 사람을 응대하는 일에는 늘 무수한 변수가 찾아오기 마련이지요. 책을 쓰고 만든 사람이 버젓이 앞에 있음에도 책을 읽다가 던지듯 내려놓고 가는 사람도, 책의 만듦새나 본문 내용에 대해 신랄한 비판을 하며 이유를 묻는 사람도, 이 정도는 나도 쓰겠다며 비웃으며 떠나는 사람도, 사생활에 대해 집요하게 물어보는 사람도, 모두 감당하기 쉬운 사람들은 아닙니다. 아끼고 좋아하는 일일수록 타인의 평가가 예민하게 다가오니까요. 하지만 기내에서 전 세계 수많은 승객으로부터 단련된 저의 감정은 그 정도의 말들은 대수롭지 않게 넘길 수 있었습니다. 마음이 단단해진 탓인지 낡은 탓인지는 잘 모르겠지만요.

끝나지 않을 듯했던 오일 간의 국제도서전도 서서히 막을 내릴 시간에 가까워지고 있었습니다. 그만큼 더 많은 관객이 행사장을 가득 채우고 있었고, 참가사들의 이벤트도, 연사들의 강연도 절정으로 향하고 있었지요. 혼자 부스를 지키는 탓에 도서전 곳곳에서 열린 동경하는 작가들의 강연이나 사인회에 참여하는 사심을 채우진 못했지만, 그 만큼 더 새롭고 반가운 관객들과 이웃 참가사들을 만나서 아쉬움을 달랠 수 있었습니다. 부스에서 종종 도서전의 모습을 가만히 바라면 어느새 체력이 방전된 탓인지 마치 제가 참가사도 아니고 관객도 아닌 제삼자의 입장이 되어 그저 특별한 하나의 풍경을 바라보는 느낌이 들기도 했는데요. 그 풍경에서 자꾸만 기시감이 드는 건 매번 북페어의 끝은 같은 감정이었기 때문일 겁니다.

글을 쓰고 책을 만드는 일은, 더군다나 그 모든 과정을 혼자서 감당해야만 하는 독립출판은 유난히 고독한 일입니다. 친분이 있는 사람들과의 사적인 만남이나 북페어 때가 아니면 다른 창작자들의 생활과 작업 과정에 대해 실체를 확인할 수가 없지요. 그렇게 자신과의 싸움으로 짧게는 몇 달에서 길게는 몇 년을 보낸 후 모두가 한자리에 모여 그 결과물뿐만 아니라 창작자들의 근황을 나누고 소개하는 자리가 북페어인 셈이죠. 물론 그들 중 일부는 주기적으로 만남을 가지며 서로를 북돋아주는 관계도 있을 테지만 창작의 순간에는 누구나 기본적으로 고독해진다는 건 다를 바 없겠죠. 그래서 북페어는, 특히나 독립출판페어는 여건만 따라준다면 규모가 크면 클수록 좋다고 생각합니다.

구태여 누군가 자신의 창작물의 가치를 알아주지 않을지라도, 가끔은 자신의 창작물이 성장의 길로 나아가고 있는지 확신이 없을지라도, 날마다 창작을 시작한 자신을 원망하고 새롭게 다짐하는 일을 반복할지라도, 이렇게 창작하는 사람이, 그리고 이렇게 살아가는 사람이 오직 나 하나뿐만은 아니라는 것을 내 눈으로 분명히 목격할 수 있는 기회가 바로 북페어이기 때문입니다. 다른 창작자와 특별한 친분이 없을지라도 내 눈에 보이는 이토록 수많은 고독한 창작자들의 존재는 그 자체로 커다란 위안이 되어줍니다. 그 위안을 페어가 끝난 일상으로 가져가면 일종의 연결이 되겠고 또 믿음이 되겠지요. 연결되었다는 그 믿음이 비록 착각일지라도, 그 착각이 나를 계속해서 창작하게 한다면 그것으로도 충분하지 않을까요.

　빠르게 가려면 혼자 가고, 멀리 가려면 함께 가라는 말이 있습니다. 저는 줄곧 빠르게 가고 싶어서 그동안 혼자가 되는 것을 마다하지 않았지만, 시간이 흐를수록 비단 창작의 세계뿐만 아니라 인생에 있어서도 혼자 가는 길은 아무리 멀리 가도 결국 제자리에 불과하다는 생각이 들었습니다. 어떤 깨달음일 수도 있겠지요. 하지만 그 깨달음으로 인해 그동안 타성에 젖은 제가 변할 확률은 높지 않을 겁니다. 그럼에도 북페어의 사람들이 마치 하나의 생태계처럼 보이지 않는 선으로 연결되어 있다는 믿음만은 곁배합니다. 마음이 기운 곳으로 생각이 흐르는 것처럼 행동도 마음이 깃든 곳으로 흐르겠지요. 만약 그렇다면 앞으로의 제 삶은 멀리 함께 갈 사람들과 함께 일까요. 북페어의 끝도 결국은 다름 아닌 사람이었습니다.

열다섯 번째 편지

산책하는 마음으로
"다시 두 발로 인생을 걷기"

휴직을 시작한 뒤 가장 먼저 몸에 밴 습관은 한낮의 산책이었습니다. 한적한 숲길을 걸으며 유월의 나무들이 뿜어내는 연둣빛 기운을 온몸으로 끌어안는 일은 삶에 지친 사람에게 대가 없이 주어지는 잔잔한 위안이었지요. 초여름의 싱그럽고 바삭한 날씨는 한낮의 산책이 익숙하지 않은 사람을 바깥으로 유인하는 데에 최적의 시기이기도 했습니다. 불어오는 선선한 바람을 맞으며 천천히 걷다 보면 초반에는 무성한 나무들과, 산책하는 사람들과, 멀리 보이는 동네의 풍경처럼 눈에 보이는 것들에 몰입하게 되지만, 산책의 중반을 넘어서면 그 모습들에 익숙해져 서서히 저 또한 숲길을 이루고 있는 무수한 자연물의 일부가 된 것처럼 그때부터는 생각과 마음에 잠겨 들기 시작합니다.

숲길에 닿는 가만한 발걸음이 어쩐지 자연의 따뜻한 손길처럼 생각과 마음을 어루만져 주는 듯한 느낌이 들

때가 있습니다. 그럴 때면 저도 그 보호막 안에서 그동안은 떠올리기 버거웠던 생각과 마음을 마주하는 용기를 내보기도 합니다. 어떤 기억과 생각은 깊이를 알 수 없는 늪과 같아서 한번 발을 들이면 자신이 송두리째 잠식될 때까지 그 끈질긴 연결고리를 끊을 수 없지요. 그럴 때면 누군가 어릴 적 즐겨하던 놀이처럼 얼음이 된 저를 손으로 땡하고 터치해 줘야만 다시 자유롭게 움직일 수 있는 것처럼 숲길 또한 내면에 갇혀 허우적거리는 저의 손목을 덥석 잡아서 현재로 끌어올리는 역할을 해 줍니다. 생각은 그만하면 충분하니 다시 여기 숲길로 돌아와서 제대로 걷기나 하라는 듯이요.

그동안의 저는 산책을 나설 때마다 늘 이어폰과 함께했습니다. 운동 삼아 산책을 하던 그 짤막한 시간마저 비생산적인 소모로 여겼고, 그래서 어떻게든 산책마저 생산적인 시간으로 만들기 위해 이어폰을 통해 경제 관련 방송을 듣거나 도움이 될 만한 유용한 정보들을 욱여넣으려 애썼지요. 산책에 집중하는 것도 아니고 그렇다고 이어폰 방송에 몰입하는 것도 아닌 그 애매하고 산만한 상태에서는 단지 저의 다리만 끊임없이 걷는 동작을 반복하고 있을 뿐 숲길의 풍경 따위는 아무것도 기억나지 않았습니다. 산책을 하면서도 눈에 보이는 모든 것이, 귀로 흘러드는 모든 것이 제 것으로 소화된다면 얼마나 좋을까요. 하지만 저라는 사람은 생각보다 멀티태스킹에 취약한 이를테면 생산효율이 떨어지는 인간에 불과했습니다.

몸과 마음의 신호를 알아채고 잠시 모든 걸 멈춘 요즘의 저는 너무 늦거나 혹은 너무 일찍 산책의 진정한 의미에 대해 깨달아 가는 중입니다. 그래서 산책을 나설 때면 온전히 산책에만 집중하기 위해 반드시 이어폰을 집에 두고 길을 나선다는 저와의 약속을 잘 지켜내고 있지요. 처음에는 귀도 허전할뿐더러 그동안의 생산적인 강박에 익숙해진 나머지 이렇게 온전히 걷는 활동만을 해도 되는 것인지 스스로 의문을 품었습니다만, 숲길에서 인공이 아닌 자연의 소리를 맨귀로 듣기 시작한 후로는 산책이란 결국 막무가내로 정보를 욱여넣기만 했던 나 자신의 성질과는 전혀 다른 모든 인공의 소리와 정보를 정화하고 비워내는 본능적인 신체 활동이기도 하다는 걸 느꼈습니다.

가장 먼저 들린 숲길 본연의 소리는 다름 아닌 걸음을 걷는 저의 발소리였어요. 걷는 사람이 소리를 발생시키는 건 당연하지만 생각해 보면 자신의 발소리와 보폭을 알고 있는 사람은 많지 않은 듯합니다. 저는 사실 걸음이 빠른 편은 아니었는데 승무원 일을 시작한 이후로는 걸음이 빨라야만 하는 상황과 수없이 맞닥뜨리게 되어 강제로 빨라진 경우이지만, 기약 없이 일을 중단한 지금은 다시 본래의 제 속도와 보폭으로 돌아오는 과정이지요. 산책로가 한적할수록 시간이 밤에 가까울수록 자신의 발소리를 선명하게 들을 수 있습니다. 그 당연하지만 낯선 소리를 들으며 계속해서 걷다 보면 제가 이런 걸음과 소리를 내며 지금까지 세상을 살아왔다는 걸 새삼 깨닫게 됩니다.

물론 자연 속에서 제 발소리만을 골라서 들을 순 없겠지요. 걷다 보면 산책로의 수많은 발소리가 들립니다. 멀리서부터 뛰어오는 크고 다급한 발소리와, 근처에서 터벅터벅 여유롭게 걷는 발소리와, 여럿이 나란히 걷는 리듬감 있는 발소리와, 위압감이 느껴져 돌아보게 되는 투박한 발소리 등등. 사람의 숫자만큼이나 무수한 종류의 발소리가 있습니다. 신기한 건 사람의 발소리는 겉으로 보이는 체형이나 체중과는 일치하지 않는다는 겁니다. 발소리는 아마도 걷는 동작과 걸음걸이의 습관, 그리고 생각보다 사람의 성격이 많은 영향을 끼치는 게 아닐까 싶어요. 저 또한 운동화의 뒷굽이 한쪽만 닳는 것을 보면 분명 걷는 자세가 반듯하진 않을 텐데 저로서는 저를 관찰할 수 없으니 대수롭지 않게 넘길 뿐이지만요.

숲길의 산책로는 당연히 사람만 걷는 곳이 아닙니다. 말 그대로 사람이 숲에 임의로 길을 만들어 놓은 것이니 산책로에는 원래 숲의 주인인 동물들이 자유롭게 돌아다니곤 하지요. 이 계절에 유난히 많이 보이는 동물은 산책 나온 강아지를 제외하면 단연코 다람쥐입니다. 이어폰 없이 걷다 보면 무성한 나무 위를 재빠르게 달리는 다람쥐 소리가 들리곤 하는데요. 작고 가벼운 다람쥐의 발소리가 사람의 귀에 들리진 않을테고 아마도 다람쥐의 쏜살같은 속도에 부딪히는 나뭇잎의 소리일 겁니다. 때로는 다람쥐가 나무에서 내려와 산책로를 가로지를 때면 남녀노소를 가리지 않고 산책로의 모든 사람의 관심과 사랑을 독차지하는 숲길 최고의 인기 동물이지요.

하지만 늘 귀여운 동물만 나타나는 건 아닙니다. 사실 이 숲길은 너구리가 빈번하게 출몰하는 곳이거든요. 너구리가 출몰한다는데 어째서 귀여운 동물만 나타나는 건 아니라는 걸까 생각하실 수도 있겠습니다. 한국인에게 너구리란 아마도 라면 봉지에 그려진 귀여운 캐릭터의 모습으로 각인되어 있을 테지만, 실제로 숲에서 목격한 야생 너구리는 그 크기와 생김새가 이미지와 많이 다르더라고요. 산책을 하다가 풀숲에서 기척이 들려서 돌아보면 굉장히 낯선 동물이 불쑥 산책로에 뛰어들며 모습을 드러냅니다. 다람쥐에 익숙해진 눈에 너구리는 크기도 웬만한 강아지보다는 커다란 말 그대로 야생 동물이었지요. 게다가 산책로의 강아지들을 공격하려 달려들기도 하는 모습을 보다 보면 맹수에 가깝다는 생각이 들기도 합니다.

실제로 산책로 곳곳에는 너구리가 출몰하면 절대로 만지지 말라는 표지판이 세워져 있는데요. 그건 너구리가 광견병의 매개체이기도 해서 강아지와 싸운다거나 심지어 사람과 접촉해도 바이러스에 전염될 수 있다는 과학적인 이유 때문이었습니다. 그 사실을 몰랐을 때는 너구리 또한 다람쥐의 출몰처럼 귀여운 대상처럼 여겼는데 이제는 종종 너구리를 볼 때마다 놀라면서 피하게 됩니다. 물론 대부분은 산책로를 빠르게 가로지르며 사라지는 게 전부이긴 하지만요. 도심 속 작은 산속에서도 이렇게 많은 자연의 소리와 동물을 접할 수 있는데 하물며 모두가 아는 깊은 산속에서는 얼마나 신기하고 낯선 모습을 목격할 수 있을까요. 들리는 소리와 나타나는 동물 또한 귀여움보다는 두려움에 가까울 수도 있겠습니다.

숲길에서의 한낮과 저녁의 산책은 차분하고 평화로운 분위기입니다. 한낮에는 햇빛이 세상을 밝혀주고, 저

녘에는 가로등이 숲길을 밝혀줘서 자연의 밝은 단면만 보이기 마련이지요. 하지만 한밤이 되고 자정을 넘기면 자연은 낮 동안의 평화와는 정반대의 모습으로 사람을 맞이합니다. 얼마 전 자정을 넘긴 시간에 답답한 마음이 들어 산책을 나선 적이 있었는데요. 평소처럼 숲길로 가는 언덕을 올라 본격적으로 산책로에 들어설 때였습니다. 늘 가로등으로 밝았던 익숙한 둘레길이었는데 자정 이후의 모든 가로등이 꺼진 산책로는 아무것도 보이지 않는 칠흑 같은 어둠뿐이었지요. 그래도 늘 걷던 익숙한 길이니 괜찮을 것이라 생각하며 성큼성큼 숲길로 진입했습니다.

마침내 모든 인공의 빛들과 멀어지고 달빛도 스며들지 못하는 무성한 숲길의 중심에 저 홀로 남겨졌을 때 평소에는 느끼지 못했던 본능적인 두려움에 휩싸였습니다. 주위를 둘러봐도 보이는 건 새카만 어둠 뿐이고 나무와 풀숲에서 들리는 낯선 기척이 더는 신기함이나 반가움이 아닌 막연한 두려움이었습니다. 오랜만에 느끼는 자연에 대한 순종적인 경외심이었지요. 깊은 숲속으로 계속해서 빨려 들어가는 듯한 기분에 저는 겁 많은 아이처럼 다시 뒤돌아서 숲길을 빠져나오고 말았습니다. 그날은 그렇게 숲길이 아닌 아직 가로등이 켜진 곳으로 방향을 틀어 산책을 했어요. 자연을 두려워하지 않은 날들이 대부분이었다면 가끔은 이렇게 역시나 자연이 주인이고 사람은 자연을 잠시 빌리는 것뿐이라고 깨닫는 날도 있습니다.

산책을 하면서도 걷는 행위란 생각할수록 당연하지 않은 감사한 일이라 느낍니다. 자신에게 당연한 일이라고 해서 누구에게나 당연한 일은 아니고 언제까지나 당연한 일은 아니기 마련이니까요. 누군가는 불의의 사고와 질병으로 걸을 수 없는 상태가 되기도 하지만 누군가는 명확한 이유도 없이 갑자기 걸을 수 없게 되기도 합니다. 그리고 우리 모두는 언젠가 근육이 점점 소실되어 누군가의 도움이 있어야만 걸을 수 있는 날과 마주하게 되겠지요. 오늘은 이렇게 힘차게 걸을 수 있지만 내일은 확신할 수 없습니다. 존재는 부재가 될 때 비로소 그 소중함을 고스란히 드러낸다는 진리가 있지만 그럼에도 사람은 생각하는 곳으로 나아가는 동물이니 모든 걸 당연하게 여기지 않는 태도라면 더 많은 걸 느끼며 살아가지 않을까요.

그런데 요즘은 아무리 튼튼한 신체를 갖고 있어도 일부러 걷지 않으면 걷기 힘든 분주한 세상입니다. 대부분의 직장인들이 걸을 수 있는 시간이라면 출퇴근 대중교통을 타러 가는 짧은 시간과, 퇴근 후 강한 의지로 공원을 산책하는 시간과, 헬스장에서 트레드밀 위를 걷는 시간이 전부가 아닐까요. 물론 운동을 좋아하는 사람들은 그보다 훨씬 많은 신체 활동을 하겠지만요. 많은 사람이 목적지까지 두 발로 걷는 것과 교통수단 중 하나만 선택하라면 대부분 교통 수단을 선택합니다. 자가용이나 버스나 지하철, 그것도 아니면 자전거나 전동 킥보드를 사용하겠지요. 걸어서 목적지까지 간다는 것은 상황이 불가피할 때만 가능한 이야기가 된 것도 같습니다. 막차가 끊겼다거나 소지품을 전부 잃어버렸다거나 하는 상황이겠죠.

걷는 행위는 무엇보다 교통수단에 비해 느리고 힘들기 때문일까요. 시간이 돈이 되는 세상이니 시간을 절약할 수 있는 방법은 언제든 빠르게 이동하는 겁니다. 그런 사람을 이상하게 바라보진 않지요. 오히려 그 반대로 시간 아까운 줄도 모르고, 편리한 방법이 있는데도 불구하고, 구태여 걸어서 이동하는 사람을 이상하게 바라봅니다. 그 사람들은 정말 운동이 좋아서 걷는 걸까요 혹은 걷는 행위 자체가 좋아서 걷는 걸까요. 주변을 둘러보면 후자인 경우가 많습니다. 어찌 보면 인간이라는 동물이 걷는다는 건 지극히 자연스러운 일인데 환경적으로 그렇지 못한 상황이 거듭되면 점점 걷는 행위의 중요성과 효율성을 느끼지 못하게 되고, 결국은 걷지 않은 생활이 익숙해지는 게 아닐까요. 제가 바로 그런 사람이었습니다.

그렇지만 돌이켜보면 익숙한 장소든 낯선 장소든 생생하게 기억 속에 남아있는 장면들은 대부분 두 발로 직접 걸었던 곳이었습니다. 승무원이라는 직업상 이국의 낯선 장소를 둘러볼 기회가 많았고, 그 덕분에 다양한 방법으로 도시와 관광명소를 둘러볼 수 있었지만 시간이 흘러 사진으로만 그때를 추억할 수 있을 때조차 여전히 마음 깊숙이 남아있는 장소는 유명한 관광명소나 근사한 풍경이 아닌 무작정 두 발로 걸었던 이름 모를 동네의 오래된 주택과 놀이터 같은 일상의 민낯이 묻어나는 장소들이었습니다. 그때는 마땅한 교통 수단이 없어서 어쩔 수 없이 투덜대며 걸었지만 결국은 그 어떤 아름답게 스쳐간 풍경보다 마음 깊이 각인되어 지금의 저를 구성하고 있는 셈이지요.

인간은 어떤 측면에서는 교통수단으로 상상도 못 한 기동성을 얻은 대가로 두 발로 세상의 피부를 느끼며 사유할 수 있는 여유를 잃어가는지도 모릅니다. 그렇다고 이토록 편리한 교통수단을 거부하거나 포기할 수는 없는 일이지요. 다만 가끔은 인간이 태초에 이동하는 방식으로 돌아가서 두 발로 세상을 걸으며 자연은 물론이고 자신의 생각과 마음의 풍경을 둘러보는 여유를 갖는다면 얼마나 좋을까 하는 마음입니다. 저 또한 산책이 몸에 밴 습관이 되면서부터는 신체의 건강과 더불어 마음의 건강도 서서히 되찾아 가는 중이기도 하니까요. 아직은 휴직과 휴식의 초입에 불과한데 그와 동시에 가장 먼저 시작한 일이 산책이라서 더할 나위 없이 다행입니다.

인생이 산책이라면 저의 산책은 아직 숲길의 초입일 겁니다. 산책을 즐기는 사람은 시계와 걸음 수만 바라보며 기록하듯 걷기만 하는 사람이 아닌 산책로에 수시로 멈춰서서 풍경을 바라보는 사람이 아닐까요. 잠시 벤치에 앉아서 선선한 바람을 쐬며 물도 마시고 같이 걷는 사람과 간식도 나눠 먹으면서요. 때로는 상대방이 힘들어하면 앞에서 이끌어 주거나 뒤에서 밀어주면서, 하지만 꼭 오늘 더 걸을 필요는 없으니 다음을 기약하기도 하면서요. 인생에는 바로 그 '다시'라는 방법이 있다는 걸 우리는 종종 잊고 삽니다. 결코 다음은 없다는 절박한 다짐이 어쩌면 우리의 인생에서 산책할 여유조차 사라지게 하는지도 모릅니다. 하지만 다음은 어디에나 얼마든지 있습니다. 절박하고 조급한 마음속에서만 다음이 없을 뿐이지요.

저도 다음이 없었던 마음을 버리고 이제는 다음을

살고 있습니다. 제 다음의 시작은 두 발로 숲길을 걷는 것에서부터 다시 시작된 셈이네요. 언제까지 잘 지킬 수 있을지는 모르겠지만 앞으로도 최대한 하릴없는 산책을 이어가려 합니다. 비록 지금의 산책로가 아니더라도, 한적하고 고요한 장소가 아니더라도, 도시와 시골을 가리지 않고 꾸준히 걸어보려 합니다. 비록 혼자 걷는 걸 좋아하는 저이지만 때로는 누군가와 나란히 걸으며 일상의 시시콜콜한 이야기를 나누기도 하겠지요. 숲길의 연두가 초록이 되고, 초록이 다시 노랑이 되어 낙하하는 날들이 찾아오겠지만, 숲길의 모든 계절을 걸어보고 싶어요. 물론 저의 계획일 뿐이지만 이제는 실패해도 속상하지 않을 겁니다. 언제든 다음에 다시 도전하면 되니까요.

열여섯 번째 편지

모든 변화는 시도로부터
"시작과 끝의 중심에서"

　달라진 생활에 맞는 루틴을 새롭게 만들어 가는 중입니다. 루틴을 사전에 검색하면 규칙적으로 하는 일의 통상적인 순서와 방법이라는 뜻이 가장 먼저 뜨는데요. 사실 규칙적이라는 속성은 그동안의 제 삶과는 무관한 것이었습니다. 아무래도 달마다 공시되는 불규칙한 비행 스케줄을 따라서 살다 보면 생활방식 또한 온전히 스케줄에 맞춰야 했기 때문에 고정적인 루틴을 만들기란 불가능에 가까웠지요. 하지만 휴직자가 된 지금의 저는 하얀 백지 위에 제 생활을 만들어 가야 할 때입니다. 어린 시절에 줄곧 작성하던 시계 모양의 생활 계획표를 기억하실까요. 방학이 시작되면 가장 먼저 작성해야 했고 방학이 끝나면 선생님께 제출해야 했던 그 동그란 계획표를, 그로부터 삼십 년이 흐른 지금 다시 작성하기 시작합니다.

　그때는 나름대로 열심히 만든 생활 계획표가 너무

수면과 놀기에만 치우친 상태였다면 부모님과 선생님이 결코 웃으며 넘기지 않았지만, 한참 어른이 된 지금은 누구도 제 생활 계획표를 검사하지 않고 한쪽으로 치우친다 한들 잔소리하지 않습니다. 이제는 어른이기 때문에 제 생활을 누구의 도움 없이도 스스로 관리할 수 있다고 생각하기 때문이겠지요. 그렇지만 그건 사실이 아닙니다. 어른도 얼마든지 도움이 필요하고 도움받을 준비가 되어있지만 단지 어른이니까 혼자서 어떻게든 해내려고 끙끙대는 것뿐이잖아요. 누군가 먼저 도움의 손길을 건네주거나 때로는 자신이 먼저 누군가에게 손길을 건네면 충분히 서로 도움을 나눌 수 있는데 그렇게 마음 먹기가 왜 이렇게 힘들어졌는지 모르겠습니다.

동그랗고 텅 빈 생활 계획표가 제 앞에 놓여있습니다. 학생이라면 공부 계획을 세울 테고 직장인이라면 업무 계획과 퇴근 이후의 일상에 대해 계획을 세울 텐데 지금의 저는 누구이고 어떤 계획을 세워야 할까요. 새로운 사람을 만나면 보통 서로 직업을 묻기 마련인데 요즘의 저는 답변하기가 마땅치 않아서 단순히 백수라고 대수롭지 않게 소개합니다. 쉬고 있다거나 글을 쓴다거나 책을 만든다거나 설명을 하려면 얼마든지 할 수 있겠지만 가까운 사이가 아니라면 제 사연을 설명하는 데에 너무 많은 시간과 에너지가 소모될뿐더러 특별히 잘 보이고 싶은 사람도 없어서 있는 그대로의 저를 당당하고 솔직하게 설명하는 요즘이지요. 말 그대로 그 무엇에도 신경 쓰지 않고 온전히 저만을 위해 집중하는 시간이니까요.

1) 업무 시간

그렇다면 하루에 몇 시간 정도를 글 쓰고 책 만드는 일에 할애하면 적당할까요. 제가 아는 저라는 사람은 명확한 기준을 세워두지 않으면 중간에 일을 끊는 방법을 몰라서 끝날 때까지 책상에 앉아있는 미련한 사람이었습니다. 그렇게 명확한 기준 없는 작업 방식은 보통의 생활방식을 완전히 벗어나 밤낮없이 내키는 대로 이어졌고 자연스레 일상의 질을 망가뜨리곤 했지요. 그래서 저는 최대한 공무원의 생활방식을 좇기로 결심했습니다. 정해진 시간에 일을 시작해서, 정해진 만큼의 일을 하고, 정해진 시간에 일을 끝내는 말 그대로 규칙적인 일상입니다. 새벽형 인간이지만 최대한 남들과 비슷한 시간에 활동하고 잠들기 위해 이른 아침 시간에 알람을 맞췄습니다.

하지만 아침마다 서두를 이유가 전혀 없는 환경에서 의지만으로 정해진 시간에 몸을 일으켜 하루를 시작한다는 건 쉬운 일은 아니었습니다. 비행 근무를 할 때는 시간이 몇 시든 알람만 울리면 반사적으로 일어나서 씻고, 유니폼을 입고, 집을 나서는 데까지 정확히 사십 분이 걸렸는데요. 그건 물론 그렇게 하지 않으면 정해진 시간에 공항에 도착할 수 없기 때문이었고 정시 출근을 하는 직장인이라면 누구나 그렇게 하루를 시작하겠지요. 달라진 환경의 아침을 탈 없이 시작하기 위해 마련한 저만의 행동은 아침에 일어나면 어떻게든 터벅터벅 걸어가서 곧장 침실의 문을 닫는 일입니다. 물론 침실 안에서 말고 밖에서 닫아야겠지요. 늦잠의 유혹을 떨쳐내고 문을 침실 밖에서 닫기까지는 생각보다 오랜 시간이 걸렸습니다.

그다음 순서는 샤워 후 편안한 외출복으로 갈아입는 일입니다. 둘 중 하나를 건너뛰면 하루 종일 씻기 귀찮다는 이유로, 옷 갈아입기 귀찮다는 이유로 하루 종일 집 밖으로 나가지 않게 되더라고요. 게다가 옷차림에 따라 사람의 마음과 자세도 달라지기 마련이라 집에서 일하는 사람에게는 최소한 긴장의 끈을 유지할 수 있는 중요한 일이기도 합니다. 그 길로 서재의 문을 열고 들어가 책상 앞에 앉으면 절반의 성공인 셈인데 중요한 건 바로 이때부터입니다. 인터넷에 연결된 컴퓨터와 함께라면 우리는 어디에도 도착할 수 있고 무슨 일이든 할 수 있는 시대를 살고 있으니까요. 그만큼 유혹이 강렬해서 뿌듯하게 시작한 아침이 수많은 온라인 뉴스와 타인의 소식으로 채워질 가능성이 곳곳에 도사리고 있습니다.

그래서 저는 인터넷이 불가한 노트북을 글만 쓰는 용도로 따로 사용하기 시작했고, 일하는 시간에는 스마트폰 또한 거실에 둔 채로 급한 전화만 받을 수 있게 해뒀습니다. 이 두 가지 방법은 생각보다 효과가 탁월해서 긴 글을 쓴다거나 책을 기획한다거나 하는 고도의 집중력과 창의력이 필요할 순간에 많은 도움을 받고 있습니다. 다소 지독한 조치이기도 하지만 그렇게 하지 않으면 저는 제가 글을 몇 문장 쓸 때마다 이유없이 메신저와 소셜미디어를 확인하며 많은 시간을 소모할 것을 누구보다 잘 알고 있기 때문이지요. 같은 시간 동안 글을 써도 집중도에 따라 저부터 결과물의 양과 질에 대한 만족도가 현저히 차이나는 걸 보면 인터넷에 연결된 전자기기는 편리한 만큼이나 그동안 얼마나 집중을 방해했는지 알겠더라고요.

물론 사람이 몰입의 순간에 도달하면 그 이후에는 무엇에도 쉽게 방해받지 않겠지만 중요한 건 우선 길을 잃지 않고 몰입의 문을 여는 것이니까요. 그런데 정신만 집중의 길을 잃지 않는다고 몰입을 오랫동안 유지할 수 있는 건 아니었습니다. 정신을 올곧게 지탱해 주는 건 다름 아닌 몸의 근육과 몸의 자세이기도 했지요. 어릴 적에는 아무리 근육을 단련하지 않는다거나 앉아있는 자세가 비뚤어져도 즉각 몸의 이상 신호를 받지 못하지만, 조금씩 나이가 들면서부터는 운동을 게을리하거나 올바르지 못한 자세로 장시간 앉아있으면 즉각 통증이 나타납니다. 특히나 현대인에게 가장 취약한 거북목과 일자목 증상이 심해지면 통증이 목덜미와 어깨를 타고 올라와 두통과 안구 통증까지 일으키며 진통제를 달고 살기도 하지요.

저 또한 앉는 자세가 바르지 못해 많은 사람의 지적을 받는 사람이라 오래 쓰는 사람이 되기 위해서는 자세 교정이 불가피했습니다. 목과 어깨 통증이 심해지면서부터는 본격적으로 나름의 장비들을 물색해서 구매하기 시작했지요. 대부분 스마트폰과 노트북을 바라보는 구부정한 자세가 목과 어깨 뿐만 아니라 등까지 굽게 하는 만큼 가장 시급한 건 화면을 올바른 각도로 바라보게 하는 일이었습니다. 노트북 거치대, 높이 조절 독서대, 목 교정기, 허리 교정기, 경추 베개, 방석, 등받이 등등. 이쯤 되면 눈치 채셨겠지만 저것들 중 일부는 상술에 넘어가서 구매한 게 맞습니다. 그래도 초심을 다잡는 데는 새로운 장비를 사들이는 것만큼 탁월한 효과를 발휘하는 것도 없잖아요. 새로운 장비와 더불어 정해진 시간마다 스트레칭을 하는 습관도 익히고 있으니 이 정도면 합리적인 소비라고 믿어봐도 될까요.

(2) 쉬는 시간

마음 같아서는 생활 계획표에 쉬는 시간을 취침을 제외한 가장 넓은 영역으로 그려두고 싶지만 요즘은 어린이들조차 그렇게 할 수 없다는 걸 잘 알고 있습니다. 그래서 저의 쉬는 시간이란 식사 시간과 오후 업무를 끝낸 후의 자유 시간 정도인데요. 그 시간에는 보통 헬스장에서 운동을 하거나 좋아하는 숲길에서 산책을 합니다. 운동을 쉬는 날에는 끌리는 책을 읽는다거나 영화를 다운받아보기도 하고요. 예전의 저였다면 자유 시간을 이용해 휴식보다는 글을 쓰는 일을 했을 테지만, 이제는 일이 중요한 만큼 휴식 또한 중요하다는 걸 몸소 깨달은 시기인 만큼 휴식을 낭비 혹은 더 빠르고 멀리 뛰기 위한 준비 단계로 여기지 않습니다. 대신에 휴식을 온전히 저만을 위한 정화 단계로 여기며 한껏 마음을 돌보고 있지요.

오전 업무가 끝나면 집에서 점심을 먹습니다. 비행

근무를 할 때는 체력 소모가 심해서 식사량이 많은 편이었지만 이제는 활동량이 급격히 줄어든 탓에 식사량 또한 쉽게 포만감을 느낄 만큼 줄었습니다. 더군다나 점심은 샌드위치나 김밥 같은 것으로 최대한 간단히 해결하려 노력합니다. 포만감이 들면 오후 업무 때 졸음이 찾아오기 마련인데 집에서 혼자 일하는 사람은 누구도 감시할 수 없으니 대수롭지 않게 침실 문을 열게 되거든요. 낮잠이 일의 능률을 높일 때도 많지만 낮잠도 습관이라 졸음을 이겨내려는 의지와는 상관없이 몸이 먼저 신호를 보냅니다. 무엇보다 저는 낮잠을 자면 하루를 망쳤다는 생각이 치밀어서 기분이 가라앉는 유별난 사람이라 웬만하면 어떻게든 졸음을 이겨내려 하는 편이지요.

요즘 제가 가장 좋아하는 휴식의 방법은 다름 아닌 산책입니다. 상담과 치료를 시작한 후 처음으로 낯선 행복을 느끼게 해준 것도 산책이었고, 시간이 흐를수록 마음을 보살피는 데에 산책만한 방법도 없는 듯해서 앞으로도 꾸준히 이어갈 생활의 태도 중 하나입니다. 게다가 유독 산책은 혼자 창작하는 사람에게는 어쩌면 최소한의 야외활동이자 일종의 생명줄의 역할을 해주기도 하지요. 저는 타고난 집돌이기 때문에 연속으로 일주일 정도는 집밖에 나가지 않아도 생활과 정신에 아무런 타격이 없을 줄 알았는데요. 하지만 아무리 집돌이라도 모든 걸 혼자 집에서만 해결하다 보면 어느 순간 자신도 모르게 감당 불가능한 깊이의 고독과 적막에 사로잡히게 되더라고요.

오직 생각만이 존재하는 그 시간 속에서 실체 없는 생각들이 무한하게 증식하며 정신을 갉아먹습니다. 지나간 일에 대한 후회와 다가올 미래에 대한 불안이 현재를 살아가는 사람을 무기력에 빠지게 해 좀처럼 행동할 수 없게 만듭니다. 과도한 생각이 무서운 점은 사람은 생각으로 성숙해지기도 하지만 때로는 생각이 깊어질수록 삶의 본질에 가까워지기 마련인데요. 인생에 영원한 건 아무것도 없다는 허무함을 겸허히 받아들일 수 있는 사람이 얼마나 될까. 삶은 결국 허무로 향한다는 단면만을 받아들이면 잠복 중인 우울감이 깨어나기도 합니다. 그런데 우울감이란 사람에게 촉수를 꽂고 밝은 기운을 모조리 빨아먹는 악랄한 감정인 동시에 지독히도 매력적인 감정이라 자신의 인생을 송두리째 바치기도 하지요.

생각에 체하고 생각에 구토를 일으키면서도 끊임없이 생각을 욱여넣는 셈입니다. 그렇게 그 자리에 사람은 사라지고 생각 덩어리만 남게 되지요. 집에서 생각에만 잠겨있으면 누구나 우울한 철학자가 된다는 말도 그런 이유로 생겨난 말이 아닐까요. 저 또한 승무원 시절을 제외하면 작가가 되겠다는 일념 하나로 꽤 오랫동안 집에서 생각에만 잠겨있던 시절을 보냈는데요. 그 시절을 여전히 겪고 있는 사람의 작은 깨달음이라면 생각의 고리를 끊어내는 가장 직접적인 해결 방식은 다름 아닌 생각 이전에 일단 행동을 저지른 채 상황과 직면해 보는 것입니다. 단 한 번도 생각과 걱정 만큼 상황이 흘러간다거나 좋지 않았던 적은 없었으니 이제는 생각을 덜어낼 때도 됐는데 여전한 걸 보면 사람의 기질이란 참 어쩔 수 없나 봅니다.

그렇다고 늘 생각 대신 무지성 행동을 한다면 그것 또한 큰 문제가 될 겁니다. 산책은 바로 생각과 행동 사이의 쉼터 역할을 해줍니다. 생각에 잠식될 듯한 순간에도, 생각없이 행동할 듯한 순간에도, 잠시 쉬어가며 생각과 마음을 정리할 수 있게 해주는 셈이지요. 더군다나 집이라는 고립된 공간에서는 생각 또한 고립되기 마련이라 오직 자신의 생각만이 정의롭고 합리적이고 온당하다고 믿기 쉽습니다. 비좁은 생각을 객관화하기 위해서라도 하루에 조금씩 시간을 할애해서 산책로를 걷다 보면 때로는 똑같은 생각이 가벼워지기도 하고 생각지도 못한 방향으로 생각의 고리가 풀어지기도 하는데요.

물론 산책을 할 때마다 그런 효과를 볼 수 있다면 거짓말이겠지만 적어도 마음의 폭풍을 잠재울 수 있다는 것 정도는 괜찮겠지요.

(3) 취침 시간

산책을 다녀와 몸을 씻고 새벽이 오기 전에는 침대에 눕습니다. 밤에는 최대한 신경을 지나치게 자극할 만한 활동을 하지 않으려 해요. 과격한 운동을 한다거나 액션 영화를 본다거나 몰입해서 글을 쓴다거나 하는 활동들 또한 그것에 포함인데요. 모두 신경을 완전히 깨우는 활동이라서 그렇게 되면 그날은 불면의 밤을 지새우게 됩니다. 올빼미의 삶을 살 작정이라면 새벽의 시작과 함께 일이든 놀이든 그때부터 다시 시작해도 좋겠지만, 저는 이미 공무원의 생활방식대로 살기 시작했으니 그 정도의 유혹은 뿌리칠 수 있어야겠지요. 물론 올빼미의 삶 또한 매력적이지만 저는 그렇게 되면 보통의 생활방식과 보통의 신체리듬과 점점 멀어지면서 겪는 불편함이 더 크기 때문에 마다할 뿐입니다.

휴직 이전에는 늘 마음 속에 풍랑이 몰아쳤다면 지금은 잔잔한 날들이 더 많습니다. 물론 이전처럼 불안이 날뛰거나 공황 증상이 심하게 찾아오진 않을 뿐 여전히 불쑥 찾아오는 걱정과 불안으로 온종일 무기력하고 가라앉은 기분으로 지내는 날들도 있습니다. 그래도 꾸준히 약의 도움을 받고 있어서 밤에도 어렵지 않게 잠들고 있고, 불안도 오래 지속되진 않는 듯해요. 그런데 저는 아직도 휴식을 있는 그대로의 휴식으로 받아들이진 못하는 상태 같습니다. 아무래도 생계와 직접적인 연관이 있는 문제이기 때문인진 몰라도 계속해서 무언가를 모색하고 시도하는 중입니다. 그 또한 불안에서 비롯한 행동들이겠지요. 그래도 다행인 건 생각이 생각에만 그치지 않고 작은 행동이 되고 있다는 점입니다.

글을 쓰는 사람은 누군가에게 읽히지 않으면 오래 쓸 수 없다고 생각합니다. 그건 모든 창작 분야에 몸담고 있는 사람의 숙명이겠지요. 누구도 자신의 작품을 봐주지 않아도 상관없고 묵묵히 자신의 길을 갈 뿐이라고 말하는 사람들도 있지만, 보통의 사람이 그 정도의 경지에 도달하기란 쉽지 않겠지요. 그만큼 이미 속세를 초월한 사람들을 존경하는 마음도 더욱 커질 따름이고요. 저는 단지 남들보다 조금 더 예민한 보통의 사람일 뿐이라서 온갖 질투와 불안에 사로잡히면서도 그 덕분에 저 또한 더 많은 사람에게 읽히고 싶은 마음으로 꾸준히 애쓰는 것이겠지요. 불안은 약으로 다스릴 수 있는 질병이 아닌 단지 표현에 서툴 뿐 저를 가장 사랑하는 감정일지도 모릅니다. 그 뿌리는 정말 잘해보고 싶은 마음일 테니까요.

며칠 전에는 백팩을 하나 새로 샀습니다. 요즘의 저는 다시 집 밖으로 나와 사람들을 만나기 시작했는데요. 바깥에서 누군가와 시간을 함께 보내다 보면 아무래도 필요한 소지품들이 많았기 때문입니다. 토트백이나 크로스백보다는 더 많은 물품을 넣고 편하게 맬 수 있어야 누군가와 더 오랜 시간을 보낼 수 있더라고요. 백팩을 샀다는 건 본격적으로 사람을 만날 준비이자 결심이기도 합니다. 더 늦기 전에 두 발로 세상을 걸으며 많은 사람을 만나고 많은 장소를 찾아가고 싶어졌어요. 특별한 이유나 목적이 없더라도 결이 맞는 사람들과 마주앉아 하릴 없이 시간을 보내는 일에 때늦은 매력을 느끼기 시작한 셈이죠. 사람을 가까이하는 일. 사람과 함께 나누는 일. 이것이 휴직 이후 제게 찾아온 가장 커다란 변화입니다.

어릴 적에도 그랬듯이 정성껏 작성한 생활 계획표도 상황에 따라 언제든 다시 조율할 수 있습니다. 마감이 가까운 날에는 밀린 일을 몰아서 할 수도 있겠고, 컨디션이 좋지 않은 날에는 당분간 일을 쉬며 요양을 할 수도 있겠지요. 오히려 한 번 세워둔 계획이니 반드시, 기필코 지켜낸다는 필사의 마음이 저를 다시 번아웃으로 이끌 겁니다. 한 번 세워둔 계획일지라도 상황에 맞게 유동적으로 조율해도 자신에게 큰 잘못을 저지르는 게 아니라는 걸 지금의 저는 깨닫고 있습니다. 시도하고, 실패하고, 다시 시도하다 보면 생각지도 못한 곳에서 또 다른 변화가 찾아오기도 할 겁니다. 그러니 제가 지금 할 수 있는 건 생각을 떨쳐내고 일단 움직이는 것 그뿐이겠죠. 이것이 올여름 긴 이야기의 끝이자 새로운 시작입니다.

열일곱 번째 편지

사진과 기억
"마음에 우물이 가득한 삶이란"

사진첩을 정리하는 날들을 보냈습니다. 하루면 충분할 줄 알았는데 어느새 사흘이라는 시간이 흐르고 있어요. 저는 사물이든 기억이든 잘 버리지 못하는 사람이라 가능하다면 어떤 형태로든 구태여 간직한 채 살아가는 사람입니다. 어릴 때부터 핸드폰을 변경할 때면 저의 온 신경은 그동안 저장해둔 누군가들의 번호와 누군가들의 사진과 그리고 기록해둔 메모들을 잃어버리지 않는 것에 초점이 맞춰졌습니다. 지금이야 '마이그레이션' 기능을 통해서 핸드폰이나 노트북에 있는 모든 것을 새 기기로 옮기는 것이 지극히 자연스러운 시대이지만 제가 어렸을 때만 해도 거리에 즐비하던 수많은 통신사 대리점 형들이 직접 그 작업을 해주곤 했는데요, 예상대로 그 과정에서 그동안의 기억과 추억을 모두 잃게 되는 사람들도 많았지요.

저는 다행히도 운이 좋았는지 그 과정에서 한 번도

사고가 발생하진 않았어서 무사히 과거의 조각들을 계속해서 현재로 길어올리며 살아올 수 있었습니다. 그래서 지금 저의 핸드폰을 비롯해 노트북과 웹하드 그리고 외장하드에는 언젠가 핸드폰으로 사진이라는 걸 찍기 시작했을 때부터의 거의 모든 사진들이 저장되어 있고, 창고에는 어린 시절의 빛바랜 사진들이 작은 상자에 담겨 차곡차곡 쌓여있습니다. 이 정도면 조금 병적으로 느껴지실 수도 있을 듯하지만, 저조차도 제가 왜 그 정도로까지 과거의 기억을 부여잡으려 애쓰는지 알 수 없지만, 그러한 일련의 행동들이 저한테는 굉장히 소중한 삶의 방식 같은 것이라서 이제는 마음처럼 쉽게 내려둘 수 없게 되었습니다.

사진앱에 들어가면 수만장의 사진들이 저장되어 있습니다. 핸드폰으로 사진을 찍는 것이 너무도 간편해지면서부터 꼭 남기고 싶은 사진들 뿐만 아니라 실수로 잘못 찍었지만 미처 삭제하지 못한 사진들까지 차곡차곡 모두 담겨있는 곳이기도 하지요. 그때마다 조금씩 정리하면서 살아야 했는데 바쁘고 번거롭다는 핑계로 미루고 미루다 보니 어느새 오늘이라는 시간에 이르렀습니다. 액정을 힘껏 쓸어내리면 무수한 사진 더미들이 카지노 룰렛처럼 빠른 속도로 과거를 향해 거슬러 올라갑니다. 몇차례나 액정을 쓸어내려도 사진들의 파노라마는 끊임없이 이어지고 마침내 벽에 부딪히듯 화면이 멈췄을 때 그곳에는 제게도 아득한 갓 스물이 되던 해의 제가 웃음 짓고 있었습니다.

어떻게든 고등학생의 티를 벗어나고자 몸부림치던 헤어스타일과 옷차림이었는데 누구나 그렇듯 그때는 그렇게 자신을 꾸미면 얼마든지 어른처럼 보일 것이라 믿었겠지요. 실상은 어울리지도 않는 아빠의 양복을 억지로 걸쳐 입은 것처럼 어수룩할 따름일 뿐이었는데요. 오랜만에 그때의 사진을 바라보니 왜 어릴 적부터 어른들이 학생들을 바라볼 때마다 가장 좋을 때라고 했는지 조금은 알 듯했습니다. 외면이 잘나고 못나고를 떠나서 그때만 품을 수 있는 이제 막 피어나려 꿈틀거리는 고유한 생기 같은 걸 느낄 수 있었어요. 젊음은 그 자체로 아름답게 빛난다는 말이 있는 것처럼요. 체감상으로는 그 정도로 오랜 시간이 지난 것 같진 않은데 세월이 야속하다는 말을 벌써부터 내뱉게 될 줄은 몰랐습니다.

사진첩의 끝에 교복을 입은 십대 시절의 사진이 많이 없는 걸 보면 아마도 그때의 사진들은 모두 외장하드에 따로 보관해뒀을 거라 짐작합니다. 이번 정리의 목적도 시절마다 폴더를 따로 만들어서 관리하기 용이하게끔 해두려는 것이라 여유롭게 사진을 구경하려는 생각은 아니었어요. 그래서 빠르게 화면을 쓸어올리며 먼 과거로부터 조금씩 현재로 돌아오기 시작했습니다. 사진첩 전체의 사진들이 많았을 뿐 시절마다 찍어둔 사진들은 생각보다 더 적어서 저라는 사람의 성장과 역사를 몇 배속으로 시청하는 느낌이 들기도 했지요. 지금도 그렇지만 이십대 시절에도 사람들과 많이 어울리기보다는 집에서 혼자 보내는 시간이 많았던 탓에 사진을 남길 기회도 많지 않았습니다.

몇년을 겉돌던 대학 시절부터, 영문도 모른 채 시간을 보냈던 군생활과, 영화시나리오 작가 지망생 시절을 거쳐서, 도망치듯 시작했던 취업준비생 시절을 보낸 뒤, 얼떨결에 항공사 승무원 생활을 시작했고, 그렇게 삶의 안정을 찾은 줄 알았으나, 다시 글쓰기의 꿈 때문에 생업과 출판 사이의 위태로운 균형을 다잡으며 오늘에 이르기까지. 이렇게 쓰고 보니 아무 일도 없이 잔잔하기만 했던 제 삶에도 굉장히 다양한 전환점들이 있었던 듯합니다. 그때의 사진들을 폴더에 나눠서 정리하다보니 인간이 얼마나 빠르게 노화되는지도 가슴 아프게 받아들일 수밖에 없더라고요. 여전히 인생에 대해 잘 모르지만 길다면 길고 짧다면 짧기도 하다는 말이 이런 느낌과 조금은 비슷하지 않을까 싶어요.

시기 별로 나눈 폴더에 별다른 감정없이 사진들을 분류하며 빠르게 채워가면서도 어쩌면 당연하겠지만 시선이 오래도록 멈춰서는 사진들도 많았습니다. 그 사진들은 사람이기도 했고, 장소이기도 했고, 사물이기도 했습니다. 그럼에도 하나의 공통점이 있다면 그 사진들은 모두 한때의 소중한 추억으로 이뤄져 있다는 점이겠지요. 영원까지는 아닐지라도 그래도 꽤나 오래도록 함께 할 것이라 믿었던 인연들, 언젠가 멀어지는 날이 찾아온다는 걸 깨달은 후로도 이렇게나 빠르게 멀어질지는 몰랐던 인연들, 그때는 마음처럼 되지 않는 관계가 한없이 원망스럽기도 했지만 이제와 돌아보면 매순간 소중하지 않았던 인연은 없었고 미움도 시간에 희석되어 따뜻하고 고마운 기억으로만 남았습니다.

그리고 사진 속에는 여전히 존재하지만 이제는 세상을 영영 떠난 사람들도 있고, 시간의 흐름 앞에서 그런 사람들은 하나둘 늘어날 수밖에 없겠지요. 언젠가 죽음이라는 개념이 머릿속에 자리잡기 이전에는 죽음이란 내 세상과는 동떨어진 일이라고 생각했던 시절도 있었지만, 이제는 죽음이란 순서와는 상관없이 언제든 누구에게나 불현듯 찾아올 수 있는 우연이자 필연이라 생각합니다. 당연한 순리겠지만 그 순리를 알게 되고 내면으로 받아들이기까지는 감정을 가진 인간이라면 고통이

따를 수밖에 없겠지요. 이제는 그 사람을 볼 수 없다는 사실을 받아들이지 못하고 삶의 의미를 잃은 채 살다가 때로는 종교에 기대어보기도 하지만 결국 상실을 겪은 사람을 계속해서 살아가게 하는 건 시간과 망각의 힘인 듯합니다.

폴더 중에 하나는 필요할 때 사용하려는 용도로 제 사진만 분류해두고 있는데요. 오직 제 사진만을 시간의 순서대로 훑어보다 보면 세월을 정통으로 맞고 있는 겉모습이 속상한 건 당연하겠지만 갈수록 인상이 변한다는 점이야말로 신기하면서도 조금은 마음이 아픕니다. 언젠가부터 날카로웠지만 그래도 밝기만 했던 인상에서 조금씩 슬픔이 묻어난다는 걸 느끼기 시작했는데 아마도 분명한 기점이 있었을 겁니다. 삶이 절대로 인간의 계획이나 마음처럼은 흘러가지 않는다는 걸 뼈저리게 깨달았던 순간이나, 영원한 건 없다는 사실을 반복해서 깨달아야만 했던 순간을 지나면 사람의 얼굴에 그늘이 생기는 듯합니다. 그렇다고 무작정 어둡기만 한 그늘은 아닌 조금은 움푹한 그런 얼룩 같은 자국이요.

사진을 정리하려 다짐했던 순간부터 제가 이러한 생각들에 사로잡힐 것이라 예상했습니다. 그럼에도 막상 실제로 과거의 사진들을 분류하다 보니 추억에 잠긴다는 건 고마운 일인 만큼 가슴 아픈 일이기도 해서 조금은 후회스럽기도 합니다. 과거는 과거일 뿐이지만 여전히 사진이나 기억으로 마주하면 마음 저리고 눈물부터 흐르는 장면들도 많잖아요. 어쩌면 기억은 시간의 흐름을 따라 자연스레 희미해지도록 놓아주는 편이 자연의 순리에 맞는 듯하기도 합니다. 사진을 모두 잃어버렸다면 구태여 이렇게 추억을 들춰보며 수시로 마음 아플 일도 없었을 테니까요. 그렇지만 분명한 건 모순적이게도 가까스로 부여잡아온 이 사진들이 제가 가장 아끼는 보물이라는 점이고, 그 사진들의 힘으로 인생을 살아가고 있다는 것이겠죠.

원래는 사진들을 분류하면서 많은 부분을 마음에서 정리하고 삭제할 생각이었습니다. 그런데 사흘이라는 시간의 대부분을 어찌 보면 이토록 부질없는 일에 쏟아부으면서도 결국 한 장도 지우지 못했어요. 결국 폴더별로 정리만 해뒀을 뿐 무게는 그대로인 사진첩을 바라보며 저라는 사람은 역시나 어쩔 수 없는 사람이라는 걸 다시 한 번 깨달았습니다. 어쩌면 그런 사람이기 때문에 이 시대에도 이렇게 글을 쓰고 기록하는 일에 집착하며 살아가는 거겠죠. 그런 저의 이야기를 읽어주시는 분들이 계셔서 얼마나 감사한지 모릅니다. 요즘 저는 이런 인생도 참 괜찮은 듯하다는 생각을 해봅니다. 살면서 들춰볼 수 있는 추억이 없는 것보다는 마음에 우물이 가득한 삶이 그래도 행복에 가깝지 않을까요.

*

열여덟 번째 편지

나태함의 재발견
"패배가 아닌 충전으로"

새로운 책을 출간한 이후의 일상은 말 그대로 '나태함'으로 가득합니다. 직장과 출판일을 병행하며 정신없이 살아가던 예전의 제가 나태함이라는 단어를 '패배'나 '박약' 같은 부정적인 의미로 받아들였다면 본격적인 휴식기에 돌입한 지금의 저는 나태함이라는 단어를 '충전'과 '회복'의 의미로 받아들이기 시작한 듯합니다. 그 단어를 생각하면 줄곧 머릿속에 해질녘 캄캄한 벼랑 끝에 서 있는 사람의 모습이 떠오르곤 했는데, 지금은 화창한 초여름의 산책로에서 뒷짐을 지고 여유롭게 걷는 사람의 모습이 떠오르는 걸 보면 신기할 따름이지요. 순간일지라도 사람의 마음이 이렇게 한순간에 극적으로 변하는 걸 체험해보면서 역시나 사람은 직접 몸과 마음이 아파봐야 조금이라도 각성이 가능하다는 걸 깨닫는 중입니다.

생각해보면 이 시대를 살아가는 우리는 늘 수많은

타인의 조언들에 둘러싸인 채 살아가는 것 같아요. 이전 시대에는 사람을 직접 만나서 고민을 털어놓으며 조언을 얻는다거나, 책을 읽으며 간접적으로 타인의 삶을 체험하는 방식을 통해 조언을 얻었다면, 지금은 사람을 직접 만나지 않는다거나 구태여 책이 아닐지라도 유튜브라는 거대한 우주를 통해 얼마든지 도움이 필요한 분야를 선택해서, 그 분야의 저명한 전문가가 실시간 설명해주는 말들로부터 간편하고 신속하게 원하는 정보와 조언을 얻을 수 있습니다. 게다가 분주한 현대사회이니만큼 몇 배속으로 영상을 재생하면 한정된 시간에 더 많은 정보를 취득할 수도 있지요. 물론 그렇게 한꺼번에 취득한 정보와 조언들이 얼마나 삶에 체화되는가는 별개의 문제입니다.

이쯤되면 정보와 조언의 부족함에서 발생하는 어려움보다는 오히려 정보와 조언의 범람으로 비롯되는 어려움이 많아집니다. 실제로 저의 경우만 해도 번아웃이나 우울의 증상을 처음 겪을 당시 낯선 기분과 감정의 정체가 궁금해서 온종일 유튜브와 관련 서적을 살펴보고, 주변의 사람들에게 조언을 구했지만 그때는 대수롭지 않은 일로 치부했습니다. 왜냐면 유튜브 전문가들마다, 책들마다, 그리고 증상을 겪었던 사람들마다 입장이 달랐기 때문이지요. 누군가는 번아웃을 일종의 현대인의 특성 정도로 생각하고 자연스러운 유행병처럼 조심하되 받아들이라는 입장인 반면에, 누군가는 번아웃을 늪과 같다며 당장 심각하게 받아들이지 않으면 나중에는 주변에서 건네주는 나뭇가지조차 잡을 수 없는 상태가 된다는 입장이었습니다.

너무 많은 정보와 조언의 포화 속에서 저는 번아웃에 관해서라면 이론상으로는 모르는 게 없을 정도로 박식하다고 착각했지요. 머릿속에는 시청했던 관련 영상들 속 전문가들의 얼굴과 목소리가 필요한 순간마다 자상하게 반복 재생되고 있었고, 읽었던 책들의 페이지에 쓰인 문장들이 눈앞에 아른거리는 듯했습니다. 1번 증상이 찾아왔을 때는 이렇게 생각하면 도움이 되고, 2번 증상이 찾아왔을 때는 저렇게 생각하면 도움이 된다니 마치 문제집의 문제와 정답만을 통째로 암기해두고 자신만만해진 어리석은 학생이 된 것 같았지요. 부끄러운 이야기지만 저는 주로 그런 학생이었는데요, 그때의 가장 큰 문제점은 문제가 조금만 변형되어도 당황해서 풀지 못하거나 혹은 변형되었는지조차 눈치채지 못했다는 겁니다.

그때와 비교해 외면은 지나치게 많이 달라졌지만 생각의 흐름은 별반 다르지 않은 지금도 이 정도의 정보를 습득하고 기억한다면 충분하다는 오류를 저지르고야 맙니다. 비단 번아웃이라는 단편적인 예시 뿐만 아니라 어쩌면 인생을 살아가며 겪는 모든 상황과 문제를 마주할 때도 비슷한 오류에 직면하게 되지요. 인간관계와, 처세술과, 마음챙김과, 재테크 등등을 아우르는 각종 책들을 읽다보면 어떤 진리의 깨달음이 스며드는 듯한 기분이 듭니다. 알고보면 전문 지식을 기반한 내용을 제외하면 결국 자기계발서란 유명하고 잘 팔리는 누군가의 성공사례를 나열해둔 것과도 별반 다를 것이 없는데 그 사람과 똑같이 될 수 있다는 희망을 품고 책을 접하다 보면 심취하게 되고, 심취하다 보면 객관적인 판단력을 잃게 됩니다.

일상을 빼곡하게 가득 채우는 누군가의 성공사례가, 누군가의 처세술이, 그리고 누군가의 진심 어린 조언이 일정 수준까지는 많은 사람에게 좋은 사다리가 될 수 있다는 건 분명한 사실이지만, 자신에게도 좋은 사다리가 될지는 좀 더 생각해봐야할 문제입니다. 게다가 단순히 이해하고 있다는 것과 직접 실행하며 겪어보는 건 전혀 다른 차원의 이야기이고도 하고요. 저 또한 한쪽의 입장만을 맹신한 채 아무렴 현대인이라면 탈진이 제맛이라는 생각으로 일상을 비행과 출판으로 더욱 바짝 조여둔 채 살았다면 어떻게 되었을까요. 그랬다면 아마도 지금의 저는 경도의 공황증세만으로 그치지 않고 조금 더 강렬하고 절박한 방식으로 정신을 차리게 되었을지도 모릅니다. 더 늦기 전에 나뭇가지를 잡았던 건 행운이었을 테지요.

그렇게 시작된 멈춤과 휴식도 각성이라면 지금 저의 각성된 일상은 나태함이라고 부르던 잘못 이름 붙였던 감정들과 새로운 마음으로 친해지는 시간을 보내고 있는 셈입니다. 결과와는 상관없이 책도 무사히 만들었으니 이제는 정말 제대로 쉬어보자는 생각으로 말 그대로 아무것도 하지 않는 일상을 보내고 있습니다. 다만 지금 이 편지를 쓰고 있는 시점은 그 '아무것도 하지 않는 잉여의 상태' 이후에 가까스로 시작된 상황이라는 걸 알아주세요. 작년까지만 해도 책을 출간한 직후에는 작게나마 북토크 자리를 마련하기도 하고, 어떻게든 책을 몇 권이라도 더 팔아보겠다는 생각으로 서평단 운영이나 홍보를 해본답시고 분주한 날들을 보냈었는데 이번에는 책 제목처럼 '조용한 하루'를 흘려보내기만 하고 있습니다.

사실 열성을 다해 만든 책을 손 놓고 있다는 건 굉장히 무책임한 태도이긴 합니다만, 당시의 저는 잠시라도 현실과 조금은 동떨어진 채로 널브러져 있고 싶다는 생각으로 가득했습니다. 먹고 잠드는 일을 제외하면 해야 할 게 아무것도 없는 상태를 당분간만이라도 만끽하고 싶었거든요. 그만큼 직접 글을 쓰고 만드는 일의 막바지 단계에서는 모든 부분에 과도할 정도로 신경이 곤두서기 마련이라 저도 모르게 기력이 적잖이 소진되었던 듯합니다. 구태여 그 모든 걸 비효율적으로 혼자해야만 했을까 싶기도 하지만 아직은 독립적으로 책을 만드는 상황이라면 처음부터 끝까지 제가 원하는 모습으로 매듭짓고 싶다는 욕심이 크기 때문이겠지요. 물론 비용의 절감과 책임의 감당 측면도 고려할 수밖에 없는 사항이겠지만요.

휴직과 동시에 저만의 생활 계획표를 만들었고 최대한 그 계획표를 지키며 살아가고 있었지만 당분간은 예외로 두기로 했습니다. 불규칙했던 비행 스케줄 뿐만 아니라 그 어느 곳에도 출근하지 않으니 기상 시간을 정하지 않아도 되었고, 책을 만들지 않으니 글을 쓰거나 디자인을 하기 위해 책상에 앉을 필요도 없었습니다. 정오에 가까운 시간까지 눈곱이 낄 정도로 늦잠을 자다가 도무지 더는 잠들지 않아서 침대에서 내려와 거실 소파로 터벅터벅 걸어갑니다. 소파에 다시 누워 폰으로 간밤에 세상과 소셜미디어에 일어난 일들을 정해진 순서처럼 훑어보며 퉁퉁 부은 얼굴로 소리 내어 웃기도 하다가 한

숨을 쉬기도 하다가 이제는 허기지다며 냉장고를 뒤적거리지만 도무지 먹을 게 없어서 결국 배달 음식을 시킵니다.

몸에 나쁘지만 자극적이고 맛있는 음식을 몸에 나쁘지 않다지만 믿을 수 없는 제로음료와 곁들여 먹으며 티비로 재방되는 예능 프로그램을 봅니다. 티비를 켤 때마다 몇 개 이상의 채널에서 동시에 재방되는 프로그램의 출연자들을 바라보며 저들은 재방될 때마다 재방료를 받는다던데 그렇다면 저들은 대체 얼마나 받는다는 건가 숫자를 떠올려보다가도 결코 헤아릴 수 없는 단위에 생각을 그만둡니다. 포만감이 들어 다시 소파에 누워서 낮잠을 자려고 하다가도 밤에 너무 많이 자는 사람은 아무리 노력해도 낮잠을 잘 수 없다는 걸 깨닫고는 영혼없는 표정으로 욕실에 갑니다. 거울을 바라보며 저절로 나오는 한숨을 내뱉고 아무리 당분간 잉여롭게 살기로 작정했어도 최소한 세수는 하자는 마음으로 얼굴에 물을 축입니다.

창밖에는 하필이면 가을이 성큼 찾아와 있었고 바깥을 계속 바라보고 있으니 불현듯 걷고 싶어집니다. 편안한 옷차림으로 밖을 나서면 여름과는 전혀 다른 햇볕과 공기가 피부에 달라붙습니다. 보통 이맘때가 되면 중국

발 황사나 미세먼지로 예정된 것처럼 바깥이 누렇거나 목이 칼칼했었는데 올해는 이상하리 만큼 맑은 날들이 지속되고 있어서 혹시나 지금이 여전히 꿈결인가 싶은 생각을 하며 늘 걸었던 숲길을 걷습니다. 우장산 둘레길은 오르막과 내리막의 연속이라 한 시간쯤 걷다 보면 땀방울이 맺히고 다리가 뻐근하게 당기는데 그럴 때는 숲길의 벤치에 앉아서 흔들리는 나무들을 오래도록 바라봅니다. 그러다 나뭇잎 사이로 내리쬐던 햇볕이 어느새 저녁 어스름이 변할 때쯤 다시 언덕을 내려와 집으로 돌아옵니다.

저녁과 밤에도 별다른 약속이 없다면 집에서 그동안 읽지 못했던 책을 읽는다거나 어둠의 경로로 다운 받은 영화들을 봅니다. 간혹 예전에 이미 봤지만 다시 보고 싶은 영화나 드라마도 다운 받아 보는데 기억력이 떨어진 탓인지 볼 때마다 새롭게 느껴져서 처음 보는 것처럼 몰입하게 됩니다. 그렇게 자정이 지나고 새벽 두 시가 훌쩍 넘으면 그제야 침실로 장소를 옮기는데 장소만 옮길 뿐 침대에서도 온라인 세상을 끝도 없이 유영하며 시간을 보냅니다. 인터넷 기사를 대충 읽고 '블라인드' 앱으로 이미 너무 멀어진(그래서 재밌게 읽히는) 회사 이야기를 엿보고 요일마다 업뎃되는 웹툰을 몇 편 보다가 최소한의 인간적인 삶을 위해 잠에 듭니다. 그리고 다시 정오가 되면 기상해서 이 과정을 비슷하게 반복합니다.

은퇴한 어르신이나 무력감에 빠진 무직 청년의 하루 생활 같기도 합니다만 요즘 저의 일상은 이렇게 잔잔하게 흘러가고 있습니다. 예전의 저였다면 이런 일상을 하루도 두고보지 못한 채 불안과 자책에 휩쓸려 곧장 스스로 채찍질을 했겠지요. 시간을 낭비하고 있다는 생각으로, 어떻게든 생산적으로 시간을 보내야 한다는 강박으로, 무엇이라도 쓰거나 만들어야 한다는 압박으로 탈진한 제게 수액을 맞혀가며 다시 전속력으로 달릴 것을 강요했을 겁니다. 그런데 지금은 물론 계속해서 이토록 잉여로운 생활을 지속할 게 아니기 때문인진 모르겠지만 날마다 나태하게 흘려보내는 이 시간으로부터 패배감이나 죄책감이 들진 않습니다. 저도 모르는 어떤 변화가 그동안 이미 제 삶에 자리잡기 시작한 것인지도 모를 일이지요.

물론 그 변화가 과연 자기착취로 살아가던 제 인생에 찾아온 행운일지 혹은 불운일지는 계속해서 살면서 지켜봐야 할 테지만 지금의 저는 생계와는 상관없이 여유로움이 찾아온 일상의 변화가 참 마음에 듭니다. 사람은 절박한 순간이 찾아오면 변한다는 말을 깊숙이는 체감하지 못한 채 살았지만 이제야 온전히 그 말을 체감하고 있습니다. 어쩌면 저는 그동안 나태함이라는 말을 게으름이나 한심함의 동의어로 생각했는지도 모릅니다만, 이제는 나태함을 게으름보다는 여유로움과 넉넉함에 가깝다고 믿게 되었습니다. 당분간은 휴식에 싫증나는 순간이 찾아오기 전까지는 이토록 잉여롭고 여유로운 일상을 살아가야겠습니다. 말하자면 저를 구원하기 위한 일상 속 나태함의 재발견입니다.

*

열아홉 번째 편지

한국의 서비스직 종사자로 산다는 것
"힘든 일을 하면 존중받으면 좋을 텐데"

정주리 감독의 영화 〈다음 소희〉는 실업계 고등학교 졸업을 앞두고 콜센터로 현장 실습을 나갔다가 고객들의 갑질과 회사의 부당한 처우를 견디지 못하고 스스로 생을 마감한 소희의 이야기를 다룹니다. 어린 학생들이 어떤 대우를 받을지 알면서도 실적을 위해 악덕 회사에 밀어 넣은 학교와 선생님, 그리고 소희의 죽음 후 자신의 탓이 아니라며 책임을 떠넘기는 관련 기관들의 실태를 고발하는 내용이기도 하지요. 영화는 지금도 여전히 사회적으로 민감한 문제인 서비스직 종사자들의 처우와 관행을 다뤘을 뿐만 아니라 배두나 배우와 당시만 해도 얼굴이 거의 알려지지 않았던 김시은 배우의 열연이 맞물리면서 잔잔한 흥행을 거뒀던 것으로 기억됩니다.

영화를 좋아하기도 하고 지금까지 서비스직 종사자로 살아온 저 또한 올해 초 오랜만에 이화여대에 위치한 '아트하우스 모모'에서 '다음 소희'를 관람했습니다. 대학 시절 저의 모교는 '물론' 아니었지만 그래도 서울에 있는 독립영화관 중에서는 위치상으로도 접근성이 용이하고, 시설 또한 깔끔해서 종종 찾았던 곳이기도 한데요. 독립영화관 특성상 많은 인파가 몰리는 곳은 아니었는데 '다음 소희'는 이례적이다 싶을 정도로 상영관이 관객들도 가득했습니다. 영화가 상영되는 내내 소희의 선택이 안타까우면서도 어린 그녀를 둘러싼 사회와 어른들의 무책임하고 착취적인 환경을 생각하면 그런 비극적인 선택에 고개가 끄덕여지기도 했습니다. 죽음을 선택한 서비스직 종사자의 이야기는 비단 소희만의 것이 아니었으니까요.

영화가 끝나고 상영관을 나서는데 마음이 착잡했습니다. 다른 관객들의 표정 또한 비슷했던 걸 보면 오직 저만의 감정은 아니었겠죠. 사실 그 영화를 보고 자신과는 전혀 관계없는 없는 이야기라며 피해 갈 수 있는 사람은 아무도 없지 않았을까요. 비록 자신이 현재 서비스 업종에서 일하지 않더라도 자신의 가족이, 자신의 친구가, 혹은 미래의 자신이 언젠가는 서비스직으로 살아가야 할지도 모른다는 건 결국 완전한 예외는 없다는 걸 의미하기도 합니다. 서비스직의 범위가 오직 식당에서 음식을 서빙하거나, 건물에서 청소를 한다거나, 콜센터에서 상담을 하는 일만을 포함하진 않겠지요. 사람을 상대하는 모든 일을 비롯해 심지어는 원하지 않는 인간관계 또한 억지로 마음을 감내해야하는 일종의 서비스가 아닐까 싶습니다.

그럼에도 불구하고 한국에서 태어나고 성장하며 체득한 것 중 하나는 한국의 서비스직 종사자로 일한다는 건 계약서에 명시만 되지 않았을 뿐 암묵적으로 감정을 삼켜내는 업무까지 포함된다는 공공연한 사실이었지요. 어린 시절을 돌이켜보면 가족끼리 거실에 둘러앉아 보곤 했던 가족 드라마 속에서도 식당 종업원은 늘 진상 손님들의 화풀이 대상이었고, 그러면서도 아무런 말도 하지 못한 채 연신 고개만 조아리다 퇴근길 포장마차에서 홀로 소주를 들이키며 조용히 서러움을 토해내는 존재였습니다. 이따금 진상 손님과 조금이라도 다투려는 종업원도 있었지만 그런 기미라도 보이면 식당 사장이 달려나와 종업원을 꾸짖으며 진상 승객에게 억지로 사과를 시키며 일단락되기 일쑤였지요.

그런 상황 속 일종의 갑을관계가 당연시되던 시절이기도 했고, 종업원이 당하는 상황은 대부분 코믹하게 그려지거나 스치는 일상의 모습 정도로 가볍게 다뤄지곤 했으니까요. 물론 그런 장면들을 시청하면서 아무리 어린아이일지라도 보통의 인간이라면 당연히 품었을 만한 의문은 들었지요. 저 나쁜 아저씨들은 왜 아무런 잘 못도 없는 종업원을 괴롭히는 걸까, 그런데 왜 저 종업원은 잘못한 것도 없으면서 당하고만 있을까, 나 같으면 무슨 말이라도 했을 텐데. 인생과 생업의 무게 따위는 알 필요도 없었던 순수한 어린아이의 의문은 거기까지였지만, 그 아이는 자신이 어른이 되어 서비스 업무의 최전선인 항공기 승무원으로 일하게 될 줄 상상조차 할 수 없었습니다.

근사한 유니폼을 갖춰 입고 항공기 객실에서 청춘의 많은 시간을 보내는 동안 겪었던 일들은 물론 근사하지만은 않았습니다. *내부 고발적인 내용을 쓰진 않을 예정이니 혹시 모를 기대와 실망을 대비해주세요. 다만 승무원이 된 후 서비스업에 대한 한국적 특수성에 대해 깨닫는 데에는 그리 오랜 시간이 걸리지 않았습니다. 해외여행이 일상적인 풍경이 된 요즘 시대에는 서양과의 문화 차이를 체감할 기회가 훨씬 많아졌습니다. 그래서 구태여 설명해 드리지 않아도 서양과 한국에서 서비스업 종사자를 대하는 태도가 크게 다르다는 걸 아실 테지만, 그럼에도 가장 근원적인 차이는 종업원에 대한 사회적 인식과 인간적인 존중에 대한 차이가 아닐까 싶습니다.

물론 저의 단순한 인상과 의견일 뿐일 수도 있지만,

제가 체험한 바로는 서비스직 종사자를 대하는 서양의 '전반적인' 문화는 철저한 자본주의 논리를 따르며 지불한 값에 대한 정당한 등가교환만을 기대할 뿐 그 이상의 회사와 종업원으로부터 특별한 대우를 기대하지 않는 반면, 한국의 '전반적인' 문화는 '한국식' 자본주의 논리를 따르며 일단 값을 지불한 이상 등가교환을 넘어선 암묵적인 상하관계의 형성을 기대하는 듯했습니다. 시간이 흐를수록 사회적인 분위기가 변하는 만큼 한국도 종업원을 대하는 전반적인 인식과 처우가 개선되고 있지만 어느 곳에나 '소희'를 극단적인 선택으로 떠미는 사람들은 존재하지요. 그렇다고 그건 어디까지나 극단적인 일부의 문제로만 치부하기엔 비슷한 사건이 늘어만 가고 있습니다.

악성 민원을 견디지 못해 '다음 소희'가 된 많은 사람의 비보를 쉽게 접할 수 있고, 공개되지 않았을 뿐, 아직 선택하지 않았을 뿐, '다음'이 될 결심과 준비를 하며 고통의 나날을 보내고 있는 사람들도 많을 겁니다. 비극을 예방하는 방법이 손쉬웠다면 서비스직 종사자들이 죽음을 선택할 만큼 고통받진 않았을 테지요. 정부 차원에서도 사태의 심각성을 인지하고 각종 제도와 정책을 마련하고 있지만 실효성에 관해서는 회의적인 의견이 많습니다. 이를테면 상담사가 악성 민원이나 폭언을 듣게 되면 전화를 먼저 끊을 수 있는 권리가 생겼다지만 어디서부터 '악성'이고 '폭언'인지를 명확히 구분할 수도 없고, 고객 만족도를 고려해야만 하는 회사의 입장 또한 무작정 외면할 수는 없을 테니까요.

한참이나 잘못된 건 분명한데 그렇다고 독재국가가 아닌 이상 누구의 반발도 일으키지 않는 해결책을 마련하기란 불가능해 보입니다. 극중 소희의 사건을 담당하는 경찰인 배두나가 이런 대사를 내뱉는 것도 질식할 듯 답답한 현실이 원망스럽기 때문이었겠죠.

"힘든 일을 하면 존중받으면 좋을텐데, 그런 일이나 한다고 더 무시해. 아무도 신경을 안 써."

저 대사가 지나치게 이상적인 말일까요. 사람은 다양하고 마음은 복잡해서 늘 도덕적이고 올곧은 생각만으로 살아가는 동물은 아니라지만, 그래도 최소한 저 대사가 품고 있는 메시지 정도는 이상이 아닌 현실적으로 모두가 한결같이 염원하는 마음이라면 좋겠습니다. 그리고 직원을 가장 가까이에서 보호해줄 수 있는 건 정부가 아닌 직원들의 노동을 통해 성장하고 있는 회사라는 것 또한 분명하지만, 어쩐지 고객과의 문제가 발생했을 때 직원에게 등 돌리지 않는 회사는 쉽게 찾아볼 수 없는 듯합니다. 청춘과 인생의 대부분의 시간을 쏟아부은 회사가 결국 중요한 순간에는 자신을 지켜주지 않는다는 걸 깨닫게 될 때의 배신감과 허무함이란 겪어보지 않은 사람이라면 상상조차 할 수 없는 감정일 겁니다.

말은 쉽다는 걸 잘 압니다. 그러니 더 자주 말해야겠지요. 서비스업 종사자의 처우를 개선할 수 있는 가장 신속하고 효과적인 방법은 기업 차원에서 오랜 세월 고객 만족이라는 미명 하에 추진해온 불합리한 내부의 규율들을 단기적인 충돌을 감수하면서까지 강제성 있게 수정하는 것 뿐이라고 생각합니다. 그렇게 하지 않는다면 결국 늘 그랬듯 소란은 찰나의 순간일 뿐 앞으로도 변하는 건 아무것도 없지 않을까요. 극중의 소희가, 사무직이 되었다고 정장을 차려입고 뿌듯해하던 소희가, 첫 출근 때는 자신이 죽음을 선택하게 될 줄 몰랐던 것처럼 우리 중 누군가도 자신이 다음 소희가 될 가능성을 품고 있다는 걸 지금으로서는 상상조차 할 수 없을 겁니다. 또 다른 다음이 되려는 소희를 막을 수 있는 건 결국 우리뿐입니다.

*

스무 번째 편지

그럼에도 불구하고
"실패를 존중하는 일"

'다큐멘터리 3일'이라는 방송을 기억하시는지 모르겠습니다. 2007년부터 2022년까지 15년간 KBS에서 방영했던 프로그램으로 무려 716부작을 끝으로 종영되었지만 최근 다시 유튜브 채널을 통해 인기를 끌었던 회차가 업로드되고 있습니다. 저도 모든 회차를 챙겨보진 않았지만 무작정 채널을 돌리다가도 '다큐3일'에서 고정되는 날들이 많았고, 그만큼 꾸밈없이 서민들의 이야기를 전해줘서 몰입감이 남달랐던 기억이 납니다. 그중에서도 저뿐만 아니라 많은 사람들의 기억 속에 남아있는 회차 중 하나는 바로 '그럼에도 불구하고'라는 제목의 노량진 고시촌의 삶을 담은 이야기인데요, 방송의 제목처럼 72시간 동안 고시생들의 생활과 밀착하여 내레이션과 인터뷰 형식으로 그들의 생각과 마음을 전해주는 방식입니다.

며칠 전 유튜브의 알고리즘을 통해 우연히 그 회차

를 다시 발견하고는 오히려 예전보다 더 몰입해서 시청하게 되었습니다. 단순히 흥미롭고 공감가는 청춘들의 이야기를 소재로 다뤘기 때문만은 아니었고 무엇보다 노량진은 제게도 한 시절의 추억의 장소이기 때문이겠지요. 그러니까 지금으로부터 굉장히 오래전 갓 스무 살이 되던 해의 저는 얼떨결에 서울에 상경해 노량진에서 일 년간 재수 생활을 하게 되었습니다. 특정한 꿈이나 목표도 없이 그렇다고 진학하고 싶었던 대학이나 전공도 없이 단지 대전을 떠나고 싶다는 막연한 생각과, 당시에 만나던 여자친구가 고려대에 진학하는 걸 보고 비록 같은 대학에 진학할 수는 없더라도 같은 서울에 있고 싶다는 철없는 생각에 이끌렸을 겁니다.

방송은 저와 같았던 대입 재수생들뿐만 아니라 말 그대로 고시를 준비하던 고시생들의 현실적인 노량진 생활을 있는 그대로 보여줬습니다. 지금이야 온라인으로 얼마든지 양질의 강의를 반복해서 들을 수 있지만 그때는 유명한 재수/고시 학원들과 선생님들이 모두 몰려 있는 노량진에 가야만 대면 수업을 들을 수 있었습니다. 그것도 새벽부터 줄을 서서 수강 신청에 성공한 사람들만의 특권이기도 했지요. 각자의 사연을 안고 노량진 고시촌에 모인 사람들이 고시원과, 학원과, 서점과, 고시 식당을 거쳐서 누군가는 합격해서 떠나고, 누군가는 불

합격해서 조금 더 머물거나 혹은 포기하는 기쁨과 슬픔의 이야기가 방송과 저의 기억 속에 고스란히 녹아있었습니다.

처음으로 대전을 떠나 서울로 상경한 저는 그야말로 세상 물정 모르던 어린아이에 불과했습니다. 아마도 그랬기 때문에 부모님으로부터 지원받는다는 사실도 대수롭지 않게 여기고 구태여 노량진의 삶을 시작했을 테지만요. 아들의 첫 번째 독립이라는 이유로 부모님은 그래도 상대적으로 쾌적한 고시원을 얻어주셨습니다. 많은 방을 둘러보고 나서야 창문이 있는 제 방이 쾌적하다는 걸 깨달았지요. 창문이 없던 방도 많았고 심지어는 그 작은 방안의 중심에 두꺼운 기둥이 솟아있는 곳도 있었습니다. 그에 비하면 제 방은 고시촌의 낙원처럼 아늑하고 널찍하게만 느껴졌고, 무엇보다 이른 나이에 비록 재수생 신분이고 부모님 덕분에 이뤄진 독립이지만 혼자 살아간다는 기대감으로 웬만한 건 전부 만족스러웠습니다.

제가 살던 층에는 좁은 복도를 사이에 둔 열 개 남짓한 방들이 있었습니다. 방에는 책상과, 책상에 연결된 작은 침대, 반쪽 냉장고, 방 천장을 가로지르는 옷걸이가 전부였고, 화장실과 샤워실은 물론 공용이었습니다. 책상에 가만히 앉아있으면 옆방에서 기침하는 소리는 물론이고, 손톱 깎는 소리나 크게 한숨 쉬는 소리도 들렸지요. 말 그대로 방에서는 무음의 사람으로 살아야만 고시원의 에티켓을 위반하지 않는 것이었는데 그때의 저는 무엇하나 불편하다는 생각없이 금방 적응해서 나름대로 쾌적한 생활을 유지했습니다. 그 어떤 단점이나 불편함도 혼자가 된 자유 앞에서는 사소한 먼지에 불과했지요. 누구도 간섭하지 않는 저만의 작은 방안에서 그래도 크게 엇나가지 않고 재수 시절을 보냈습니다.

아침이 찾아오면 토스트를 하나 사 먹으며 학원에 가고, 저녁이 되면 학원에 신청한 도시락을 먹고 고시원으로 돌아왔습니다. 요즘은 식사도 제공해주는 고시원이 많다고들 하던데 그때는 그런 곳은 흔하지 않았고 대신 한식 뷔페처럼 원하는 만큼 먹을 수 있는 저렴한 고시 식당이 인기가 많았습니다. 학원과 고시원은 걸어서 십분 남짓한 거리에 있었는데 날마다 그 길을 오가며 느낀 점은 노량진은 독하게 공부하기에 최적화된 곳이기도 하지만 무작정 놀기에도 최고의 공간이라는 것이었습니다. 게다가 대부분의 고시생들이 서울로 상경한 사람들이라서 누구의 간섭도 없는 만큼 자유와 방종의 경계에서 위태롭게 즐거운 시간을 보낼 수 있었지요. 저렴한 술집과 노래방들이 즐비했고 그곳은 언제나 고시생들도 가득했습니다.

'다큐3'일에도 시험에 떨어진 고시생들이 술집에 모여 넋두리를 하는 장면이 있습니다. 앞으로는 어떻게 할 계획인지 묻는 취재진의 질문에 착잡한 표정으로 이제 더는 안 될 것 같으니 고향으로 내려가야겠다며 카메라의 시선을 회피하던 청년이 있었는데 아마 재수 시절의 저였다면 그를 한심하게 바라봤을 수도 있겠지만 지금의 저는 자연스레 고개를 끄덕이게 됩니다. 그만둘 수 있는 것도 용기가 있을 때나 가능하다는 걸 이제는 알기 때문입니다. 방송에서도 그랬고 제가 재수 생활을 했을 때도 고시촌에는 정말 다양한 연령대의 사람들이 각자의 작은 방에서 각자의 공부를 하며 지냈습니다. 제가 살던 고시원의 총무도 이미 원하는 대학에 입학하기 위해 네 번째로 도전하는 형이었거든요.

어쩌면 장수생의 기준에는 네 번 정도로는 부합하지 않을지도 모르겠네요. 가까운 이들 중에는 정확하게 십 년을 공부한 뒤 원하던 시험에 합격한 사람도 있고, 여전히 도전 중인 사람도 있거든요. 그들이라고 해서 중간에 그만둘 생각을 안 했던 건 아닐 겁니다. 하루에도 몇 번씩 포기와 도전 사이에서 위태롭게 마음을 다잡았던 건 단지 멀리서 지켜보다가 가끔 위안을 준답시고 한마디씩 건네는 게 전부였던 우리가 아닌 그들 자신이었으니까요. 게다가 지금까지 해온 게 이것뿐이라 그만둘 수도 없다는 말에는 섣불리 무슨 말을 보탤 수 있을까요. 인생은 정말 마음먹은 대로 되는 게 하나도 없고, 남들보다 노력을 많이 했다고 해서 성과나 결과 또한 노력만큼 얻을 수는 없다는걸, 어린 시절에는 도무지 알 수 없었습니다.

그건 공평하거나 불공평한 게 아니라 원래 세상의 대부분의 일들은 우연의 힘에 좌우된다는 걸 받아들이지 못했죠. 우연을 운운하는 건 노력하지 않고 요행만 바라는 사람의 변명이라고 무시하면서요. 하지만 살다 보니 저의 말은 다 틀렸고 옳은 건 대부분 남들의 말이었습니다. 노력은 누구에게나 당연한 것이었지만 그것에 대한 합당한 성과를 얻는 건 아주 소수의 사람들 뿐이었으니까요. 방송에서도 고시생들은 모두 침묵과의 전쟁을 치르는 사람들처럼 숨소리도 내지 않고 이른 아침부터 새벽까지 각자의 공부에 전념하고 있었습니다. 결국 누군가는 웃으며 떠났고, 누군가는 울며 떠났으며, 또 누군가는 울면서도 머물렀습니다. 마지막으로 한 번만 더 해보자는 결연한 다짐을 해보면서요.

돌아보면 저의 재수 시절도 쏜살같이 지나간 듯합니

다. 대학생이 된 여자친구와는 생활의 차이가 점점 커진 탓에 얼마 못 가 자연스레 이별하게 되었고, 그렇게 혼자 자유롭고 고독하게 공부하며 고시촌에서 보냈던 시간의 결과는 기대에 미치지 못했지요. 원하는 전공은 없었지만 원하는 대학은 있었는데 제 점수로는 부족했습니다. 저 또한 그 순간 선택의 기로 앞에 서게 되었지요. 점수에 맞춰 대학을 가야할지 혹은 막연하지만 일 년 더 독하게 도전해야 할지 모르겠더라고요. 그동안 저를 믿고 지원해주신 부모님께 죄송하기도 하고 과연 한 번 더 해보는 일이 의미가 있을까 싶어서 결국 점수에 맞는 대학에 진학하게 되었습니다. 결정적으로 이 공부는 내가 해본다고 될 일이 아니라는 알 수 없는 확신 때문이었지요.

노량진 고시촌과 노량진역 사이에는 오래된 육교가 있었습니다. 수많은 고시생들이 그 작은 육교를 오가며 자신의 꿈을 키우고도 했고, 좌절하기도 했으며, 떠났다가 다시 돌아오기도 했을 겁니다. 그 육교는 노량진이라는 고립된 섬과 세상을 연결해 주는 유일한 다리처럼 느껴지기도 했지요. 특히나 해질녘 그 육교 위를 건너다보면 저 멀리 서울을 상징하는 63빌딩이 햇볕에 반짝거리는 모습을 고스란히 볼 수 있었는데 저뿐만 아니라 다른 사람들 또한 그 빌딩을 보면서 비슷한 생각을 하지 않앉을까요. 이번에는 꼭 합격하게 해달라고. 최선을 다할 테니 제발 합격만 하게 해달라고. 수많은 고시생의 꿈을 연결해 주던 그 육교도 몇 해 전 안전 문제로 철거되어 이제는 역사와 기억 속에만 존재하게 되었지요.

방송은 다시 도전하는 청춘의 모습을 비추며 끝났습니다. 하지만 다음과 같은 뉘앙스의 멘트가 따라왔지요. 노량진 고시촌은 꿈을 향한 멋진 도전의 장소인가 혹은 청춘을 저당 잡힌 후회의 장소인가. 하지만 그 질문에 대답할 수 있는 건 한때 노량진을 거쳐 갔거나 여전히 노량진에 머물고 있는 사람들 뿐이겠지요. 저는 고작 수능을 위해 일 년을 살았을 뿐이지만 제게 노량진은 대학에 미련을 남기지 않게 해준 '자기 객관화의 장소'였다고 답변하고 싶습니다. 말 그대로 제때 잘 포기하고 떠나올 수 있었던 건 나름의 최선을 다 해봤고 그 덕에 공부에서의 제 수준과 성장 가능성의 한계를 직접 깨달았기 때문입니다. 그때 만약 한 번 더 도전했더라면 저는 아마 다시 실패를 맛보고 평생 노량진을 원망하며 살았을 거예요.

요즘은 고시원에는 고시생이 없다는 말이 유행일 정도로 시대가 많이 변했습니다. 하지만 장소만 바뀌었을 뿐 어딘가에는 각자의 꿈과 목표를 위해 끊임없이 실패를 거듭하며 도전하고 있는 사람들이 많겠지요. 사람들은 그들의 입장이 되어보지도 않았으면서 함부로 말하곤 합니다. 그 정도 했으면 그만 둘 줄도 알아야지. 안 되는 건 안 되는 거야. 네 청춘이 아깝지도 않니. 하지만 그렇다면 무얼해야 청춘이 아깝지 않은 걸까요. 당장이라도 고시원에서 뛰쳐나와 아무 일이나 할 수 있는 일이라면 가리지 않고 시작한다면, 그렇다면 청춘이 아깝지 않은 걸까요. 불투명한 미래만큼 사람을 불안에 떨게 하는 것도 없는데 그들은 그 불안을 떠안고서라도 꿈과 목표를 이루기 위해 청춘이라는 시간을 온통 들이붓고 있는 겁니다.

그런 삶의 태도를 우리는 용기라고 부르기로 했습니다. 때로 용기는 무모해 보이기도 하고 심지어 미련해 보이기도 합니다만, 용기가 아니라면 우리는 어떻게 삶을 조금이라도 변화시킬 수 있을까요. 작년에는 그 당시 다큐3일에 출연했던 사람들의 십 년 후 모습들이라는 주제로 기사가 떴습니다. 그 당시 취재진이 그들에게 미래에는 노량진을 어떻게 기억할 것 같냐고 질문을 했을 때 대부분 자신의 꿈을 이뤄준 고마운 곳, 가장 치열했던 곳이라고 설렘 가득한 표정으로 답변을 했습니다. 실제로 그들 중 상당수가 그 시절 꿈꿨던 직업을 가진 채 살아가고 있었는데요. 누군가는 일년 만에 합격을 했고 누군가는 삼 년 만에 혹은 그 이상이 걸려서 결국은 그토록 원하던 사람이 되어있었습니다.

물론 중도에 포기한 사람들도 많았을 테지만 그들의 선택 또한 비난보다는 존중을 받아야 하지 않을까요. 겁이 많은 사람은 해보지도 않고 포기했거나 아니면 언제까지나 포기할 수 없었을 겁니다. 그리고 자신의 삶을 자신의 뜻대로 선택하고 도전하며 살아가는데 그 결과가 성공이든 실패든 전혀 상관도 없는 사람들이 손가락질하는 건 너무 치사한 일이 아닐까요. 결국 합격해 낸 장수생 친구의 말을 들어보면 축하보다는 다행이라는 말을 가장 많이 들었다고 합니다. 이렇게라도 된 게 정말 다행이라고. 그치만 그동안의 노력과 고생을 가장 잘 알고 있는 건 자신뿐이라서, 자신 만큼은 온 마음으로 스스로를 축하해 줬다고 합니다. 그거면 충분하다고. 남들의 생각이나 시선 같은 건 생각보다 훨씬 더 중요하지 않았다고요.

*

스물한 번째 편지

우연과 노력
"가장 빛나는 순간이란"

한동안 음악 오디션 프로그램을 끊었던 건 아마도 지난 몇 년간 전국적으로 트로트 열풍이 불었기 때문인지도 모릅니다. 물론 트로트가 음악적으로 저열하다거나 무가치한 것처럼 여기는 건 전혀 아닙니다. 다만 어디까지나 제가 일평생 잔잔한 음악 위주로 들으면서 성장했기 때문에 트로트 쪽으로는 감각 자체가 발달되어 있지 않다는 의미일 뿐이지요. 게다가 개인적으로는 몇 년 동안 티비 채널을 돌릴 때마다 재방되는 트로트 오디션 프로그램에 적잖은 피로를 느끼기 시작했고, 그후로는 오디션 프로 자체를 최우선으로 외면한 채 살았습니다. 그때는 각각 채널마다 트로트 오디션 프로가 복제물처럼 편성됐고 오디션에서 이목을 끈 몇몇 가수들이 스타가 되어 음악과 무관한 프로에도 날마다 등장하던 시절이었습니다.

그러다 최근에 다시 오디션 프로에 사로잡히게 된 계

기는 순전히 '싱어게인' 덕분입니다. 특정한 가수의 열렬한 팬이라서가 아닌 엄청난 경쟁률의 예선을 뚫고 모인 사람들이라 실력은 말할 것도 없이 탁월했을 뿐더러 무엇보다 그들이 제각기 품고 있는 사연에 유난히 공감했기 때문입니다. 참가자들의 구성은 제작진의 기준으로 몇 개의 조로 나뉘어져 있었지만 어쩐지 제 마음속에는 그들이 '언젠가 빛을 봤던 사람', '여전히 빛을 기다리는 사람', '이제 빛으로 나아가는 사람', '빛이 필요하지 않은 사람'으로 나뉘어졌습니다. 하지만 무엇보다 중요한 건 그들 모두 프로그램의 이름처럼 어떤 사연에도 불구하고 음악을 포기하지 않은 채 '다시, 노래를 부르는' 사람들이라는 것이겠죠.

저 뿐만 아니라 방송을 본 사람들 대부분 '이렇게 실력이 탁월한 사람들이 어째서 아직도 알려지지 않았던 걸까'라는 생각에 잠겼을 겁니다. 실제로 그들 중 대다수는 가수 지망생이 아니라 이미 가수로 살아온 사람들이었기 때문에 당장이라도 어느 무대에 선다고 해도 아무런 손색이 없는 정도를 넘어서 기립박수를 받을 만큼의 실력자들이었지요. 저는 유독 기타를 치며 흘러간 노래를 잔잔하게 부르는 가수들을 좋아하는데 이번에 제 취향에 딱 맞는 분들이 많이 나와서 시간 가는 줄 모르고 몰입하게 되었습니다. 그중에 한 남자 참가자는 어릴 적 사고로 오른쪽 검지 손가락 하나를 잃었는데도 불구하고 나머지 네 손가락으로 아무런 제약없이 능숙하게 기타를 연주하는 모습을 보여줘서 모두를 감동하게 했지요.

늦은 밤에 방송이 끝나고 침대에 누워 유튜브로 그들의 노래를 무한하게 반복해서 들으면서 문득 이런 생각이 들었습니다. 유명한 사람과 무명한 사람의 차이는 단지 시기적절한 행운의 유무가 아닐까 하고요. 노력과 실력의 차이만으로는 유명과 무명을 구분하는 일이 무의미한 정도이고, 더군다나 이제는 어떤 방식으로든 유명인이 되기만 하면 적어도 '먹고 살아갈 걱정'은 하지 않아도 되는 시대이기 때문에, 피나는 노력과 실력은 기본값처럼 되어버렸습니다. 어쩌면 유명해질 수 있는 기회와 방법은 이전 시대에 비해 기하급수적으로 높아졌지만, 그만큼 더 많은 사람들이 유명인이 되고자 각자의 방법으로 문을 두드리고 있기 때문에 오히려 경쟁률은 치솟는 상황이 된 듯합니다.

이를테면 예전에는 유명인이 되려면 단 몇 개의 지상파 방송사를 통해 지속적으로 노출되는 방식이 전부였다면, 요즘은 유튜브 등등을 통해 원하는 사람이라면 누구나 자신의 콘텐츠를 노출하며 유명해질 수 있는 기회를 얻고 있지요. 어쩌면 기회 자체는 모두에게 평등하다고 볼 수도 있겠습니다. 하지만 누구나 유명인이 될 수 있는 시대에서는 유명인에 대한 희소성이 떨어지고, 게다가 그만큼 생존에 대한 경쟁과 강박으로 제작진과 창작자는 보다 더 월등한 성과를 위해 서로를 채찍질하는 과정을 반복합니다. 예전에는 무명한 사람은 실력이 없다는 인식이 강했지만 요즘을 둘러보면 실력 자체가 상향평준화되어 있어서 누구에게나 문이 열려있다 한들 웬만한 노력으로는 발을 디딜 수도 없을 만큼 관문이 좁아보입니다.

그렇다면 아직 날개를 펴지 못한 그 수많은 창작자들과 지망생들은 어떤 삶을 살아가고 있을까요. 그런 상황은 비단 음악 오디션 프로에만 한정된 이야기는 아닐 겁니다. 창작을 하는 모든 예술 분야의 사람들 뿐만 아니라 예술을 떠나서 우리 인생의 많은 부분에 있어서도 시기적절한 행운의 유무가 사람의 운명을 바꿀 때가 많습니다. 예전에는 노력에 비해 좋은 성과를 내는 사람들을 바라보며 운 좋은 사람일 뿐이라며 괄시하기도 했었지만 살다 보니 인생에서 가장 중요한 것들은 결정적인 순간의 우연과 행운에서 비롯되는 듯했습니다. 요행이란 노력하지 않고 운을 바라는 태도를 말하는 것일 뿐 꾸준한 노력이 동반된 상태에서 운을 바라는 건 요행이라는 말 대신 목표나 희망이라는 말을 쓴다는 걸 배웠지요.

하지만 그것보다 더 중요한 건 아무리 많은 노력과 행운으로 거머쥔 유명세도 영원은커녕 그리 오래가지 못한다는 겁니다. 아주 극소수의 사람들만이 사는 동안 내내 반짝이는 유명세 속에서 살다가 떠나갈 뿐 대부분의 사람들은 유명세를 얻었다 한들 찰나의 순간일 뿐 어느새 대중의 기억에서 잊히고 맙니다. 그건 창작자가 재능을 잃었다거나 사회적인 물의를 일으켰다거나 하는 피해갈 수 없는 결정적인 이유에서 비롯되기도 하지만, 그 또한 대부분은 누구의 잘못도 아닌 단지 반짝이는 별이 서서히 빛을 잃어가다 완전히 소멸하듯 유명세 또한 자연의 순리처럼 그렇게 사라지는 것이겠지요. 생각해보면 사람들은 그 찰나의 유명세를 얻고자 애쓰면서도 유명세를 얻은 후에는 잃지 않으려고 더욱 발버둥 치는 듯합니다.

무명인들에게 가장 강렬한 유혹은 어쩌면 재능이 있다는 말일지도 모릅니다. 너는 재능이 있으니 조금만 더 노력하면 빛을 볼거야, 물 들어왔으니 더 노를 젓다보면 어느새 바다에 닿을거야, 괜찮아 어차피 끝까지 버티는 사람이 살아남는거야 등등의 말들은 실제로 다시 일어설 수 있는 동력이 됩니다. 그런데 그 재능이 있다는 말에 인생의 전부를 거는 무명인들의 입장에서는 한편으로 원망스럽기도 할 겁니다. 재능이 있다는 말만 없었더라면 진즉에 포기했을 텐데, 누구도 나의 작품을 봐주지 않았더라면 미련없이 떠났을 텐데, 노를 저으라고 해서 쉬지 않고 지금까지 계속 젓고 있는데, 결국 내가 바라던 삶은 이게 아닌데 어느덧 나이가 이 만큼이나 들어버렸네, 그렇다면 그동안의 나의 삶은 한낮의 꿈 같은 것이었나.

싱어게인에 참가한 유명하거나 무명한 모든 사람들 또한 저러한 말들의 무수한 반복 속에서 창작을 이어왔을 겁니다. 물론 어디에나 그리 힘들이지 않고 순탄하게 성장하는 사람들도 많겠지만 어디까지나 예외적인 경우일 것이라 믿고 생략하기로 합니다. 게다가 본래 빛을 받아본 사람일수록 더욱 그 반짝거리던 과거의 순간을 잊지 못한 채 그리워하며 어떻게든 다시 그때처럼 빛나기 위해 수단과 방법을 가리지 않는 위험에 빠지기도 하지요. 인생은 참 살아갈수록 아이러니합니다. 일상을 포기하면서 그토록 원하는 걸 얻었음에도 불구하고, 그때부터는 또 다른 불안과 고민의 시작이라는 게 그리스로마 신화 속 끊임없이 산 위로 바위를 굴려 올리며 영원히 고통 받는 시지포스와도 별반 다르지 않은 듯합니다.

그렇다면 어차피 탈락할 거라면 그들의 여정은 무의미에 불과할까요. 저는 결코 그렇지 않다고 생각합니다. 많은 대중이 싱어게인에 열광하는 까닭은 다름 아닌 '그럼에도 불구하고' 포기하지 않고 꿈을 향해 나아가는 사람의 전형을 보여주기 때문이 아닐까요. 누군가는 그들로부터 지난날 포기했던 자신의 꿈을 다시 떠올려볼 수도 있고, 누군가는 미련없이 꿈을 포기했지만 그들의 여정으로부터 대리만족을 얻을 수도 있고, 누군가는 지친 일상에 그들의 목소리를 통해 마음의 안정을 얻을 수도 있겠습니다. 내가 아니라도 좋으니 당신은 꿈을 향해 계속 나아가주길 바라는 마음, 탈락할지라도 부디 자신을 자책한다거나 음악을 내려놓지 말기를 응원하는 마음, 그 모든 마음들이 '다시' 노래하는 그들의 무대에서 읽힙니다.

살다 보니 '빛을 본다'라는 말의 의미를 때마다 다르게 해석하게 됩니다. 예전에는 결과가 성공적일 때 비로소 빛을 본다라고 생각했는데 이제는 어떤 개인적인 사연이 됐든 '그럼에도 불구하고' 포기하지 않고 조금씩 나아가는 그 험난한 여정 자체가 돌이켜보면 가장 빛나는 순간이었다는 걸 배우고 있습니다. 저 뿐만 아니라 아직 자신의 인생은 빛을 보려면 멀었다고 생각하는 사람들이 오직 유명세만을 위해 자신의 개성을 잃으면서까지 애쓰진 않았으면 좋겠습니다. 싱어게인의 참가자들에게도 기쁨과 슬픔이 있겠지만 결국 그들의 무대가 아름다워 보이는 까닭은 설령 그들은 탈락한다 할지라도 언젠가 머지않은 시기에 자신만의 개성으로 다시 찾아올 것임을 우리는 이미 알고 있기 때문인지도 모르겠습니다.

*

스물두 번째 편지

각자의 소셜미디어
"광장에도 나만의 방은 필요해요"

　　인스타그램 피드를 구경하다 보면 불쑥 누군가의 짤막한 '스레드' 글이 광고처럼 추천됩니다. 추천으로 뜨는 스레드 글의 종류 또한 알고리즘의 영향을 받는지 연이어 비슷한 맥락의 짧은 글들이 뜨는 듯한데요, 요 며칠 동안은 자기계발과 동기부여 류의 글들의 소란을 비판하는 유형의 글들이 계속해서 추천되었습니다. 하나를 클릭하면 수 십개의 비슷한 글들이 추천되는 걸 보면 그런 종류의 추천과 광고를 기피하는 사람의 입장에서는 아쉽게도 전부 스팸 메세지처럼 느껴질 따름입니다. 그런데 그런 글들은 대부분 궁금증을 유발하기 마련이라 저도 모르게 글을 클릭하게 되고, 그렇게 자연스레 계정도 없는 스레드의 세상으로 빨려 들어가게 됩니다.

　　스레드에는 이미 저와 인스타로 연결된 대다수의 사람들이 열성적으로 활동하고 있었습니다. 각자의 취향대로 짧거나 긴 글들을 게시하며 자신의 생각을 주장하고 감정을 풀어내고 있었지요. 이따금 좋은 반응을 얻은 글들은 더 많은 사람에게 공유되며 더 멀리 퍼지고 있었고, 댓글을 통해 불특정다수와 대화를 나누며 소통하고 있었습니다. 그 모습은 기시감이 아닌 완벽한 복제의 산물처럼 느껴졌는데, 트위터와 페이스북과 그리고 그 비슷한 글 위주의 플랫폼이 한창 인기를 끌었던 때의 모습과 동일했습니다. 어찌 보면 군중들이 모여있던 광장만 옮겨서 늘 하던 이야기를 이어가는 것과도 다르지 않으니 동일한 모습들이 펼쳐지는 건 너무나도 당연한 일이겠지요.

    스레드는 문장들의 세상입니다. 사진 위주의 플랫폼보다는 글 위주의 플랫폼을 선호하는 저로서는 당연히 스레드가 반갑고 친숙해야 마땅하지만 어쩐지 친숙함보다는 거부감이 먼저 들어서 신속하게 빠져나가고 싶다는 생각만 들었습니다. 그 이유는 아마도 조금씩이나마 트위터와 페이스북의 생태계를 거쳐온 저의 학습효과 때문일 겁니다. 오래전 제가 트위터와 페북을 가입했던 건 아무래도 소외감 때문으로 기억하는데요, 대부분의 친구들이 소셜미디어를 통해 서로 소통하는 환경에서 혼자만 가입조차 하지 않는다는 건 가뜩이나 친구가 없던 입장에서 완전 봉쇄와 차단의 길로 들어서는 것과 다름 없었으니 최소한의 관계유지를 위해 시작했던 게 사실입니다.

그런데 막상 시작한 페북은 생각보다 지나치게 재밌어서 틈날 때마다 접속해서 많은 시간을 보내게 되었지요. 어떤 사진과 어떤 글을 올려야 더 많은 관심을 받을 수 있을까, 어떻게 해야 저 사람과 연결될 수 있을까, 저 사람과 현실에서 만날 수도 있는 걸까, 그런 생각들과 함께 어떻게든 조금이라도 더 그럴듯한 글을 올리기 위해 얼마나 많은 시간을 쏟아부었는지 모릅니다. 그렇지만 늘 그랬듯 저의 노력과는 상관없이 주목 받는 사람들은 따로 있었고, 저는 어떻게 해봐도 좁은 생활의 반경을 벗어나지 못한 채 항상 어울리던 사람들과만 연결됨을 재확인하는 용도로 페북을 사용할 따름이었죠. 트위터라고 해서 다른 건 없었고 그 또한 계정만 남겨둔 채 세월이 흘러 이제는 일론머스크가 인수한 '엑스'가 되었지요.

소외되기 싫어서 시작했던 소셜미디어가 오히려 더 큰 소외감을 안겨주는 걸 경험하며 접속의 빈도가 현저하게 줄어들었고, 그렇게 페북과도 트위터와도 멀어졌습니다. 작은 광장에서도 사람들과 잘 어울리지 못하던 사람이 하물며 넓은 광장에서는 사람들과 잘 어울릴 수 있을 거라 믿었던 걸까요. 물론 그렇게 되고자 과거와 다른 지난한 노력을 해본 것도 아니었기 때문에 어찌 보면 허황된 꿈이었기도 했지만 천성적으로 저와는 잘 맞지 않는다는 걸 자각하기도 했습니다. 그래서 유일하게 오랫동안 유지했던 게 긴 글 위주의 블로그(이글루스라는 1세대 블로그 플랫폼이 있었답니다…)를 꾸려가는 일이었는데 아마도 블로그는 광장의 중심에 던져진 느낌보다는 나만의 공간에서 광장을 관조하는 느낌이 들었기 때문일 겁니다.

지금도 유일하게 꾸려가는 소셜미디어가 인스타그램인 걸 보면 지속과 중단을 이끄는 미묘하지만 중요한 차이가 있는 듯합니다. 어쩌면 그건 아무리 다수의 공간일지라도 나만의 방 '같은' 느낌을 주는 공간의 유무가 아닐까 싶어요. 제가 미니홈피 시대의 사람이라 나만의 방에 집착하는 걸 수도 있겠지만 인스타는 허울 뿐일지라도 나만의 방 같은 곳이 존재하기 때문에 소외감을 느끼는 와중에도 조금의 안정감이 들기도 합니다. 하지만 트위터나 페북에는 나만의 계정은 있지만 어쩐지 나만의 방은 없는 듯해서 정신없이 휩쓸리다가 자의와 타의로 튕겨 나온 게 아닌가 싶어요. 어쩌면 제가 이미 존재했던 다양한 기능에 적응하지 못해서 도망친 건지도 모르겠습니다.

다른 의미로도 스레드는 굉장히 영악한 플랫폼입니다. 조금 더 구체적으로는 메타라는 회사가 영악하다고 해야겠지만요. 트위터의 모든 걸 그대로 차용해왔다는 건 이미 모두가 알고 있는 공공연한 사실이지만(그래서 마크 주커버그와 일론 머스크가 주먹다짐을 기약할 정도로 사이가 안 좋은 데에 적잖은 공헌을 했겠지만), 더욱 영악한 건 스레드 출시 때부터 가입한 순서대로 이용자들에게 숫자를 부여했다는 점이겠지요. 뒤처지기 싫은 인간의 욕망을 교묘하게 파고들어 경쟁하듯 가입을 하고 조금이라도 앞선 번호를 부여받게 만들었습니다. 더군다나 그 숫자가 인스타그램 프로필 사진 바로 아래에 박제되어 모두에게 공개되기 때문에 출시 며칠 만에 기록적인 속도로 모든 기록을 갈아치울 정도였지요.

소셜미디어는 시대와 상황에 맞게 비슷하면서도 조금은 다른 형태로 출시됩니다. 이제는 모두의 기억 속에서 잊힌 '클럽하우스'라는 소셜미디어는 코로나가 한창 유행이던 2020년에 출시되었습니다. 비대면 상황이 이어지는 시대적 특수성과 초대장을 받은 사람만(게다가 아이폰을 쓰는 사람만) 가입할 수 있는 폐쇄성과 게다가 지금까지는 없었던 음성 위주의 플랫폼인 덕분에 한때 많은 사람의 주목을 받으며 꾸준히 성장할 뻔했던 앱입니다. 코로나 이전에는 사람과의 만남을 싫어했던 사람도 비대면 상황이 이어지자 사람과의 대화와 목소리가 그리워지기 시작했고 때마침 나타난 클럽하우스가 반갑기도 신기하기도 했습니다. 그래서 일과를 끝낸 밤에도, 재택 근무를 하는 중에도, 앱을 통해 소통하는 사람들이 많았지요.

저 또한 처음에는 신기한 나머지 몇 번쯤 사람들과의 대화에 참여해보기도 했지만, 클럽하우스의 시스템이 다른 소셜미디어와는 비교도 할 수 없을 정도로 극한의 소외감을 만들어낸다는 걸 감지하고 바로 삭제했던 기억이 납니다. 누구나 발언권이 있다고 해서 수천 명의 군중이 우르르 몰려간 광장에는 마이크가 단 열 개 정도밖에 없는 상황이라면 그 마이크는 보통 누가 잡게 될까요. 보통은 현실과 마찬가지로 그럴만한 사람들이 마이크를 당연한듯 잡았고 광장의 대화를 이끌었습니다. 내성적이고 망설이는 사람들은 혹시나 자신에게 돌아올 마이크를 기다리며 할 말을 가슴에 꽁꽁 싸맨 채 시간을 흘려보내다가 결국은 이곳에서도 마찬가지라는 걸 깨닫고 소리없이 방을 나가기 마련이었죠.

돌아보면 저는 투덜거리면서도 거의 대부분의 소셜미디어를 사용해본 것과도 다름없는 사람이었습니다. 물론 주목과 관심에는 신경쓰지 않았다는 누가봐도 뻔한 거짓말 같은 건 하지 않는 게 낫겠지요. 글을 쓰고 책을 만드는 입장에서 소셜미디어를 아예 안 한다는 건 혼자 고립되겠다는 것과도 다를 바 없으니 저는 어떻게든 소셜미디어를 잘 이용해봐야 합니다. 다만 위에서 언급한 것처럼 저만의 명확한 기준이 생겼으니 그 기준만 잘 따른다면 저의 일상도 크게 소란하지 않을 듯해요. 자기만의 공간 혹은 그런 느낌을 주는 최소한의 공간이 있어야 한다는 것, 타인의 소식을 선택적으로 받아볼 수 있어야 한다는 것, 나의 기록을 타인의 간섭없이 깔끔한 형태로 보관할 수 있을 것.

저는 이렇게나 까다로워서 인스타도 간신히 꾸려가고 있을 뿐인데 주위를 둘러보면 신기할 정도로 그 모든 플랫폼에서 활동하면서도 자신의 일상을 잃지 않는 사람들도 많습니다. 물론 그들의 타고난 기질과 성격 덕분도 있겠지만 보이지 않는 지난한 노력이 있었겠지요. 저도 그들의 에너지가 부럽고 가능하다면 따라가보고 싶었던 적도 많았는데 아무래도 저는 그게 잘 안되는 사람이더라고요. 어쩌면 말하고 싶은 욕구는 인간의 본성과도 같아서 막는다고 막아지기는커녕 폭발하듯 터져나오기 마련이라 이제는 어떤 방식과 방향으로 정제하며 흘려보낼지가 중요한 시대가 된 듯합니다. 소셜미디어는 늘 양날의 칼이지만 각자에게 맞는 유형을 선택해서 지혜롭게 꾸려나가면 인생의 낭비라는 말에서 자유로울 수 있지 않을까요.

*

스물세 번째 편지

한계를 지우는 마음으로
"나를 일깨워주는 사람들"

늘 그런 장면들을 꿈꿨습니다. 직업과 나이와 성별에는 상관없이 오직 취향과 성향이 비슷한 사람들끼리 조용한 저녁의 테이블에 둘러앉아 대수롭지 않은 이야기들을 나누는 장면들, 사람들은 기분이 좋을 정도로만 술을 마시고 저는 주스나 탄산수를 마시면서도 함께 분위기에 녹아드는 장면들, 어설픈 규칙이나 서열 같은 것 없이도 상대방을 존중하는 말과 행동이 깃든 장면들, 겉으로는 티격태격하다가도 속으로는 아무런 계산없이 다정한 선의를 주고받는 장면들, 막차 시간이 아쉬워 가까운 미래를 다시 기약하면서도 좀처럼 자리를 떠나지 못하는 장면들, 집으로 돌아가는 길이 쓸쓸함보다는 충만함으로 채워지는 장면들, 그들과의 시간을 동력으로 삼아 다시 돌아간 일상에서도 활력을 잊지 않는, 그런 장면들.

누군가에게는 무엇하나 흔하지 않은 장면이 없다는 걸 압니다. 하지만 누군가의 그토록 평범한 일상이 제게는 늘 먼 발치에서 고개만 빼꼼히 내놓고 바라보기만 하던 이상적인 장면들이라는 걸 알아주실까요. 이를테면 '마음 맞는 사람들과 어울리는 것' 자체가 제게는 어릴 적부터 지금까지도 일종의 결핍처럼 남아있어서 여전히 그런 장면들 속에 있는 사람들이 부러웠고 샘났다는 이야기입니다. 그만큼 마음 맞는 사람을 발견하기란 그 어떤 일보다 쉽지 않았고, 마음 맞는 사람이 있을 만한 환경과는 거리도 멀었을뿐더러, 어디까지나 사람들과 어울리는 건 힘들고 어려운 일이니 그 대신 그것보다 안전하고 생산적이라 믿었던 활동 속으로 은신한 채 살았던 저의 선택에서 비롯된 결과일 테지요.

하지만 그 모든 문제의 가장 근원적인 이유(핑계)는 지금까지의 저의 삶이 우회로의 연속이었기 때문입니다. 말 그대로 꾸준히 돌고 돌아 이어가는 삶이라는 의미인데요, 넋 놓고 있다가 저 멀리 쏜살같이 자신의 길을 향해 달려가는 사람들을 바라보며 그제야 저의 적성과 진로를 깨달은 경우입니다. 지름길을 통해 먼저 달려간 사람들의 꼬리를 전속력으로 쫓아가는 가장 쉬운 방법도 있겠지만, 아쉽게도 지름길은 애초부터 존재하지 않았습니다. 이제 해볼 수 있는 방법이라면 아무리 늦을지라도 목적지와 조금이나마 연결된 길이 있다면 그쪽으로 묵묵히 달려가는 수밖에 없겠지요. 혹은 우회로가 없다면 새로운 길을 만들어가는 방법도 있겠습니다만, 물론 그 정도로 험난한 길로 들어설 용기도 없었습니다.

제가 가장 오랫동안 부러워하던 유형의 사람은 자신이 좋아하고 잘하는 걸 유년시절부터 깨달은 사람입니다. 그들의 곁에는 원하든 원하지 않든 같은 길을 걷는 친구들뿐만 아니라 길을 잃었을 때나 혹은 질주할 때 조언을 얻거나 멈추게 해줄 선후배와 스승이 있었기 때문입니다. 이를테면 일찍부터 재능을 발견해 예중, 예고, 예대를 나온 친구들이 그런 편에 속하겠지요. 비슷한 고민을 함께 의논할 수 있는 사람이 있다는 것, 예민한 기질이 일상의 단점보다는 창작의 장점으로 작용할 수 있다는 것, 방향을 잡아줄 사람들이 늘 곁에 있다는 것은 단순한 생각으로는 막연한 부러움의 대상일 따름이었습니다. 물론 어디까지나 그러한 전형적인 엘리트 코스의 바깥에서 그들을 동경만 하던 사람의 입장일 뿐 그들 또한 그렇지 않은 사람들과 별반 다르지 않은 고충을 끌어안고 살아갈 테지요. 어떤 분야라고 해서 성장과 발전이, 그리고 관계가 무작정 수월하기만 한 곳은 없을 겁니다.

전공과는 상관없이 불현듯 제 삶에 찾아온 글쓰기가 과연 제 인생의 행운인지 불행인지는 조금 더 살아봐야

확실히 깨달을 듯하지만, 비록 혼자의 의지와 감각에 의존해 계속 써나가는 고독한 창작의 삶일지라도 꾸준히 우회하며 걷다 보니 언젠가부터는 저너머로 제가 그토록 부러워하던 사람들이 살아가는 풍경이 보이기 시작했고, 또 그러다 보니 우연히 그들과의 가느다란 연결점이 생기거나 함께 어우러질 기회가 찾아오기도 했습니다. 좀처럼 마음 맞는 사람을 발견하지 못해 차리리 만남보다는 혼자가 되는 삶을 선택해온 제 입장에서는 그런 우연한 연결이 반가우면서도 낯설었습니다. 어울릴 기회가 생겼음에도 어떻게 다가가고 어울려야 할지는 알 수 없는 그런 마음을 아실까요.

하루는 그런 밤이 찾아왔습니다. 몇 달 전 제가 스케줄 근무를 잠정적으로 중단하게 되면서부터는 그동안 여건상 거절할 수밖에 없던 만남의 기회가 찾아오면 최대한 그 자리에 나가고 있는데요. 그날도 마음 넉넉한 친구의 제안으로 기분 좋게 약속 자리를 찾아갔습니다. 서울을 벗어난 한적한 강가에 위치한 별장 같은 곳이었고 저녁의 낙조가 붉어지기 시작한 무렵이었습니다. 가장 먼저 도착한 제가 친구를 도와서 식사를 준비하고 있는 동안 이전에는 얼굴만 알았던 사람들이 하나둘 도착했습니다. 낯설기도 했지만 그래도 안면이 있던 사람들이라 반갑게 안부를 주고받으며 강가가 보이는 거실의 커다란 테이블에 둘러앉아 준비한 음식을 먹기 시작했지요.

그림을 그리는 사람이 있었고, 작곡을 하는 사람이 있었으며, 공연기획을 하는 사람도 있었고, 디자인을 하는 사람이 있었습니다. 일부러 창작하는 사람들만 부른 건 아니었을 텐데 우연히 그날밤 그곳에 모인 사람들은 모두 창작자들이었습니다. 잔잔한 음악이 흐르고 창밖으로는 달빛이 내려앉은 강물이 빛나고 있었습니다. 바베큐와 파스타를 나눠먹고 천천히 와인을 마시는 동안 조금 낯설었던 처음의 분위기와는 달리 어느새 우리는 막역한 사이처럼 장난치며 떠들고 있었지요. 자연스레 자신의 창작물이나 일에 대한 이야기를 나누고, 서로 낯선 다른 분야에 신기해하면서도, 이야기는 끊이지 않고 가지가 뻗어 나가듯 다양한 갈래로 계속해서 이어졌습니다.

그렇게 이야기가 깊어지며 알게 된 사실 중 가장 놀라웠던 건 그중에 자신의 일을 어릴 적부터 전공했던 사람은 오직 디자이너 한 명뿐이라는 것이었습니다. 그림을 그리는 사람도, 작곡을 하는 사람도, 창작과는 무관한 전공 수업을 받던 대학 시절에 우연한 계기로 미술과 음악에 관심을 갖게 되었고, 그때부터 독학으로 공부하기 시작했다고 했습니다. 공부라고 말했지만 사실 공부라기보다는 모든 열정을 쏟을 만한 즐거운 놀이로 받아들였기 때문에 혼자서도 지금까지 성장할 수 있던 게 아닐까 싶습니다. 게다가 더 놀라웠던 건 그들은 현재 취미로 창작을 하는 사람들이 아닌 전업으로 왕성하게 활동하고 있는 사람들이라는 점이었는데 그들이 말하길, 오히려 전공자가 아니었기 때문에 비교하지 않고 자기 방식대로만 해올 수 있었다고 했습니다. 그 말이 참 멋있었습니다. 물론 그 과정에서 말할 수 없는 내면의 고통과 방황도 극심했을 테지만 결국 휩쓸리지 않고 묵묵히 자신만의 길을 걸어왔겠지요. 글을 쓰는 데 있어서 전공자가 아니라는 이유로 혼자 자격지심과 뛰어넘을 수 없는 한계를 만들어 뒀던 제 자신이 그렇게나 부끄러울 수가 없었습니다.

어느새 시간은 밤이 되고 내일은 주말이라 누구도 서둘러 집에 가려 하지 않았지요. 친구가 미리 사둔 아이스크림을 커다란 숟가락으로 함께 나눠먹으며 누군가는 서재를 구경하고, 누군가는 티비를 보고, 또 누군가는 가만히 창밖으로 강가를 바라봤습니다. 그들의 나이를 몰랐지만 가능하다면 끝까지 알고 싶지 않았습니다. 돌이켜보면 서로의 나이를 몰랐을 때의 관계가 훨씬 더 순수하고 진했으니까요. 단지 그 순간 마음이 맞는 사람들과 새벽이 찾아온 줄도 모르고 이야기를 나누며 보내던 시간이 어쩌면 어릴 적부터 제가 그토록 바라던 바로 그 장면들이라는 생각을 했습니다. 그래도 포기하지 않고 꾸준히 글을 쓰고 책을 만들다 보니 한때는 저의 결핍이었던 사람들과 자연스레 어울리고 있다는 건 행운 이상의 의미였는데요. 이를테면 제가 스스로 세워둔 견고한 한계의 벽이 부서지는 순간이 아니었을까 싶습니다.

그날 밤이 지나고 우리는 이제 또 언제 만날 줄 모르는 사람들이 되었지만, 언제라도 마주하면 그날처럼 즐겁게 어울릴 수 있는 사이로 남았습니다. 어린시절에는 단짝이 되어야만 친구라고 생각하기도 했었는데 어른의 세상에서는 가끔씩 오래볼 수 있는 사이도 친구로 생각하는 편이 좋겠습니다. 그렇다면 저만의 착각이라도 상관없으니 우리는 그때부터 친구가 된 것이라 믿기로 했어요. 더군다나 제가 살고 싶은 세상을 앞장서서 문을 열어두고 용기를 건네줬으니 보통 이상의 고마운 친구겠지요. 스스로 한계를 세워두면 실제로 그 한계까지만 나아가게 되는 듯합니다. 분명 더 확장될 수 있는데 정해둔 한계에 도달했기 때문에 스스로 힘을 풀고 물러서는 것처럼요. 이제는 과거의 한계를 조금씩 지워갈 차례입니다. 그들이 저만치 앞에서 저를 일깨워주고 있으니까요.

스물네 번째 편지

제주에서 보내는 편지
"비자림 산책로를 걸으며"

안녕하세요 구독자님, 오수영입니다. 생활일지의 스물네 번째 편지이자, 11월 호의 마지막 편지를 보내드립니다. 한 주 동안 잘 지내셨나요. 한 달이라는 시간은 늘 그렇듯 너무 빠르게만 흘러가는 듯합니다. 날씨의 변화가 급격했던 환절기였고 그래서 유독 감기로 고생하시는 분들도 많았던 한 달이었습니다. 제게는 새로 나온 책으로 독자분들과 작게나마 이야기할 수 있는 자리를 모처럼 다시 만들기 시작했던 뜻깊은 달이기도 했습니다. 북토크 자리를 마련하면 낯익은 얼굴도 계시지만 매번 다른 분들과 마주한다는 점이 늘 감사하고 신기한 경험이기도 한데요. 어떤 연유로 계속 저의 글을 읽어주시고 또 새롭게 찾아주시는 분들이 계신지는 여전히 의문입니다.

오늘은 마지막 편지이기도 하고 저 또한 내일의 북토크를 위해 제주로 가는 날이라서 기존과는 조금은 다른 방식으로 편지를 보내드릴까 합니다. 공항에서부터 제주의 밤이 찾아오기까지의 순간들을 실시간으로 기록해보려 해요. 어쩌면 처음으로 촉박하게 마감 시간에 쫓기며 곳곳에서 노트북을 펼치고 써야해야 할 듯하지만, 그래서 평소보다 조금 더 서툰 글을 쓰게 될 수도 있지만, 그 또한 제게도 좋은 훈련이자 구독자님에게도 남다른 재미가 되어주길 바라는 마음으로 용감하게 시도해봅니다.

#1. 김포공항, 탑승구 앞, 아침

저는 지금 김포공항 제주행 항공기 탑승구 앞의 벤치에 앉아있습니다. 시원한 커피 한 잔을 옆에 두고 노트북을 무릎 위에 올려둔 채 이 편지를 쓰고 있어요. 늘 늦잠을 자던 날들과는 달리 오늘은 이른 아침의 비행기를 타기 위해 이른 새벽에 일어났습니다. 이렇게 일찍 일어날 필요는 없었지만 회사 복지의 일환인 직원용 항공기 티켓을 사용하려면 여석이 남아있는 편수를 타야 하는데, 국내선은 워낙 당일 체크인하는 승객들이 많아서 갑자기 만석이 된다면 저는 계속해서 다음 비행기를 기다려야하거든요. 그래서 애초에 일찍 공항에 가서 대기를 하는 편이 저로서도 마음이 편하고 일정에 차질이 생기지 않을 테니까요. 모처럼 찾아온 공항도, 활주로의 풍경도, 오가는 승무원들의 모습도 지난 십 년 간 저의 일상이었다는 사실이 어쩐지 이제는 낯설게만 느껴집니다.

요즘처럼 찬바람이 부는 계절에는 유난히 출퇴근이 힘들었던 기억이 납니다. 모두가 잠든 이른 새벽에 출근 준비를 끝내고 집을 나서면 영하의 날씨와 바람으로 한 순간에 온몸이 경직되곤 했습니다. 정시에 공항리무진을 타려면 추위와는 상관없이 서둘러 잰걸음으로 걸어야 했지요. 패딩에 달린 모자를 푹 눌러 쓰고, 목도리를 한껏 올려 감고, 방한 마스크를 한 채로 캐리어를 끌고 걷다 보면, 맨살로 바람을 맞는 손이 너무 시려서 장갑까지 끼게 되던, 그래서 저멀리 다가오는 공항리무진의 불빛이 구원처럼 여겨지던 수많은 새벽의 기억들. 그때는 출퇴근과 업무 부담에 사로잡혀 좀처럼 주변을 돌아보지 못했지만, 돌이켜보면 제게도 그토록 추웠던 겨울인데 유니폼 자체가 치마인 여자 동료분들은 얼마나 추웠을지 새삼 대단하다는 생각이 들어요. 이제 탑승 안내 방송이 흘러나오는 걸 보면 어느새 시간이 흘렀나 봅니다.

#2. 항공기 안

복도가 하나인 작은 비행기 안. 이른 아침에도 만석

에 가까울 정도로 북적이는 기내입니다. 승무원이 아닌 승객으로 비행기를 탄 건 꽤나 오랜만인데요. 티켓을 얻을 때 직원 분이 창측 좌석과 복도 측 좌석 중에 선택권을 주셨는데 일말의 망설임도 없이 창측 좌석을 부탁드린 걸 보면 제게도 여행의 설렘으로 창밖의 풍경을 바라보고 싶은 마음은 여전한가 봅니다. 환절기라 그런지 주변에서 기침을 하는 승객들이 많아요. 코로나 시대는 끝났다지만 어쩌면 마스크의 시대는 앞으로 영원할지도 모른다는 생각으로 가방에서 재빨리 마스크를 꺼내 썼습니다. 저는 감기에 걸리면 은근히 오래 앓게 되는 사람이라 요즘처럼 이사를 앞두고 있는 시기에는 최대한 스스로 몸을 사리게 됩니다.

좁은 좌석에 앉아 노트북으로 글을 쓰고 있으니 옆 좌석에 앉은 승객이 자꾸만 화면을 바라봅니다. 예전의 저였다면 아마도 그 사람을 지나치게 신경 쓰느라 노트북을 닫았을 테지만 이제는 나이가 든 탓인지 웬만한 시선 같은 건 개의치 않고 저의 일을 할 수 있게 되었나 봅니다(이 문장을 쓸 때도 그분이 제 화면을 보고 있는 듯했지만 어쩔수 없지요). 기내 안전 영상이 끝나고 어느덧 활주로를 달려 이륙하는 중입니다. 하필이면 오늘 제주에 대설주의보가 내려졌던데 제주 날씨는 때마다 종잡을 수 없어서 그래도 운전을 하거나 산책을 하는 데에 큰 어려움이 없기를 바라야지요. 좌석벨트 사인이 꺼지고 뒤쪽에서 승무원들이 업무를 시작하는 소리가 들립니다. 구태여 그 모습을 바라보지 않아도 업무의 시작부터 끝까지 순서대로 선명하게 떠오르는 건 아마도 오랜 시간 동안 몸에 박인 일들이기 때문일 겁니다.

#3. 하늘 위

비행기에서 창밖을 바라보는 일은 오래도록 질리지 않는 일 중 하나입니다. 아마도 저뿐만 아니라 대부분의 사람들도 그렇지 않을까요. 바깥을 내려다 보면 구름 아래로 네모난 블록 같은 아파트 공화국의 광경의 펼쳐집니다. 늘 그 속에서 분주하게 살아가다 보면 제가 살아가는 곳은 어디인지, 어떠한 규칙들로 이뤄졌는지, 어떤 환경이 내 삶을 감싸고 있는지 까마득히 잊을 때가 많은데, 이렇게 하늘에서 내려다보면 불규칙하게 들어선 듯했던 건물들도 일정한 규칙과 배열에 맞춰 정렬되어 있다는 걸 새삼 알게 됩니다. 불규칙 속의 규칙이란 비단 도시 공학의 관점에만 해당되는 이야기는 아니겠지요. 소란스런 세상이 오늘도 별다른 탈 없이 흘러가고 있다는 건 모두가 수많은 규칙을 지키며 살아가고 있다는 방증일 테니까요.

승무원 선생님이 건네주신 주스 한 잔을 마십니다.

주위를 둘러보면 모두가 잠에 빠져들거나 조용히 음료를 마시고 있었습니다. 이렇게 외부와 완전히 단절된 기내에서 책을 읽거나 글을 쓰는 일은 일종의 충만한 고립감을 느끼기에 최적의 장소가 아닐까 합니다. 제게는 생업의 공간이었던 기내에서 늘 승객들의 모습을 바라보며 부러웠던 적이 많습니다. 특히나 미국이나 유럽 같은 장거리 비행 중 그 긴 시간 동안 여유롭게 자신만의 시간을 보내며 간식과 함께 영화를 보거나, 책을 읽는 사람들을 볼 때면 여행을 그리 좋아하지 않는 저조차도 멀리 떠나는 여행에 대한 로망이 스며들곤 했지요. 오늘은 비록 한 시간도 채 걸리지 않은 제주로 향하는 길이지만 머지않아 멀리 떠날 것을 다짐하며 저 멀리 보이는 제주섬에 내릴 준비를 합니다.

#4. 함덕해수욕장, 식당

11월은 제주의 가장 비수기라고 합니다. 그래서 인지 렌트카 업체에는 자동차가 넘치고 있었고 저 또한 사흘 간 치킨 두 마리 정도의 금액으로 차를 빌렸습니다. 첫 번째 목적지는 역시나 식당이겠지요. 원래 가려고 했던 식당에 도착했으나 문앞에 임시휴무 팻말이 걸려있었고 결국 함덕해수욕장이 내려다 보이는 곳에서 해물라면과 전복김밥으로 점심을 해결했습니다. 제주에 올 때면 가장 먼저 공항과 가까운 해변부터 찾아가서 바다 구경을 먼저 하곤 했는데요. 이번에도 역시나 바닷길을 따라서 산책을 하는 것을 시작으로 짧은 여행을 시작하고 싶었습니다. 그런데 오늘따라 제주의 강풍은 사람을 해변에서 밀어낼 정도로 매서워서 저 또한 후드티와 넥워머와 장갑이 없었다면 아마도 오늘 아무런 바다 사진도 남기지 못했을 겁니다.

강풍으로 일렁이는 제주 바다는 모처럼 경외심이라는 단어를 떠올리게 했습니다. 밀려오는 높은 파도가 거대한 해안가 절벽에 부딪히며 하얀 물보라로 변하는 모습은 늘 반복되는 단조로운 일상의 관성을 한순간에 깨뜨릴 만큼 강렬해서 저는 강풍에 얼굴을 제대로 들지 못하면서도 몸이 멎은 것처럼 계속해서 그 광경을 바라볼 수밖에 없었습니다. 어떻게든 파도의 생성과 소멸을 조금 더 가까운 거리에서 바라보고 싶은 마음에 해안가를 걷고 또 걸었지만, 물과 친하지 않은 제가 파도를 사랑하는 방법이란 이 정도의 거리에서 한껏 카메라 줌 기능을 이용해서 사진과 영상을 남기는 것 이외에는 없었습니다. 그렇게 원하는 만큼 사진을 찍은 후에야 강풍에 떠밀리듯 함덕을 벗어날 수 있었습니다.

#5. 비자림, 오후

제주에서 가장 좋아하는 장소가 있다면 일말의 망설임도 없이 비자림을 선택할 겁니다. 어쩌면 비자림 산책로를 걷기 위해 제주에 왔다고 해도 무방할 정도로 저에게는 의미가 깊은 장소입니다. 비자림을 걸으며 처음으로 숲과 나무의 아름다움을 온몸으로 깨닫게 되었고, 느린 산책의 즐거움과 필요성에 대해 뒤늦게 나마 배울 수 있었습니다. 비록 오늘은 다른 계절의 비자림처럼 연둣빛으로 푸릇하진 않았지만 그 대신 아무도 없는 숲속에 홀로 덩그러니 떨어진 사람처럼 완전한 적막함과 평온함을 느꼈습니다. 가장 느린 속도로 가장 느리게 걸어도 누구의 인기척도 들리지 않는 한낮의 깊은 숲이 안겨주는 감정은 두려움보다는 자연 앞에 고개를 숙이고 겸허해져야만 하는 인간의 숙명을 받아들이게 합니다.

　비자림 산책로는 온통 붉은 화산송이가 깔려 있어서 무심코 밝은 색상의 신발을 신고 갈 때면 늘 신발까지 붉게 물들곤 했습니다. 지난번에 비자림에 방문했을 때도 새하얀 운동화를 신고 왔다가 숲이 주는 행복과는 별개로 굉장히 난감해졌던 기억이 있는데요. 게다가 화산송이가 물이 든 운동화는 좀처럼 물이 잘 빠지지 않아서 아무리 세탁소에 맡겨도 은은한 붉은 빛마저 지울 수는 없었습니다. 그런데 그 물든 운동화는 예상외로 일상을 버티게 해주는 역할을 해주기도 했는데요. 이를테면 신발장에 있는 그 운동화를 스치듯 바라볼 때마다 비자림에서 보냈던 과거의 소중한 시간들이 떠오르며 머지않아 다시 찾아갈 날을 고대하는 일상의 생기가 되어줍니다.

비자림 산책로는 빠른 걸음으로 걸으면 대략 삼십분 조금 넘는 시간이 걸릴 테지만 오늘처럼 한가한 날에는 서두를 필요가 전혀 없습니다. 각기 다른 나무들을 천천히 올려다 보기도 하고, 아직 붉은 빛이 감도는 단풍잎을 사진에 담기도 하고, 껍질이 매끈한 박쥐나무를 손으로 쓰다듬어 보기도 하고, 게다가 평소에는 잘 하지도 않던 동영상 촬영을 해보기도 하면서 어떻게든 비자림에서의 시간들을 오래도록 간직하려 애써봅니다. 그렇게 걷다가 멈춰서고 또 걷다가 멈춰서기를 반복하다 보니 어느새 두시간이 훌쩍 지났습니다. 제주는 도심이 아닌 이상 해가 떨어지면 칠흑같은 어둠이 찾아오는 곳이라서 그래도 그 전에는 숙소로 넘어가고 싶었습니다. 그동안 제주에 찾아올 때마다 조금의 실망이나 후회도 안겨주지 않았던 비자림. 오히려 다른 장소들에 실망을 했을지라도 비자림 산책로를 걸으면 여행의 마무리가 아름다웠습니다. 부디 도로 건설이라는 명목으로 비자림만큼은 해치지 않았으면 하는 염원을 가득 안고 아쉬운 발걸음을 돌렸습니다.

#6. 숙소, 저녁

숙소 한쪽에 마련된 작은 책상에 앉아서 다시 글을 적습니다. 안덕면 조용한 시골길에 있는 숙소라서 그런지 바깥은 유난히 더 고요하고 캄캄합니다. 가끔 무심히 지나가는 길고양이들 이외에는 아무런 인적도 없는 곳이라서 지금도 제가 키보드를 두드리는 소리 이외에는 아무런 소리도 들리지 않습니다. 오랜만에 새벽 일찍 일어나 분주하게 움직이다 보니, 게다가 추운 바람을 너무 많이 맞다가 따뜻한 실내로 들어오니 몸이 노곤해지는 듯하네요. 그렇지만 벌써 늘어질 준비를 하는 건 제주에서의 시간이 너무 아깝게 느껴집니다. 저는 이 편지를 마치면 내일 북토크를 하게 될 아름다운 공간에 가서 사장님과 늦은 저녁을 먹을 예정이에요. 그러면서 내일의 좌석 배치와 나눌 이야기를 정리하는 시간을 보내고 다시 숙소로 돌아올 예정입니다.

생각해 보니 오늘이 12월의 첫날이었이네요. 본격적인 연말의 시작과도 같은 날을 많은 추억이 깃든 제주에서, 그것도 책이 맺어준 인연들과 함께 보내게 된다니 올연말은 생각보다 쓸쓸하거나 고독하진 않을 것 같습니다. 그리고 그 중심에는 늘 구독자님의 응원이 자리잡고 있다는 거 꼭 알아주셨으면 좋겠습니다. 독자분들의 너그러운 관심과 응원이 없었다면 저의 창작 생활도 아마 오래전에 힘을 잃고 말았을 테니까요. 한달 동안 두서없는 저의 편지들을 읽어주시고 때로는 따뜻한 답장도 보내주셔서 깊은 마음으로 감사했습니다. 작은 욕심이 있다면 제가 보내드린 편지들로 구독자님의 일상이 조금 더 따뜻하셨길 바라는 마음인데요. 만약 그 마음이 닿았다면 저는 지금까지보다 행복한 사람으로 살아갈 수 있을 겁니다.

부쩍 추워진 날씨에 건강 유의하시고, 마음만은 사랑하는 이들과 함께 하는 시간으로 따뜻한 연말 보내시길 바랍니다. 한 달 동안 감사했고, 혹시나 다시 구독해주시는 분이 있다면 12월도 잘 부탁드리겠습니다. 그럼, 오늘도 편안한 밤 보내세요.

*

스물다섯 번째 편지

평범한 일인 가구
"잠정적이거나 확정적이거나"

　　서울에서 혼자 살고 있습니다. 대학에 진학한 후로 대부분의 시간을 서울에서 살았으니 생각보다 오래되었습니다. 원하고 바라는 게 전부 서울에 있기도 했지만 때로는 억지를 부려 구태여 서울에 머물던 시절도 많았지요. 서울에 머문다는 것 자체만으로도 치열하게 삶을 살아간다는 착각과 자기 위안에 빠져들기에 적당한 날들이었습니다. 어린 시절에는 이 나이쯤 되면 저도 평범한 가장으로 살고 있을 것이라는 막연한 기대를 했었지만, 막상 지금에 도착해보니 평범한 삶이라는 게 그 무엇보다 어려운 과제라는 걸 깨닫게 됐습니다. 그렇다고 미래에 원하는 삶의 모습이 뚜렷한 것도 아니고, 여전히 하나라도 애매하지 않은 부분이 없으니 어쩌면 과거의 제가 생각하던 평범함의 기준에서는 계속해서 멀어지고 있는 듯합니다.

　　그런데 하루는 문득 오래된 질문 중 하나인 '평범함

이라는 건 대체 뭘까'라는 것에 생각에 붙들렸는데, 그 생각은 계속해서 꼬리를 물고, 그렇다면 세월이 흐르고 시대가 바뀌는 만큼 평범함의 기준 또한 그 흐름에 맞게 자연스레 변하는 것일 텐데, 어쩌면 나만 아직도 옛 시절의 평범함에 부합하고자 스스로 끌려다녔던 건 아닌가 하는 결론에 이르렀습니다. 어떻게 하면 안정적이고 풍요롭게 살 수 있을까 라는 질문에만 골몰해 있던 나머지 이미 저를 추월한 채 달아나는 시대의 변화를 넋 놓고 바라만 봤던 셈이지요. 지금의 변화는 어쩐지 다른 사람들에게만 해당되는 이야기인 줄 알았는데 결국은 저만 모르던 저의 이야기였고 자칫하면 세상과 완전히 단절된 사람처럼 변화의 흐름에 완전히 소외될 수도 있는 문제였습니다.

수많은 뉴스 기사가 전해주는 것처럼 한국의 일인 가구는 놀라운 속도로 증가하고 있습니다. 그만큼 미혼 인구가 늘어나고 있다는 의미이고, 그런 현상은 자연스레 출산율 전 세계 최하위를 기록하게 만들고 있지요. 인구소멸이란 막연하게 지금이 아닌 먼 미래에나 찾아올 만한 현상이라고 생각했었는데 예상보다 훨씬 더 빠른 속도로 한국을 잠식해가고 있습니다. 인구소멸위험지역(65세 이상의 인구가 20~39세 여성의 수보다 2배 이상인 곳을 뜻하며 시 이하의 도시들 대부분이 속함,

2047년에는 모든 시/군/구가 이에 해당)이 늘어나고, 결혼식장이 허물린 자리에 요양원이 들어서고, 소아과와 산부인과가 문을 닫고, 초등학교가 폐교한다는 기사는 이제 놀랍지도 않을 정도로 익숙해졌습니다.

그런데 더욱 현실적으로 다가왔던 이야기는 어느 산골 마을 초등학교에는 한국 아이들보다 다문화 가정의 아이들의 숫자가 많아서 오히려 한국 아이들이 이방인처럼 따돌림을 당하고 있다는 것과, 군인이나 선생님과 간호사가 될 인구가 부족하다는 건 사회 시스템 자체가 붕괴될 수 있다는 의미라는 것과, 심지어는 아이돌로 육성할 인구 또한 급감하기 마련이라 기획사 측에서도 점점 더 해외로 시선을 돌리는 걸 비추어봤을 때 미래의 한국은 문화적인 정체성도 지금보다 모호해질 수 있다는 이야기입니다. 아마 누구나 알고 있던 변화들일 테지만 알면서도 대부분은 우리의 다음 세대를 걱정할 따름이었지요. 그 걱정이 다음 세대가 아닌 지금 우리의 현실이 될 줄은 몰랐습니다.

특히나 미혼 일인 가구를 바라보는 관점은 급류에 휩쓸리듯 빠르게 변화하고 있는 듯합니다. 이전 시대만 해도 평균적인 혼기를 지난 미혼 남녀를 노총각이나 노처녀라는 치졸한 단어로 폄하하며 저 사람은 어딘가 문제가 있으니 여전히 미혼일 것이고, 미혼이기 때문에 히스테리를 부린다는 섣부른 판단을 잠정적인 사실로 받아들였습니다. 게다가 이혼이라도 했다 하면 당사자는 물론이거니와 주변에서도 터무니없을 정도로 수치스럽게 받아들여서 다시 연애나 재혼이라도 하게 된다면 어떻게든 그 일을 숨겨야만 하는 일종의 흉터처럼 여겨질 때도 있었지요. 남들의 시선 따위는 신경 쓸 필요가 없다고 하지만 그 남들의 숫자가 나를 제외한 대부분일 때는 이야기가 달라질 수밖에 없었을 겁니다.

그렇지만 지금은 물론 과도기 상태이겠지만 미혼 인구나 이혼 인구를 예전처럼 부정적인 시선으로 바라보진 않습니다. 위에서 언급한 산골 마을 초등학교의 다문화가정의 아이들처럼 미혼 인구도 처음엔 이방인으로서의 편견을 겪었을지라도 점점 숫자가 많아지면서 결국 '평범한' 구성원으로 자리 잡는 과정이고, 급기야 앞으로는 다수가 되어 이방인의 자리를 기혼 인구에게 물려줄지도 모릅니다. 미혼 인구가 절대 다수인 세상에서는 기혼 인구가 낯설게만 느껴질 것은 어찌 보면 당연한 이야기이니까요. 나라의 존속을 생각하면 어떻게든 이 위기에서 벗어나야겠지만 우리가 나라를 존속시키기 위해 거대한 대의와 사명을 품고 이 세상에 태어난 건 아니잖아요. 우리는 단지 시대에 맞게 우리의 인생을 묵묵히 살아갈 뿐이지요.

실제로 모든 시장이 그 변화를 신속하게 따라가고 있습니다. 기관의 조사에 따르면 혼자 사는 사람들이 더는 혼자인 상태를 결혼 이전의 '잠정적인' 주거 형태로 보지 않고 '완전히 정착한' 상태로 판단하기 시작했다고 합니다. 많은 사람의 마음속에는 물론 제 마음속에도 어차피 머지않아 미래의 누군가와 결혼을 하게 된다면 혼수로 새로 다 장만할 텐데 혼자 사는 동안은 대충 구색만 갖춰두고 살자는 생각이 지배적이었습니다. 그런데 앞으로도 계속 혼자 살 예정이라면 자신의 인생과 취향을 위해서라도 기약없는 미래를 위해 계속해서 자신을 위한 구매를 미루기만 하는 것보다는 기왕이면 오래 쓸 수 있는 품질도 디자인도 마음에 드는 제품을 구매하게 되겠지요.

저의 경우만 해도 서른 살에 회사에 입사한 이후로는 암묵적으로 제 인생의 다음 관문은 당연히 결혼이라고 생각했습니다. 아무래도 저는 그게 당연한 세대였고 그래서인지 누군가를 만나게 되면 마음속으로 그 사람과의 결혼 생활에 관한 상상의 나래를 펼쳤던 것 같습니다. 그래서 여러 번 이사를 거듭하면서도 웬만하면 새로운 가구나 가전을 사지 않고, 어쩔 수 없이 산다 해도 '당분간'만 사용해도 괜찮을 듯한 가성비 좋은 제품들로만 살림을 채웠지요. 그렇지만 아쉽게도 결혼까지 이어지는 인연은 없었고, 있었다 한들 어리석게 놓치고 말았으니 저는 임시로만 사용하려 했던 그 제품들을 여전히 사용하고 있는 셈이지요. 사람도 생각보다 복잡하고 어려운데 하물며 사랑은 얼마나 더 어려웠을까요.

그리하여 저도 이제는 언제 찾아올지도 모를 미래의 순간을 위해 끝없이 저를 위한 소비를 미루기만 하진 않으려고 합니다. 그렇다고 미래 따위는 없는 사람처럼 과소비와 충동구매로 일관하겠다는 건 물론 아니겠지요. 다만 최소한 혼자 사는 시절 또한 저의 인생이니 만큼 저 자신을 위한 최소한의 다정한 보상 정도는 해줘도 되지 않겠냐는 생각의 전환입니다. 지금도 집안을 둘러보면 혼자 살기 시작했던 순간부터 사용해온 오래되고 파손되고 낡은 가구들과 가전들이 즐비한데 아무래도 다음의 이사 때는 대부분 처분하고 제 취향이 깃든 새로운 제품들을 장만해야겠어요. 어쩌면 저에게는 서재가 가장 중요한 공간이라고도 볼 수 있는데 다른 공간은 예외로 두더라도 서재만은 꼭 저의 취향만으로 가득 채워둬야겠습니다.

아마도 저와 같은 생각을 하는 분들도 많을 듯합니다. 변해가는 환경에 아무런 영향도 받지 않았다면 거짓말이겠지요. 물론 자신에게 결혼이라는 제도가 본질적으로 맞지 않아서 미혼을 선택하는 사람들도 많겠지만, 녹록지 않은 현실에 밀려난 채 결혼이나 육아를 포기할 수밖에 없는 사람들이 더 많을 겁니다. 어떤 이유로든 한국에서는 미혼 일인 가구가 다수가 되어 완전히 평범한 주거 형태로 자리 잡을 날이 그리 멀지 않은 듯합니다. 어쩌면 눈치채지 못했을 뿐 예전부터 서서히 변하고 있었는데 인구소멸이라는 예정된 전망이 가시적으로 다가오자 부랴부랴 대응하며 문제로 노출되는 것도 같고요. 그렇지만 가장 중요한 건 누구든 각자의 환경에 맞춰서 살고 있을 뿐이라는 사실이겠죠.

저는 비혼주의자가 아닙니다. 저 또한 지금의 상황에 맞게끔 살아가고 있을 뿐인데 그게 미혼 일인 가구가 됐네요. 상황이 변하고 기회가 닿는다면 저도 언젠가 결혼을 하고 육아를 하게 될 수도 있겠지요. 다만 그 어느 쪽이라도 크게 상관없다는 입장입니다. 가정을 꾸려보지 않은 사람은 짐작조차 할 수 없는 감정과 경험이 있겠지만, 혼자 사는 삶에도 그에 못지않은 만족이 있을 겁니다. 무엇이든 좋은 것만 다 챙겨갈 수는 없으니까요. 선택에 따라 감당해야할 것들로 달라질 테고요. 타인의 시선에는 어떻게 보일지 모르겠지만 저는 조금씩 저를 위한 인생으로 넘어가는 과정이라 생각합니다. 타인들이 당연하게 하는 것도 저한테는 당연한 게 아니고,

그 당연해 보이는 것 또한 애초부터 당연한 건 아니었을 테니까요.

　이 글은 어떤 관점으로 읽느냐에 따라 미혼 남성의 구구절절한 자기 합리화가 될 수도 있겠고, 어쩌면 그게 맞고, 혹은 지금의 한국 사회를 살아가는 평범한 서민이 미혼으로 살아가는 이유와 결혼에 대한 (불)가능성을 푸념하는 어설픈 일기가 될 수도 있겠습니다. 그럼에도 결국 하고 싶었던 말은 다양한 형태로 살아가는 우리에게는 그럴만한 각자의 사정이 있다는 것과, 그 선택으로 인해 합당하지 않은 이유로 존중받지 못할 이유는 하나도 없다는 것이겠지요. 환경이 변해도 묵묵히 적응하며 각자의 삶을 살아가는 평범한 우리의 수고로움을 다른 사람은 몰라도 우리 자신 만큼은 알아줘야 하지 않을까요. 눈에 띄는 삶은 아닐지라도 오늘도 이렇게 정성껏 살았으니 수고가 많았다고요.

*

스물여섯 번째 편지

아기와 나
"웃음부터 지어진다는 건"

　나른한 평일의 오후. 늦잠을 자고 일어나 몽롱한 정신으로 식탁에 앉았습니다. 식탁 구석의 작은 거울에 비친 제 얼굴은 다른 사람에게 보여주기 민망할 정도로 부어있고 머리는 밤새 잠꼬대가 얼마나 심했는지 불규칙하게 사방으로 뻗어있습니다. 낯설지만 익숙한 제 모습에 조금 속상하기도 하지만 아무렴 괜찮습니다. 어차피 이 상태로 외출을 한다거나 누군가를 만나러 가진 않을 테니까요. 한참을 멍하니 식탁에 앉아서 하루의 시작을 알리는 일종의 의식처럼 시원한 물 한잔과 요구르트 두 개를 연달아 마시며 온몸의 신경을 깨웁니다. 아침에 먹는 사과가 건강에도 좋고 유난히 맛있다는 걸 알고 있지만 역시나 번거롭다는 이유로 단지 알고만 있을 뿐입니다. 제게는 사과를 깎는 일이 왜 이리도 큰 일처럼 느껴지는 걸까요.

　늘 반복하는 아침의 루틴이지만 씻기 전까지의 시간

은 모두 꿈결 같습니다. 아무래도 얼굴에 찬물이 닿아야만 본격적으로 정신이 깨어나고 그제야 늦은 하루가 시작되는 걸 느낍니다. 하지만 아무런 일정이 없는 날에는 세수를 하는 것에도 대단한 결심이 필요하다는 걸 이제는 흘러간 코로나 시기 동안 사무치게 깨달았지요. 상쾌한 하루의 시작은 얼굴에 찬물이 닿는 순간부터라는 걸 새롭게 배우고 있는 요즘입니다. 오늘도 여느 때처럼 잠옷을 벗고 욕실로 들어가려는데 불현듯 문자메시지가 도착하는 알림이 들렸습니다. 마침내 기다리던 택배가 문앞에 배송됐다는, 스팸문자 시대의 유일하게 행복하고 정상적인 문자메시지였습니다. 씻으려던 마음도 접어두고 잠옷을 대충 걸친 채 현관으로 향했습니다.

현관 문을 살짝 열고 집 앞에 놓인 작은 택배 상자에 손을 뻗으려는 순간, 누군가 저를 바라보고 있는 듯한 느낌이 들었습니다. 불길한 예감에 서둘러 고개를 들었더니 그곳에는 유모차에 얌전히 앉아있는 아기가 있었습니다. 눈이 마주치자 오히려 놀란 건 저였고 아기는 평온한 표정으로 저를 멀뚱히 바라보고 있을 뿐이었지요. 저는 그 아이가 옆집의 아기라는 걸 알고 있었습니다. 심지어는 이름도 알고 있었지요. 사랑이. 물론 아이가 제게 직접 자신의 이름을 말해준 건 아니었고, 다만 옆집의 아이 엄마가 늘 복도에서 아이의 이름을 부르는 소리를 들으며 이곳에서 사 년 째 살고 있기 때문입니다. 물론 복도에서 마주치면 가벼운 인사 정도만 할 뿐이지 대화를 나눈다거나 할 정도의 사이는 아니었지요.

그런데 늘 엄마와 함께 있던 아이가 오늘은 어째서 복도에 덩그러니 혼자 있는 걸까요. 털모자와 두터운 옷을 입은 걸 보면 곧 엄마와 산책을 떠나기 직전인 듯한데, 엄마가 잠시 자리를 비웠나 봅니다. 택배 상자만 얼른 챙겨서 문을 닫으려다가도 저를 빤히 바라보는 아기의 동그란 눈을 외면하기가 어려웠는지 저 또한 눈빛을 피하지 않고 정면으로 바라봤습니다. 언젠가부터 아기를 보면 왠지 모르게 괜히 웃게 하고 싶어집니다. 그만큼 저도 아주 오래전 저를 웃게 하려던 어른들의 일종의 재롱을 따라하는 나이가 되었다는 의미이기도 하겠지요. 제가 입꼬리를 올리며 웃으니 아기도 저를 따라 웃습니다. 눈코입을 모으며 조금 웃긴 표정을 지었더니 이제는 까르르 소리를 내면서 웃기도 하고요.

그러던 와중에 갑자기 옆집 현관이 열렸습니다. 사랑아 많이 기다렸지. 엄마가 준비하느라 늦었어. 아기와 서로를 바라보며 웃고 있던 저와 아기 엄마의 눈이 마주쳤지요. 평소와 같았다면 점잖게 인사를 했을 텐데 오늘은 제 행색이 점심이 지나도록 씻지도 않은 백수 아저씨였기 때문에 어떻게든 빠르게 모습을 감추고 싶었습니다. 저조차도 깜짝 놀라게 되는 지금의 제 모습을 다른 사람에게 들키다니. 아기 엄마도 당황했는지 오늘은 먼저 인사를 건네지 않더군요. 저 또한 복도 바닥에 인사를 하는 것처럼 몸을 숙이며 도망치듯 얼른 문을 닫았습니다. 사 년 간 이웃으로 살면서 처음보는 표정이었습니다. 그럼에도 아기는 저를 보고 웃어줬다는 게 얼마나 고맙던지요.

제가 살고 있는 오피스텔은 한층에 열 세대 정도가 모여있는 건물입니다. 비록 아무리 이웃들 간에 교류가 사라진 시대라고는 해도 바로 옆집에는 관심이 가기 마련입니다. 더군다나 저랑 비슷한 시기에 입주한 분들이고, 게다가 공교롭게도 코로나 시기에 저는 항공사 휴업으로 집에 있는 날들이 많았고, 옆집 또한 그 시기에 아기가 생겨서 대부분의 시간을 집에서 보냈을 겁니다. 사실 옆집에 아기가 생겼다는 걸 처음 알게 된 건 아기의 울음소리가 아닌 옆집 현관에 붙어있는 스티커 때문이었습니다. 아기가 자고 있으니 문을 두드리거나 초인종을 누르지 말아 달라는 메시지가 적혀 있는 스티커였는데요. 보통은 바로 옆집에서 아기 울음소리가 들리지 않는다는 건 쉽지 않은 일이라 그 사실이 믿기지 않았습니다.

그러다가 진짜 아기가 있구나 믿게 된 건 이번에도 역시나 울음소리가 아닌 택배 상자들 때문이었습니다. 이렇게 쓰고 나니 옆집을 염탐하는 사람처럼 느껴지기도 하지만, 현관문을 열면 복도의 빈 공간을 공유하는 사이라서 모를 수가 없었습니다. 좀처럼 택배 상자가 쌓여있지 않던 그 공간이 언젠가부터 기저귀 박스와 아기 용품으로 채워지기 시작했으니까요. 세상에는 잘 울지 않는 아기도 있구나. 아니면 이 건물의 벽간 방음이 그만큼 좋은 걸까. 이쯤 되면 단순한 궁금증으로 아기의 모습을 한 번이라도 보고 싶었는데 하필이면 코로나가 한창이던 시기라서 최대한 아기도 엄마도 바깥 활동을 하지 않는 듯했습니다. 벽 하나 너머에 새로운 생명이 자라고 있다는 사실은 인간으로서 막연한 관심과 온정을 일으켰지요.

저는 여전히 제가 아기를 좋아하는지 아닌지도 잘 모르는 사람입니다. 항공사에 취직하기 전까지는 좀처럼 아기들을 마주할 만한 기회도 없었고, 마주한다 해도 어떻게 다뤄야 할지 몰라서 해맑게 웃고 있는 아기 앞에서 쭈뼛거리다 돌아서기 일쑤였는데요. 그런데 승무원으로 일하면서부터는 저의 의사와는 상관없이 아기 승객들을 다뤄야 하는 일들이 정말 많았습니다. 아직 말을 하지 못하는 아기들은 당연히 울음으로 자신의 불편함과 모든 의사를 표현하기 마련이고, 걸음마를 뗀 아이들은 쉼 없이 기내 복도를 돌아다니기 때문에 매 순간 부모님의 보살핌이 필요합니다. 하지만 대부분의 부모님들도 육아는 처음이라 능숙하지 않을 때가 많은데 그럴 때는 보통 육아 경험이 많은 시니어 승무원 분들의 도움이 절실한 상황도 많습니다. 게다가 웬만한 상황이 아니라면 부모님들도 남자 승무원인 저에게 아기를 맡기는 일은 거의 없기 때문에 저는 대부분 가만히 지켜볼 뿐이었지요.

하루는 여느 때처럼 장거리 비행 중인 기내에서 일하고 있을 때였습니다. 불 꺼진 캄캄한 기내에서 승객들은 줄지어 화장실을 사용하고 있었고, 한 아기 엄마가 호출 버튼을 눌러 저를 불렀습니다. 화장실을 가고 싶은데 잠깐 아이를 안고 있어줄 수 있겠냐고. 그날 따라 다른 모든 승무원들이 각자의 일로 분주해서 아무리 둘러봐도 저밖에 없던 상황이었지요. 그때까지 아기를 제대로 안아본 적이 한 번도 없었던 저는 누가 봐도 당황한 기색이 역력했을 겁니다. 그런데 그 고민을 하던 찰나 아기는 이미 제 품에 안겨있었지요. 아기 엄마가 사정이 조금 급했는지 어느새 화장실을 향해 서둘러 걸어가고 있었습니다. 아기는 여자 아기였고 정확하진 않지만 두 살 정도는 되어 보였습니다. 두 팔로 안전하게 아기를 안는 법을 몰라서 어떻게든 떨어지지만 않게 해야 겠다는 마음으로 아기를 부여잡았는데, 그때 아기의 모습은 허리가 뒤로 한껏 꺾인 채로 버둥거리는 강아지처럼 보였습니다.

그러다 문득 아기와 눈빛이 마주쳤는데 그 아기는 울음 대신 저를 바라보며 웃어줬어요. 보통은 낯선 사람이, 게다가 어떻게 자신을 안고 달랠 줄도 모르는 사람에게 안기면 울음을 터프릴 만도 한데 그 아이는 이상할 정도로 평온한 얼굴로 허리가 꺾인 상태로도 저를 보고 웃어주다니. 맑은 눈방울로 제게 이렇게 말하는 듯했습니다. 그렇게 말고 한 손으로는 내 머리를 받쳐줘야지 이 바보 같은 어른아. 품에 안긴 아기를 어쩔 줄 몰라 하며 기내 복도 한복판에 서 있었더니 주변의 승객들이 다가와 제 팔과 손의 위치를 적절히 고쳐줬습니다. 그랬더니 아기는 이제야 허리와 목이 편안해졌다는 듯 제 품에 꼬옥 안긴 채 한 손으로 제 얼굴을 막 만지기 시작했지요. 아까보다 더 해맑은 웃음을 띤 채로요.

아기 엄마는 곧 돌아와서 미안하고 고마웠다며 아기를 다시 안아갔는데 제게는 그날이 처음이었습니다. 아기를 제대로 안아본 것도, 아기는 그 자체로 예쁜 생명체라는 걸 느낀 것도, 그리고 조금 더 안고 있고 싶다는 생각이 든 것도요. 아마도 그날이 아니었다면 저는 사년 동안 이곳에 사는 동안 옆집 아기와 마주칠 때마다 눈빛을 외면하거나 어색하게 바라만 봤을 텐데 그때가 연습이 되었는지 지금은 다행히도 아기에게 되돌아오지 않을 말도 건네고, 어떻게든 웃게 해주고 싶은 마음이 듭니다. 물론 여전히 금쪽이를 다루는 방법 같은 건 모릅니다만, 이제는 아기 앞에서 쩔쩔매진 않는 걸 보면 그래도 조금은 용기와 방법을 알게 된 건 아닐까 싶어요.

오늘처럼 씻지도 않은 행색이 우스운 옆집 백수 아저씨를 보고도 웃어주는 그런 아이를 어떻게 싫어할 수 있을까요. 어쩌면 그래서 웃어줬던 걸 수도 있지만 아무렴 상관없겠지요. 저는 과연 아기를 좋아하는 사람일까요. 아무래도 웃음부터 지어진다는 건 이제는 온전히 좋아한다고 말할 수도 있겠습니다. 앞으로는 문앞의 택배를 확인할 때는 저의 행색을 조금 더 신경 쓸 필요가 있을 듯해요. 최소한 사람을 놀라게 할 정도의 행색은 피해야겠지요. 뜻밖의 소소한 사건으로 늦은 하루를 웃으며 시작한 날이었습니다.

*

스물일곱 번째 편지

오래된 책을 읽는 밤
"마음과 정신이 연결된 사물"

 침대에 비스듬히 누워 낡고 누래진 책을 읽습니다. 어느새 실내에서도 손발이 시려 자꾸만 이불 속을 파고드는 겨울밤입니다. 스탠드 조명의 노란빛이 방안을 가득 채우고 침대의 온수매트가 서서히 제 역할을 하기 시작한 무렵이지요. 이따금 창밖에서 들려오는 오토바이 소음을 제외하면 아무런 소리도 들리지 않는 적막하고 고요한 시간입니다. 누구도 방해하지 않는 이 시간 제가 읽고 있는 오래된 책은 전혜린의 '목마른 계절'이라는 책입니다. 이 책은 지금도 출판사 범우사의 문고판으로 출간되어 사람들에게 꾸준히 읽히고 있는데 제 손에 들려있는 책은 1974년의 초판본으로 조금이라도 손에 힘을 쥐고 페이지를 넘기면 종이가 찢어질 듯하고, 절반은 한자로 쓰인 책이라 실은 저로서는 제대로 읽을 수도 없는 책입니다.

 그럼에도 이 책을 지금 손에 쥔 까닭은 최근 이사 준

비로 오랜만에 책장 정리를 하다가 발견했다는 이유도 있겠지만, 제게는 남다른 의미가 깃들어있는 책이기 때문입니다. 그건 바로 엄마가 대학 시절에 읽었던 책들 중 한 권이라는 점이고, 무엇보다 지금까지 그 책들 중 어떤 사연으로든 분실되거나 처분되지 않고 살아남은 몇 권 안되는 책이라는 점입니다. 게다가 세상을 먼저 떠난 누군가의 손길이 담겨있는 물건에는 저마다의 사연이 녹아있기 마련이니까요. 낡은 책은 생김새부터가 세상의 모든 기억을 품고 있는 것처럼 고요하고 쓸쓸하게 느껴집니다. 빛 바랜 페이지를 넘길 때마다 은은하게 풍겨오는 오래된 책만의 고유한 냄새 또한 사람을 언젠가의 추억에 젖어들게 만들기도 하지요.

사실 저는 이 책의 존재조차 잊은 채로 살았습니다. 책장에서도 이중으로 꽂아둔 책들 중 뒷면에 꽂아뒀던 책 중의 한 권이라서 이사 준비를 하는 날처럼 작심하고 책장을 정리하지 않는 이상 살면서 다시 발견하기란 쉽지 않았을 겁니다. 아마도 누래진 책의 겉모습이 미관상 깔끔하지도 않고 다른 새 책들과의 진열에 잘 어울리시노 않는다는 이유로 일부러 뒷면에 꽂아두지 않았을까 싶어요. 평소에도 책을 크기나 색깔 별로 혹은 표지의 재질이나 작가별로 정리해두는 결벽에 가까운 습관이 있는 걸 보면 분명 그랬을 겁니다. 결국 그동안 제 책장에 어떤 책들이 꽂혀있는지 자세히는 알지 못하는 상태로 살았던 셈이지요. 물론 아무리 책을 사랑하는 사람이라도 그 부분은 별반 다르지 않을까 싶습니다.

저는 책을 잘 버리지 못하는 사람입니다. 어쩌면 물건 자체를 잘 버리지 못하는 사람일 수도 있을 텐데 친구 한 명은 그런 저를 바라보며 '사물에도 정이 많은 사람'이라고 놀리듯 말했던 적이 있습니다. 신간 책의 서문에도 썼던 것처럼 사소한 것에도 지나치게 많은 정성을 쏟으면 언젠가 마음을 쏟았던 대상으로부터 상처를 받기도 쉽잖아요. 하지만 그렇다고 물건에도 상처를 받을 정도의 취약한 마음은 아닌 듯하고, 다만 물건을 버릴 때에 남들보다 망설이는 사람 정도가 아닐까 싶습니다. 하지만 현실적으로 물건을 버리지 않고 생활할 수는 없겠지요. 사람은 주어진 공간의 크기에 맞게 물건을 채우거나 처분하며 살아가는 존재이니까요. 그래서 이번 기회에 오래 사용했지만 공간만 차지하던 가구들을 하나씩 처분하고 있습니다. 몸집도 커다랗고 무게도 육중한 가구들을 처분할 때는 아쉽다는 생각보다는 오히려 아깝다는 생각이 압도적이었습니다.

반면에 가구에 비하면 몸집도 작고 무게도 가벼운 책을 버리려 할 때는 전혀 다른 감정이 듭니다. 우선 책을 정리하는 동안 버릴 책을 고르는 단계에서부터 난관에 맞닥뜨리기 마련인데 어떤 책이든 사연이 깃들지 않은 책은 없기 때문입니다. 지금 읽고 있는 '목마른 계절'처럼 젊은 시절의 엄마가 읽고 물려준 책들은 물론이고, 누군가에게 선물로 받아 앞장에 편지가 쓰인 책들과, 시기마다 전환점이 되어준 책들과, 문학의 꿈을 품었던 순간부터 사 모았던 시인선 시리즈와, 심지어는 읽고 후회했던 책들까지, 놀라우리 만큼 그 책을 손에 쥐면 과거로 잠시 돌아간 것처럼 그때의 장면들이 생생하게 기억납니다. 누구에게 선물 받았던 책인지, 그 사람이 책을 건네며 어떤 목소리로 어떤 말들을 했는지, 어떤 시기의 어떤 고민을 품고 어디에서 산 책인지, 그리고 그 책을 읽었던 장소까지, 찰나일지라도 그 책에 봉인되어 있던 기억과 장면들이 머릿속을 스치고 지나갑니다.

그런 의미에서 책장을 뒤적이는 일이란 흘러간 기억을 더듬거리는 일과도 같습니다. 자신이 읽었던 수많은 책으로 가득한 책장이란 이를테면 디지털 시대가 도래하기 이전의 물성을 지닌 기억 저장소일 텐데, 그렇다면 그 책상에서 한 권의 책을 빼내어 폐지함에 버린다는 건 자신의 기억 한 조각을 완전히 지우는 것과 다르지 않다고 생각합니다. 비록 살면서 그 책을 다시 읽어보기는커녕 책장에 존재하는지 조차 모를 수도 있겠지만, 그래도 들춰보지 않더라도 완전히 버리는 것과 간직한 채 살아가는 건 전혀 다른 의미이니까요. 한때는 푹 빠졌던 책도 지금 다시 읽어보면 그때의 마음을 도무지 이해할 수 없을 때도 많지만, 지나간 시절의 수많은 저 자신의 흔적들이 쌓여서 지금의 저를 이루고 있다는 걸 생각하면 무엇하나 소중하지 않은 게 없습니다.

하지만 저 또한 책을 손에 들었을 때 아무런 기억도 떠오르지 않고, 앞으로도 읽을 가능성이 제로에 가까운 책이라면 그때는 과감하게 버리는 쪽을 선택합니다. 며칠 전 그렇게 어렵게 선별해낸 책들을 박스에 담아서 분리수거장으로 가져갔을 때의 일입니다. 그래도 책이라는 이유만으로 버리면 안 되는 물건을 버리는 사람처럼 구석에 몰래 쌓아두고 오려고 했는데 마침 관리실 아저씨가 나타나더니 그 박스를 한참을 들여다 보셨어요. 역시나 책을 이렇게 버리면 안 되는 걸까 싶어서 마음이 조금 뜨끔했는데 아저씨가 제게 그러셨습니다. 이렇게 좋은 책들인데 혹시나 버리는 거라면 자기가 가져가서 읽어도 되느냐고요. 버리기에는 너무 상태도 좋고 '그래도 책인데' 아깝다고요.

그 말을 듣고 그래도 책은 다른 물건과는 다르다고 생각하는 한 사람을 마주한 것 같아서 반가웠고, 다른 사람은 그렇게 아까워 하는 책이 내게는 아무런 기억도 남기지 못한 인연에 미안했고, 버릴 생각만 했지 다른 사람들과 나눌 생각은 하지 못했던 저 자신이 아쉬웠습니다. 물론 다 가져가셔도 된다고 말씀드리고 자리를 뜨려다가 문득 든 생각이 있어서 다시 아저씨에게 다가갔습니다. 혹시 고전문학 같은 책들도 좋아하시냐고. 괜찮으시면 버릴 책들이 한 박스 더 있는데 가져다 드리겠다고. 아저씨는 반색하며 말씀하셨습니다. 그래주면 관리사무실에 쌓아두고 다른 사람들이랑 읽겠다고. 자신도 젊을 때 고전문학을 많이 읽으면서 살았다고.

 그 말씀을 듣고 다시 집으로 올라가 책 상자를 챙겨서 내려왔습니다. 상자를 품에 안고 아저씨에게 걸어가는 동안 이상하게도 마음이 홀가분하고 따뜻해지는 걸 느꼈는데요. 제게는 의미를 잃은 것들도 다른 사람에게는 새로운 의미가 될 수도 있다는 걸, 비록 아저씨는 종이책에 익숙한 시대를 살아오신 분이지만 그래도 책을 아끼는 사람과 마주한다는 건 저로서는 특별한 일이라서 그랬던 것 같습니다. 제 품에 안았던 책 상자가 이제는 아저씨의 품에 안긴 채 다른 누군가에게 읽힐 장소로 옮겨졌습니다. 앞으로는 책을 처분할 일이 생긴다면 무작정 버리기 보다는 어쩌면 그 책을 새로운 전환점처럼 읽어줄 누군가를 먼저 찾아봐야겠다고 다짐했습니다.

그래도 책이니까, 아직도 책이니까 하면서 반갑게 읽어 줄 사람들 말이에요.

제게도 한때는 잠들기 전에는 늘 침대에서 책을 읽던 시절이 있었는데요. 그때는 새벽이 찾아오는 게 너무 아쉬워서 어떻게든 조금이라도 더 책을 읽으려 서둘러 책장을 넘기곤 했습니다. 엎드려서 읽다가 팔꿈치와 뒷목이 아파오면 몸을 뒤집어 누운 채로 읽기를 반복하면서도 책 속의 세상이 좋아서 잠과 맞바꾸던 날들이었지요. 비록 지금은 침대에서 책보다는 스마트폰을 꼭 쥔 채로 시간을 보낼 때가 많지만 그래도 잠들기 전 종이책을 통해서 제가 일깨워지던 순간들의 감흥은 잊지 않았습니다. 책은 읽는 사람의 정신과 마음이 연결된 사물이기 때문에 한 번이라도 연결된 사람은 아무리 긴 공백을 지난다 해도 결국은 그 충만한 느낌을 잊지 못하고 다시 책으로 돌아오게 되는 듯합니다. 게다가 책이라는 이유만으로 시간과 존재를 초월해 사람을 연결해 주는 역할을 한다는 면에서 아무래도 책의 시대는 세상의 우려보다는 훨씬 더 오래도록(저의 바람) 우리 곁에 머무르지 않을까 싶습니다.

스물여덟 번째 편지

안녕 나의 숲길

"정든 동네를 떠나며

　오늘은 이 동네를 떠나기 전 마지막으로 산책을 떠나는 날입니다. 그동안 글을 쓰며 숲길이라는 말을 쓸 때는 대부분 강서구에 있는 우장산 둘레길을 뜻했습니다. 제가 사는 집에서 언덕만 오르면 만날 수 있는 숲길이지만, 이토록 가까운 곳에 둘레길이 있다는 걸 알게 된지는 불과 일 년도 채 되지 않았습니다. 팔 년 넘게 이 동네에 살면서 숲길의 존재도 몰랐다는 건 그동안 저의 생활의 반경이 얼마나 비좁았던 것인지 여실히 실감하게 합니다. 아무리 날마다 외국을 돌아다니는 분주한 직업인으로 살았다지만 그래도 집 바로 뒤 언덕 너머를 한 번도 상상해보지 않았다는 건 그만큼 산책의 이유도, 마음의 여유도 찾지 못했던 시절을 살았다는 의미일 겁니다.

　처음 숲길의 매력에 사로잡혔던 건 올해 초여름이었습니다. 병원에서 불안과 공황으로 진단서를 받고 곧장 회사에 휴직계를 제출한 뒤 집으로 돌아온 날이었지요. 막막하다는 기분보다는 당분간은 제 일상의 무거운 한 축을 담당했던 회사를 신경 쓰지 않아도 된다는 생각으로 홀가분했습니다. 밀린 청소와 빨래를 하면서 창밖을 바라봤을 때 가로수들의 푸른 기운에 이끌린 탓인지 문득 걷고 싶다는 생각이 들었습니다. 가장 편안한 옷차림과 운동화를 신고 처음으로 늘 스쳐 지나치기만 했던 언덕 위로 걷기 시작했지요. 작은 성당과 놀이터와 가게들을 지나 언덕의 끝에 다다랐을 때 그곳은 잘 관리된 산책로의 입구였습니다. 세상에 초연한 사람처럼 뒷짐을 진 채 누구보다 느린 속도로 숲길을 따라 걸었지요. 초여름의 생동하는 푸른 나무들을 올려다보며, 나뭇잎 사이로 내리쬐는 햇볕을 온몸으로 맞으며 숲길을 걸었습니다. 아주 오랜만에 행복하다는 느낌을 받았던 그날 이후로 산책은 저의 소중한 루틴 중 하나가 되었지요.

다시 언덕을 올라 숲길의 초입입니다. 푸른 잎들은 온데간데없이 사라진 겨울의 숲길은 초여름과는 사뭇 다른 느낌입니다. 햇볕을 가려주던 나뭇잎들은 색을 잃은 채 아래로 떨어져 숲길을 온통 갈색으로 뒤덮고 있고, 나뭇잎을 잃은 나무들은 하늘로 뻗은 앙상한 가지만 남아서 찬바람이 부는 오늘이 유난히 을씨년스럽게 느껴지기도 합니다. 모든 생동감을 잃은 계절의 산책로이지만, 그럼에도 나의 숲길입니다. 평소와 다를 건 없는 길인데 마지막이라는 이름이 붙은 이상 지금부터 걷는 모든 발걸음이 작별 인사가 되겠지요. 마지막. 끝. 앞으로는 만날 수 없음. 흘러간 시간에 대한 고마움과는 별개로 마지막은 본질적으로 아쉽고 슬픈 일인 건 분명한 듯합니다. 애써 신경 쓰지 않으려 해도 마음이 먼저 마지막을 알아채고 물기를 머금을 준비를 하지요.

우장산 숲길은 오르막과 내리막이 완만해서 사유로서의 산책에 적합한 곳입니다. 제게 산책의 재미를 일깨워준 곳이기도 하지만, 동시에 마음을 회복하는 데에 커다란 도움을 받은 곳이기도 합니다. 글을 쓰고 책을 만들며 고독이 사무칠 때나, 미래에 대한 불안과 초조로 마음이 소란할 때나, 감당할 수 없는 버거운 일들이 동시에 몰려올 때 숲길을 걸으며 조금씩 생각과 감정을 흘려보내다 보면 제 마음이 차분해지며 진정되는 걸 느끼곤 했습니다. 나무 벤치에 앉아 산책하는 사람들과 강아지들을 시간이 가는 줄도 모르고 하염없이 바라보다 보면 언덕 바로 아래가 치열하고 삭막한 도심이라는 걸 잠시나마 잊기도 했지요. 숲과 나무를 의식하며 살아간다는 것 자체만으로도 정서적인 환기가 된다는 걸 그동안 전혀 모른 채 살았습니다. 산책이 주는 위안이란 어떤 높은 경지의 깨달음을 얻은 성인군자들만 얻을 수 있는 가르침이라고 착각하면서요.

 이곳을 함께 걸었던 인연들이 떠오릅니다. 사랑이기도 했고, 우정이기도 했지만, 지금은 어떻게 불러야 할지 막막하기만 한 흘러간 인연들. 그들이 있어서 잔잔하기만 하던 일상이 조금은 다채로웠고, 불안에 잠식되지 않고 힘겨운 시기를 가까스로 빠져나올 수 있었습니다. 시간의 흐름은 사람을 한없이 너그럽게 만드는지 애초부터 없었던 원망이나 미움이 새로이 돋아나기보다는 고스란히 간직한 고마움과 존중의 감정만이 곱절로 쌓여갑니다. 숲길의 곳곳에 어렴풋한 그들의 얼굴이 있고, 마주 보던 시선과 음성이 있고, 열렬했던 다짐과 약속이 있습니다. 지나간 아득한 일들이라 하여 구태여 무력한 상실감에 젖어들 이유는 없겠지요. 누군가를 마음속에 간직한 채 살아간다는 건 증명보다는 믿음이 중요하다는 생각을 해봅니다.

 낙엽 쌓인 숲길을 걷다 보면 커다란 운동장이 나타납니다. 그 뜻은 이제 숲길의 처음으로 되돌아왔다는 의미이기도 합니다. 늘 운동장을 지나칠 때마다 오늘은 걸음이 부족한데 한 바퀴만 더 걸을까 혹은 이만 하면 충분하니 집으로 돌아갈까 망설이곤 했지요. 날씨와 컨디션이 좋을 때는 한 바퀴쯤이야 거뜬하게 더 걸을 수 있었지만, 그렇지 않을 때는 한 바퀴를 더 걸으면 몸살이 찾아와서 마음을 접어야만 했습니다. 오늘은 더 걷고 싶은 마음보다는 잘 떠나자는 쪽으로 마음이 기울어서 숲길의 초입에 있는 계단으로 내려가기로 합니다. 아쉬운 마음에 숲길을 뒤돌아보면 앙상한 겨울나무들이 뾰족한 모습으로 저를 내려다보고 있습니다. 푸르고 울창한 계절이었다면 떠나기가 유독 아쉬웠을 텐데 오늘처럼 건조하고 서늘한 날에는 분위기에 휩쓸려 홀연히 작별하기 참 좋은 날입니다.

　언덕을 내려가며 그동안 단골이었던 작은 가게들을 바라봅니다. 손님들의 이름을 정확하게 기억하고 안부를 물어주던 세탁소, 소나기를 피해 가라며 흔쾌히 문을 열어주던 국밥집, 동네의 방범대 역할을 해주던 슈퍼, 팔 년 동안 머리를 잘라주며 사생활을 묻지 않는 미용실, 사람 좋은 웃음으로 마음에도 광을 내주던 구둣집, 과일을 나눠주는 로또 가게 등등. 어떤 장소가 애틋하게 기억되는 건 역시나 그곳에 사람이 존재하기 때문이겠지요. 며칠 전 미용실과 세탁소에 다녀오면서 사장님들에게 오늘이 마지막이라는 말을 해보고도 싶었지만 생각해보면 구태여 말하지 않는 편이 자연스러울 듯해서 이내 말을 삼켰습니다. 시간이 흐를수록 마지막을 대할 때의 그 고유한 감정과 분위기가 버거울 때가 많아져서 차라리 혼자 마지막을 묵묵히 감당하려는 것이지요.

물론 이 동네에서 좋은 기억만 있었던 건 아닙니다. 오히려 처음에는 유흥가가 밀집한 동네 환경을 환멸하기도 했고, 밤마다 대로변 소음으로 고통받으며 좀처럼 정 붙이기 힘들었던 기억이 대부분이니까요. 하지만 정이라는 건 좋아하는 것에만 깃드는 건 아니었고 마음과는 상관없이 반복해서 마주하는 모든 것에 불가피하게 스며드는 것이었습니다. 그래서 미운 정이라는 말도 생겨났을 테고, 정작 만남일 때는 서로를 갉아먹던 관계도 이별할 때는 좋았던 것들만 생각나는 게 아닐까 싶습니다. 비록 공항으로의 출퇴근을 위해 오랫동안 머물던 이 동네도 이별을 앞둔 지금은 애증보다는 서울이라는 삭막한 도시에서 편안하게 쉴 수 있는 저만의 작은 공간을 내어줬던 고마운 동네로 기억되는 것처럼요.

예고된 이별은 갑작스런 이별보다 아쉬움이 덜 할까요. 오래전부터 준비하며 차질없이 계획을 세우고 마음을 다잡았던 이사이지만 막상 이별의 순간이 찾아오니 한없이 아쉬워지는 건 어쩔 수 없는 일인가 봅니다. 제게는 항공사의 도시였던 강서구를 떠난다는 건 단순히 새로운 장소로의 이동만을 의미하지는 않습니다. 이번 이사는 새로운 삶을 향한 중대한 선택이 필요한 시점에 우선 환경을 먼저 바꿔서 그동안 쌓아온 용기가 제 역할을 할 수 있도록 고안된 일종의 전략과도 같습니다. 일말의 미련도 남기지 않기 위해 항공사나 승무원과 관련된 모든 것을 일단 눈에서 멀어지게 하는 단계인 셈이죠. 이사가 끝나면 그때부터는 그다음 단계를 위해 저만의 보폭으로 차근차근 다시 걸어갈 생각입니다.

언덕을 내려와 숲길을 돌아봤습니다. 정말 마지막으로요. 밑에서 바라보면 경사가 꽤나 가파르고 까마득한 거리인데 올여름 무심코 언덕을 올랐던 저 자신에게 올해 들어 가장 잘한 일이었다고 다독여주고 싶습니다. 숲길을 발견하지 못했다면 생각보다 많은 시기가 늦춰졌을 겁니다. 산책의 역할과 휴식의 필요를 깨닫는 데에도, 마음의 회복과 진정한 저 자신을 배워가는 데에도 지금보다 더 많은 망설임과 오랜 시간이 걸렸을 테지요. 그런 의미에서 숲길은 찰나의 멈춤이 절실했던 제게 찾아온 뜻밖의 행운 같은 곳이었습니다. 언젠가 일부러 다시 이 동네를 찾아와 숲길을 걸을 수도 있겠지만 사람의 적응력과 망각의 속도는 생각보다 훨씬 빠르다는 걸 이제는 모르지 않습니다. 웬만해선 그런 시간은 찾아오지 않을 테니 저는 오늘 조금 더 담백하게 작별 인사를 남기겠습니다.

안녕. 고마웠던 나의 숲길.

스물아홉 번째 편지

다시 시작하는 순간
"올해를 떠나보내며"

    안녕하세요 구독자님, 오수영입니다. 생활일지의 서른 번째 편지이자 올해의 마지막 편지를 보내드립니다. 이번 한 주는 어떻게 보내셨나요. 저는 새로운 집에 적응하며 주변을 둘러보는 날들을 보내고 있는데요. 아무래도 근처에 대규모 상업지구가 있어서 자연스레 술집도 정말 많더라고요. 연말이라 그런지 혹은 날마다 그런지 밤마다 가게 안은 사람들로 북적이고, 자정이 넘은 시간에도 거리는 소란스러웠습니다. 이사 전부터 어느 정도 예상했던 터라 크게 당혹스럽지는 않았지만, 그래도 집 주변은 자신의 취향에 맞는 것들로만 가득하길 바라는 욕심은 어쩔 수 없나 봅니다. 높은 풍경을 얻은 대신 약간의 고요함을 포기했다고 할까요. 수년간 대로변에 살면서 극도의 소음에 시달린 탓에 고막에 굳은살이 배겨 이제는 자잘한 소음에는 신경이 미동조차 하지 않는 단단한 사람이 되었을 것이라 믿어봅니다.

내일이 지나면 새해가 밝아온다니. 해가 바뀌는 건 사실 달력 한 장 넘기는 일에 불과하다는 걸 알면서도 인간은 언제나 의미를 찾지 못하면 살아갈 수 없는 동물인 까닭인지 저 또한 새로운 희망을 품게 되는 시기입니다. 어제와 다르지 않은 내일이 찾아올지라도 새해라는 이름으로 모든 걸 새로운 마음으로 다시 시작해봐도 괜찮다는 위안처럼 느껴지기도 하고요. 리셋. 다시 처음 상태로 되돌아가는 일. 저는 이 단어를 마주하면 가장 먼저 학창 시절에 즐겨했던 롤플레잉 게임이 떠오릅니다. 자신이 고른 캐릭터로 괴물들을 사냥하며 성장해 나아가는 게임이었는데요. 캐릭터의 레벨이 낮을 때는 무기도 없고 체력도 없어서 작은 괴물들에게도 쉽사리 얻어맞기 마련이었고, 아무것도 모른 채 위험한 지역을 돌아다니다가 거대한 괴물들에게 순식간에 죽임을 당하기 일쑤였지요.

그렇게 되면 레벨이 떨어지거나 무기를 잃어버리는 등등의 막대한 손실을 가져왔지만 그럼에도 크게 두렵지 않았던 건 언제든 다시 시작할 수 있는 리셋 버튼이 존재했기 때문입니다. 리셋으로 다시 태어난 저의 캐릭터는 그제야 어느 지역이 위험한 곳인지 알고 피해가게 되었고, 어떤 방식으로 괴물들을 사냥해야 하는지도 알게 되었습니다. 한마디로 수없이 실패하며 배운 것들로 조금씩 성장해 나아가는 방식이었고, 그 과정은 캐릭터와 함께 저까지 덩달아 성장하는 기분을 안겨줘서 일종의 보람을 느끼기에 충분했습니다. 엄청난 언어 순화를 거쳐 '보람'이라는 말로 썼지만 사실 게임 중독에 가까운 날들이었고, 그 시기가 생각보다 오래 가지 않았던 걸 참 다행이라고 생각합니다. 게임은 게임으로 끝나야 했지만 현실 세계의 현금까지 끌어다가 아이템을 사는 사람들이 많아지면서 그 시절의 게임은 결국 도박처럼 변질되고 말았지요.

인생은 목숨이 무한대인 게임 속 캐릭터와 같진 않아서 아무리 둘러봐도 리셋 버튼이 존재하지 않습니다. 한 번 시작된 인생은 멈출 수도 되돌아갈 수도 없고 오직 자신만의 속도로 앞을 향해 나아갈 수 있을 뿐입니다. 하지만 사람에게는 마음이라는 우물이 있고, 그 우물 속에는 초심이라는 원석이 있습니다. 이제는 희뿌연 물에 가려져 잘 보이지도 않는 맨 처음의 마음. 서툴지만 열렬했고 투박하지만 순수했던 그 마음. 어쩌면 우물 속 어딘가에 눈에 보이지 않는 리셋 버튼이 존재하는지도 모르겠습니다. 초심을 길어올리는 사람만이 누를 수 있도록 여전히 깊은 곳에 숨겨져 있던 것일지도요. 저는 올해를 떠나보내는 지금 책상 앞에 앉아 설원처럼 새하얀 화면에 고요한 발자국을 남기고 있습니다. 어쩌면 그 작은 발자국들이 모이면 아직 남아있을지 모를 초심에 닿을 수 있다는 막연한 믿음으로요.

올해는 제게 많은 변화가 찾아왔던 유별난 해였습니다. 처음 겪는 우울과 불안이 찾아와 결국 승무원 일을 잠정적으로 중단하게 되었고, 오래 만나던 친구와 각자의 사정으로 이별하게 되었습니다. 서로 다른 이야기처럼 들릴 수도 있겠지만 결국 올해에 발생했던 모든 변화는 가까스로 지탱해온 본업과 글쓰기 사이의 위태로운 균형이 더는 고민과 방황을 감당하지 못한 채 스스로 폭발한 일에서 비롯되었습니다. 어떤 선택을 하느냐에 따라 전혀 다른 미래가 펼쳐질 것이라는 불안이 생각보다 저를 못난 사람으로 만들었고, 그렇게 마음에 가뭄이 들어 저뿐만 아니라 주변을 온통 메마르게 했습니다. 가뭄이 든 땅에서는 누구도 생기를 유지할 수 없잖아요. 시들어가고, 말라가고, 갈라지고, 그렇게 재생 불가능한 땅이 되는 것이죠.

하지만 가뭄을 해갈하는 건 역시나 빗줄기입니다. 제게는 용기를 내서 상담과 치료를 시작한 일이 빗줄기가 되었고, 산책을 시작한 일이 소나기가 되어 척박한 몸과 마음에 생기를 불어넣어 줬습니다. 그리고 그 일들을 꾸준히 지금까지 이어온 일이 저를 지금까지의 인생과는 조금 다른 사람으로 만들어주고 있는데요. 마음에 여유가 깃들기 시작하자 비로소 저 자신을 똑바로 바라볼 수 있게 되었고, 늦게나마 사람들과 어울리며 시간을 보내는 일의 의미를 깨닫고 있습니다. 이전에는 젊음의 패기였을지 생산적인 일이 아니라면 늘 시간이 아깝다는 생각만 하고 살았는데 결국은 그게 휴식이나 사람과의 만남을 낭비라고 여겼던 것과도 다름없으니 어쩌면 그 대가를 올해에 치른 게 아닐까 싶습니다. 오히려 너무 늦지 않게 잠시 돌아볼 기회가 찾아와서 다행이라는 생각도 들었지요.

모든 걸 잠시 멈추고 오래 전의 제가 그랬던 것처럼 다시 고립된 채로 내면에 몰두했던 시간들. 하지만 아무것도 하지 않으려던 다짐과는 달리 그 시간 속에서도 좀처럼 놓을 수 없었던 건 다름 아닌 글쓰기였습니다. 휴식의 시작과 동시에 부단한 삶의 의지로 상담과 치료를 병행한 결과 지난 반 년간 몸의 증상이 확연히 나아졌고, 몸과 연결된 마음의 증상 또한 자연스레 나아졌는데요. 타인의 병상을 관찰하듯 스스로 증상과 마음이 변할 때마다 짤막한 글로 일지를 남기곤 했습니다. 그 기록의 절반을 떼어내어 '조용한 하루'라는 제목을 붙여 책으로 만들기도 했고, 운 좋게 그 책으로 독자분들과 이야기 나눌 자리를 종종 만들며 분주하게 살다보니 어느새 사는 곳이 바뀌었고, 한해의 끝자락에 다다랐습니다.

이렇게 한 해를 돌아보면 분명 많은 일들이 있었는데 어째서 아무 일도 없었던 기분이 드는 걸까요. 그리 오래되지도 않았는데 벌써 그 일들을 전부 잊으려 하는 걸까요. 나빴던 기억도 좋았던 기억도 시간의 물살 앞에서는 모조리 공평하게 휩쓸려가고 마는 걸까요. 허탈하고 아득한 상실의 기분이 실제로 완전한 상실이 되기 전에 저는 구태여 지난날을 뒤돌아보며 곱씹는 사람입니다. 마침 그 어떤 청승도 일종의 낭만이 되는 연말의 한가운데이니 조금 더 차분하고 떳떳하게 과거에 침잠할 수 있겠지요. 글쓰는 일에 있어서 저의 초심은 어떤 모습이었을까요. 유일하게 좋아하는 일이라서 오랜 시간 동안 맹목적으로 부여잡았고, 보상이나 대가와는 상관없이 하염없이 즐겁기만 했었는데. 책상 앞에만 앉으면 새벽이 찾아오는 줄도 모르고 그렇게 즐겁게 무수한 글을 썼었는데.

물론 지금도 글쓰기를 좋아하는 마음은 변함없지만 새로운 삶의 첫걸음이 될 새해의 시작에 앞서 다시 초심을 마음에 품고 싶습니다. 하필이면 미치도록 좋아하는 일이 글쓰기라서, 하필이면 문학의 꿈은 여전히 진행 중이라서, 하필이면 종이책을 만드는 일이라서, 하필이면 가난할 각오가 필요한 일이라서, 하필이면, 하필이면. 하지만 그럼에도 불구하고 그 일을 선택한 제게는 앞으로 저의 중심을 잡아줄 용기와 다짐이 그 어느 때보다도 필요한 시점이라서요. 먼 미래 같은 건 이제 잠시 지워두기로 하고, 당분간은 오늘과 내일만 생각하며 현재에 집중해보려 합니다. 무엇보다 중요한 건 누구와도 비교하지 않고, 누구에게도 휩쓸리지 않고, 다시 묵묵히 제가 원하는 삶을 살아가는 것이겠지요.

어쩌면 그 마음이 저의 초심이었는지도 모르겠습니다. 한 해를 떠나보내며 초심으로 돌아가 마음을 바로잡는 일. 그 일을 전 세계의 모든 사람이 시차를 감안해도 하루 사이에 동시에 해내고 있다는 건 얼마나 경이로운 일인가요. 구독자님의 초심은 어떤 모습이었나요. 예전의 구독자님이 바라던 모습으로 살아가고 계신가요. 혹은 자리에 맞는 사람이 되려 애쓰다보니 예전의 구독자님의 모습을 완전히 잃어버리셨나요. 물론 정답은 없을 겁니다. 예전의 모습을 있는 그대로 간직한 채 살아간다면 그 또한 다른 문제가 될 테니까요. 다만 잃고 싶지 않았던 자신의 모습이 있다면 연말의 분위기를 앞세워 다시 한번 보살펴 주는 것도 좋겠습니다. 거울을 바라보며 이렇게 말해봐도 괜찮을 시간입니다. 정신없이 살아가느라 너무 오랫동안 너를 잊고 지내서 미안하다고요.

올여름 생활일지를 시작했던 건 산책 다음으로 가장 잘한 일이라고 생각합니다. 작고 부족한 글들에도 순전한 응원을 보내주신 구독자님이 아니었다면 저는 일상의 긴장감을 잃은 채로 지금보다 훨씬 더딘 속도로 마음을 회복했을 테니까요. 고독한 독립출판의 시작부터 지금까지 저를 살게 하고 살린 건 결국 어딘가에서 제 글을 읽어주시는 독자분들 덕분입니다. 제게는 유난히 소란했던 올해의 끝과 새로운 해의 시작을 구독자님과 함께 할 수 있어서 더할 나위 없이 뜻깊은 날입니다. 반년 동안 저의 새로운 시도였던 생활일지를 읽어주셔서 감사했습니다. 올한해 어떤 상황 속에서도 각자의 삶을 묵묵히 살아내시느라 정말 수고 많으셨어요. 오늘도 편안한 밤 보내시고, 새해에도 늘 건강하고 행복하시길 바랍니다.

해피뉴이어.

2023년 12월 30일
올해의 마지막 편지
오수영 드림

서른 번째 편지

의미를 부여하는 일
"순간을 특별하게 만드는 방법"

　안녕하세요 구독자님, 오수영입니다. 생활일지의 서른한 번째 편지이자 새해의 첫 번째 편지를 보내드립니다. 연말과 새해의 첫날은 어떻게 보내셨나요. 저는 보신각과 각지의 해돋이 명소에 수많은 인파가 몰렸다는 소식을 늘 뉴스와 사진을 통해서만 접해온 사람입니다. 왜냐하면 제게는 아침 일찍 일어나는 일이 세상에서 제일 어려운 일 중 하나라서 보신각 종소리를 바로 앞에서 들을 수 있다거나 새해의 첫 일출을 직접 본다거나 하는 의미를 부여하는 것만으로는 부족하고, 어떤 분명한 강제성이 부여됐을 때만 정신이 번쩍 들며 일어날 수 있기 때문입니다. 지난 수년간 승무원 생활을 하며 날마다 다른 시간에 문제없이 혹은 약을 복용해서라도 잠들고 일어날 수 있었던 건 결국은 모든 직장인이 그러하듯 출근 시간이라는 지독한 강제성이 있었던 덕분이겠죠. 사회의 시스템이 겉보기에라도 문제없이 작동하고 있는 건 모든 평범한 직장인들이 정해진 시간에 당장 일어나지 않으면 그에 걸맞은 대가를 톡톡히 치러야 한다는 자본주의 시대의 가장 무서운 벌칙이 예정되어 있기 때문일지도 모릅니다.

그동안은 늘 불규칙한 비행 스케줄 근무를 해왔던 관계로 대부분 해외에서 새해맞이를 하곤 했습니다. 시차 탓에 각기 다른 나라에서 두 번의 새해맞이를 하는 신기한 경험을 하기도 했고, 겨울이 없는 나라에서 반팔 차림의 낯선 분위기 속에서 새해 카운트다운을 하기도 했고, 영하 사십도의 완전한 겨울 나라에서 온몸이 얼어붙은 복잡한 모습으로 새로운 시작을 환호하기도 했고, 하지만 대부분은 어딘가로 향하는 하늘 위 비행기 안에서 승객들과 함께 들뜬 분위기 속에서 박수를 치며 새해의 시작을 축하하곤 했습니다. 물론 많은 사람들과 함께 했던 그 순간이 때마다 색다르고 감명 깊었지만 마음속으로는 늘 한국에 있는 저의 가족과 친구들을 그리워했습니다. 화려하고 근사한 분위기 속에서의 새해맞이도 좋지만, 제게는 소중한 이들과의 차분하고 조촐한 자리가 비로소 한 해를 떠나보내고 새해를 반갑게 맞이하는 저만의 조용한 의식과도 같았으니까요.

그래서 그동안은 늘 12월의 비행 스케줄을 받으면 과연 말일에 제가 어디에 머물고 있을지를 가장 먼저 확인하곤 했습니다. 제 기억이 정확하다면 그동안 두 번 정도만 가족들과 함께 오붓하게 새해를 맞이할 수 있었네요. 거실 테이블에 세 식구가 오붓하게 둘러앉아 보신각 타종 행사에 맞춰 미리 준비해둔 작은 케이크를 가져오면, 새해 카운트다운이 시작되기 직전 케이크에 세 개의 촛불을 붙이고 각자의 새해 다짐과 소원을 번갈아 말하곤 했습니다. 결국은 자기를 위한 소원보다는 가족의 건강과 행복을 위한 소원을 비는 동안 초가 다 녹아내리고, 어느새 거실에는 새해의 시작을 알리는 종소리가 울려퍼졌습니다. 그렇게 자정이 지나고 새벽이 올 때까지 케이크를 나눠 먹다가 차례로 잠이 들곤 했던 따뜻한 기억들. 스케줄 근무가 아니었다면 그런 기억들을 조금 더 만들 수 있었을 텐데 부질없는 아쉬움이 여전히 마음속에 남아있습니다.

아버지와 단둘이 보낸 연말도 벌써 네 번째가 되었습니다. 이제는 늘 한국에 있는 사람이 되었으니 특별한 일정이 있지 않은 이상 말일에 본가에 오는 건 어느덧 당연한 이야기가 되었지요. 그런데 막상 아버지와 단둘이 집에 있으면 예전처럼 테이블에 둘러앉아 연말의 분위기를 만끽하기보다는 아무래도 둘만으로는 채울 수 없는 엄마의 빈자리가 느껴져서 어색한 기운이 감돌기 마련입니다. 그래서 무작정 아버지와 함께 차를 타고 도착한 곳은 역시나 세 식구가 함께 찾았던, 대청댐 근처의 '강가에서'라는 경양식 식당이었지요. 이번에는 정말이지 새로운 곳을 가보고 싶었는데 기분 전환 겸 떠난 드라이브의 목적지가 결국 또다시 이곳이라니 사람의 관성과 추억의 힘은 쉽게 사그라지지 않는 걸 느꼈습니다. 게다가 사실 연말의 분위기 속에서 아버지와 단둘이 갈 만한 곳을 찾는다는 게 쉽지 않기도 했고요. 단지 어색하고 심심한 집밖을 나서고 싶은 마음이 결국 우리를 이곳으로 이끌었던 겁니다.

라스트 오더를 얼마 남기지 않은 늦은 저녁에 도착한 강가에서. 주인아주머니는 언제나처럼 우리를 반갑게 맞이하며 하나 남은 테이블로 안내해 주셨습니다. 세 식구가 두 식구가 된 것에 대해서 아무것도 묻지 않는 아주머니 덕분에 계속해서 이곳을 찾아올 수 있었던 것도 있지요. 밤의 강가가 훤히 보이는 창가석. 보이는 건 온통 칠흑 같은 어둠이 내려앉은 강가와, 건너편 식당의 노란 불빛들, 그리고 창가에 비친 아버지와 저의 모습이 연말인 탓인지 어쩐지 유난히 쓸쓸해 보였습니다. 무심코 둘러본 가게 안은 모두 가족 동반, 부부, 연인들만 있었지요. 셋이었을 때는 몰랐던 사실을 이제야 우연히 알게 되었습니다. 누구도 부자지간 단둘이는 이곳을 찾아오지 않는다는 걸 말이에요. 식사 중 다른 테이블의 부부가 자꾸만 우리를 안쓰러운 눈빛으로 쳐다보는 듯한 느낌은 과연 제 마음 속에서만 벌어진 환상이었을 까요. 이제 이곳도 저 강물에 흘려보내야 할 시간이 된 걸까요. 그럼에도 그동안 강가에서를 연례행사처럼 꾸준히 찾아온 건 이곳을 찾아올 때면 엄마의 모습이 오래전 어느 날처럼 되살아나기 때문이었지요. 주변의 시선 같은 건 아무래도 제 못난 마음 탓이라 생각하며 우리는 엄마 이야기를 나누며 천천히 둘만의 오붓한 식사를 마쳤습니다.

    식당에서 집으로 돌아가는 길에는 어두운 대청호의 모습이 그림자처럼 이십 분 넘게 펼쳐졌습니다. 전방에 방지턱이 있다는 네이게이션의 반복적인 경고음과, 방지턱을 넘으며 덜컹거리는 차 소리만 가득한 밤의 도로. 어느덧 열시에 가까워진 시간을 바라보며 집에서 누가 기다리는 것도 아닌데 어쩐지 보신각 종소리가 들리기 훨씬 전에는 마음을 차분하게 가라앉힌 채 거실에서 대기해야 할 듯한 기분이 들어 조금 더 속력을 높였습니다. 서둘러 식당으로 가느라 미처 준비하지 못한 케익이 마음에 걸렸지만 그리 대수롭지 않다고 여겼지요. 어차피 아버지와 단둘이 맞이하는 새해인데 케익 같은 건 없어도 그만이라고 생각했으니까요. 그런데 집에 가까워질 무렵 저멀리 아직 문을 닫지 않은 빵집의 모습이 눈에 들어왔습니다. 엄마랑 약속했었지. 엄마가 없어도 아버지한테 딸 같은 아들이 되어보겠다고. 핸들을 돌려 빵집 앞에 차를 세웠습니다. 진열장에는 얼마 남지 않은 몇 개의 딸기 생크림 케익이 있었고, 둘이서는 먹지 못할 크기인 줄 알면서도 서둘러 케익 포장을 맡겼습니다.

열한시. 집에 돌아와 아버지와 거실 테이블에 나란히 앉아 티비를 틀었습니다. 늘 그랬던 것처럼 케익을 테이블에 올려두고 연말 시상식을 보며 자정이 되기를 기다리기 시작했지요. 배우들의 수상 소감을 귀 기울여 들어본 적이 많진 않지만 오늘따라 집중해서 듣게 되었습니다. 연기를 시작하고 처음으로 상을 타본다는 배우들이 많았는데 그들은 대부분 연기 경력이 적어도 10년 이상된 사람들이었어요. 직업은 배우였지만 누구에게도 자신있게 배우라고 말할 수 없었던 오랜 시간을 버텨낸 사연들이 유독 현실적으로 와닿았습니다. 계단을 처음부터 성큼 뛰어올라 단번에 스타가 된 배우들의 이야기도 흥미로웠지만, 미련할 만큼 아주 작은 계단까지 모두 발을 딛고 비로소 높은 곳까지 올라온 배우들의 이야기는 말그대로 우리 모두의 평범한 인생과 닮아있었으니까요. 누구도 자신을, 자신의 꿈을 알아주지 않았을 때의 10년이라는 세월은 도대체 어떻게 버텨낼 수 있는 걸까요. 확실한 건 아무것도 없었던 그때의 도전을 지탱

할 수 있었던 원동력에 대한 힌트를 한 배우의 수상 소감에서 발견했습니다.

그는 자신의 팬클럽의 모든 회원의 이름을 외우고 있었는데 그게 가능했던 이유는 그 만큼 그들이 소중한 존재이기 때문도 있었겠지만, 아무래도 외울 수 있을 정도로 회원수가 적었던 까닭도 있었을 겁니다. 누군가는 의미없는 회원수라고 그의 말을 웃고 넘길 수도 있겠지만, 사실 그가 무명 생활 동안 연기를 포기하지 않았던 건 아무래도 그 회원들 덕분이라고 믿습니다. 많진 않지만 완전한 내 편이자, 내가 추구하는 이 길이 틀리지 않았다고 확신을 주는 사람들. 아무리 자기 확신의 힘이 대단하다 할지라도 그 회원들이 없었다면 그에게 다음을 기약할 원동력은 훨씬 더 연약했을 겁니다. 온 세상이 자신을 외면하는 듯해도 온전히 자신을 믿어주는 사람들이 있다면 10년도, 그 이상도, 혹은 평생도 불가능은 아니라는 의미일까요. 무엇보다 그의 소감은 다양한 도전의 분야에서 이 정도면 그만하는 게 좋지 않을까 하고 선택의 고민에 빠진 사람들에게 커다란 희망과 위안이 되어줬을 듯합니다. 물론 누군가에게는 희망고문이 될 수도 있겠지만 그건 어디까지나 사람마다 다를 테니 어쩔 수 없겠지요.

새해 카운트 다운을 앞두고 시상식의 사람들이 어떻게든 시간을 맞추려 애쓰고 있는 동안 아버지와 저 또한 미리 올려둔 케익에 초를 꽂았습니다. 지금의 우리는 둘이지만 언제나 셋이기도 하니까요. 밝게 타오르는 성냥불이 세 개의 초에 옮겨붙은 순간 어느덧 카운트 다운이 시작되었습니다. 제야의 종소리와 사람들의 함성이 거실에 울려퍼지던 그때 아버지와 저는 예전처럼 마주앉아 새해 인사를 나눴습니다. 본가에 내려올 때마다 점점 더 작아지는 아버지를 바라보는 게 힘들기도 했지만 이제는 자연의 순리 앞에서 투정을 부려봐야 상하는 건 저 자신일 뿐이라는 걸 압니다. 저 또한 그 순리대로 자연스레 변해가고 있는 건 마찬가지이니까요. 우리에게는 늘 거창한 소원 같은 건 없었습니다. 다만 건강하길 바란다는 것. 작은 것에 감사할 줄 아는 행복한 사람으로 살자는 것. 어쩌면 그 말들이 가장 거창하고 어려운 소원이나 목표일 수도 있겠지만요. 이번 새해맞이도 우리 가족 답게 소박하고 조촐하게, 하지만 따뜻하게 시간을 보냈습니다.

다음날 아침. 새해가 찾아오면 늘 찾는 곳이 정해져 있습니다. 엄마가 있는 추모공원. 다만 시간이 흐를수록 슬픈 추모보다는 반가운 소풍처럼 여기며 이 길에 오르게 되었습니다. 슬픔이라는 감정이 시간이 흘러도 옅

어지지 않는다면 아마 사람은 멀쩡한 정신과 마음으로 살아갈 수 없겠지요. 새해 첫날의 추모공원은 귀성길처럼 차들이 북적였습니다. 오랜 시간을 기다려 엄마가 쉬고 있는 자리에 꽃 한 송이를 올렸습니다. 자주 찾아오지 못해 미안한 마음과 빈자리가 허전하고 그리운 마음이 뒤섞여 마음이 먹먹했습니다. 엄마의 옆자리에 잠들어 계신 할머니는 기록상 백세 인생을 사셨던데 엄마는 무엇이 그리 급했는지. 그래도 이제는 아버지도 저도 엄마의 사진 앞에서 웃으며 안부를 물을 수 있게 되었으니 상실의 아픔이 시간의 강물에 많이 정화되고 있다고 믿어봅니다.

새해 첫날 연휴인데 이대로 바로 집으로 돌아가긴 아쉬운 마음에 우리 가족이 자주 가던 곳에 들렀습니다. 만인산 휴양림. 집에서 멀지 않은 곳에 있어서 워낙 어렸을 적부터 주말마다 가족끼리 외식을 하거나 산책을 했던 곳입니다. 이제는 그때보다 유명해져서 주말에는 주차할 자리도 없을 정도로 사람들이 북적입니다. 이곳이 인기가 많아진 이유는 잘 가꿔놓은 산책로와 유명한 호떡집 덕분이기도 하지만 어쩌면 대전에는 마땅히 갈 곳이 없기 때문인지도 모르겠습니다. 제가 대전 출신이니 이런 말 정도는 애증처럼 할 수 있는 거겠죠. 휴양림 안 휴게소에는 '봉이호떡'이라는 유명한 호떡집이 있는데 주말에는 보통 가게 앞에 수십 명의 사람들이 줄을 섭니다. 저는 그 어떤 맛집도 줄을 서는 곳은 얼씬도 하지 않는 사람이라 이 호떡집도 물론 예외는 아니었지요. 그런데 그래도 새해 첫날이고 추억이 깃든 곳이라는 생각으로 저도 모르게 줄을 섰습니다. 날씨가 춥지 않아 아버지와 함께 옛날 이야기를 나누며 무려 한 시간이나 기다려 호떡 네 개를 샀지요. 호떡의 인기보다는 좁은 공간에서 호떡이 만들어지는 속도가 느릴 수밖에 없어서 줄이 길었던 건데 그래도 모처럼 아버지와 이런저런 이야기를 하며 함께 기다리니 어릴 적 생각도 나고 좋았습니다.

시간은 어느덧 저녁이 되어 휴양림도 캄캄해졌습니다. 집으로 돌아가는 오래된 국도에는 가로등도 없는 칠흑 같은 어둠이었고, 오직 우리 차의 노란 불빛만이 그 사이를 가느다랗게 관통하고 있었습니다. 적막이 어색해 켜둔 라디오에서는 배철수의 음악캠프에서 선곡한 재즈 피아노 연주곡이 흘러나오고 있었지요. 그 음악을 들으며 집으로 돌아가는 길에 오랜 만에 아버지와 끊이지 않는 대화를 나눴습니다. 지금 생각하면 그게 어떤 종류의 대화였는지도 기억나지 않지만 그래도 우리가 가족이라는 끈으로 세상의 그 어떤 존재들보다 끈끈하게 연결되어있다는 걸 새삼 깨닫게 해준 시간이었습니다. 어쩌면 세상의 모든 일은 의미 부여의 유무에 따라 소중함이 결정되는 건 아닐까 싶습니다. 사실 아무런 의미를 부여하지 않으면 새해가 찾아오는 것도, 새해의 일출을 보는 것도, 생일을 축하하는 것도, 추모공원을 찾아가는 것도, 그리고 추억의 음식을 먹는 것 또한 그저 부질없는 일이 되고야 말겠지요. 우리의 행동이 최소한 우리에게 만큼은 충분히 의미있는 일이라는 걸 스스로 존중하는 순간부터 우리의 삶 또한 조금 더 의미있는 여정이 될 것이라 믿기로 했습니다.

따뜻한 축제같은 연말의 분위기가 영원히 이어지길 바라던 마음도 잠시, 어느새 평범한 일상은 어림없다는 듯 우리를 관성처럼 익숙한 세상으로 다시 이끌고 있습니다. 제게는 새로운 변화와 시도가 작년 만큼 많을 예정인 올해가 시작되었네요. 어쩌면 작심삼일이라는 말은 지나치게 왜곡된 이미지가 되었는지도 모릅니다. 결심하는 마음. 삼 일만에 실패해도 무심하게 다시 결심하는 묵묵한 마음의 위대함을 너무 얕잡아보는 건 아닌가 싶습니다. 작년에 깨달은 삶의 교훈 중 하나인 '인생은 간절한 순서가 아니라는 것'을 잊지 않고 기억해야겠습니다. 기필코 해내고야 말겠다는 마음이 결국 자신을 망가뜨리기 마련이니까요. 무리하지 않는 선에서 우리 함께 스트레칭 하듯 올해를 시작해 본다면 좋겠습니다.

오늘도 긴 글 읽어주셔서 고맙습니다. 저는 그럼 토요일에 생활일지 12월호의 마지막 편지와 함께 인사드리겠습니다.

*

서른한 번째 편지

언젠가 우리 다시

"일종의 고백"

안녕하세요 구독자님, 오수영입니다. 생활일지의 서른두 번째 편지이자 작년 겨울 호의 마지막 편지를 보내드립니다. 새해의 첫주는 어떻게 보내셨나요. 새로운 마음으로 다짐을 꼬박 지켜내며 보내셨나요 아니면 무엇이든 차근차근 바꿔가는 시간을 보내고 계신가요. 저는 올해부터는 일부러 장기계획을 세우지 않기로 했던 다짐처럼 현재에 제가 할 수 있는 것들에 온전히 전념하며 살아가려 노력하고 있습니다. 먼 미래의 계획을 구체적으로 세우지 않는다는 건 처음에만 낯설었을 뿐 시간이 흐를수록 이것처럼 간편하고 매력적인 삶의 방식도 없다는 걸 느낍니다. 그 만큼 적당한 선을 넘어서게 된다면 삶이 너무 충동적이고 대책없이 변해버릴까봐 걱정도 됩니다만, 그럼에도 저는 지금까지 제 삶을 충실히 이끌어온 이제는 저의 일부처럼 굳어진 몸과 마음의 습관들을 전적으로 믿어보기로 했습니다. 언뜻 보기에는 하루하루 대책없이 막연하게 사는 것처럼 보일지라도 언젠가 돌아보면 결국은 원하는 방향으로 속도 조절을 하며 걸어왔다는 걸 지난 발걸음을 바라보며 깨달을 수 있다면 좋겠어요.

어제는 올해의 첫 북토크를 했습니다. 오래전 저의 독립출판활동의 시작부터 지금까지 함께 해준 망원동의 책방에서 두 시간 동안 스무 명 남짓한 독자분들과 조촐한 시간을 가졌습니다. 이제는 북토크에 적응할 때도 된 듯한데 추운 겨울인 탓인지 아니면 제가 긴장한 탓인지 때마다 손이 차갑게 얼어붙어서 손난로가 없으면 내심 불안에 떨곤 합니다. 이야기를 나누는 데에는 별다른 관계가 없지만 그래도 감사한 사인 요청을 받을 때에는 손이 차갑게 굳어서 가뜩이나 유려하지 않은 글씨가 더욱 느리고 못난 모습이 되는 걸 스스로도 지켜보는 게 힘들더라구요. 게다가 늘 어색한 분위기 속에서 오래 기다리시게 해서 죄송한 마음도 크고, 별다른 문장을 적어드리지도 못하는데 의미있게 여겨주셔서 감사하게 생각합니다. 저는 그래도 안면인식에는 탁월한 편이라 언젠가 한 번 만나뵌 독자님의 얼굴은 시간이 흘러도 기억하는 편입니다. 그래서 이제는 만나면 오랜 친구처럼 반갑게 인사를 나눌 수 있는 분들도 많아져서 저의 작은 글쓰기 인생에도 커다란 힘을 얻고 있습니다.

새해이기도 하고 새로운 인생을 시작하는 시점인 까닭인지 유난히 초심에 대한 생각을 많이 하는 요즘입니다. 여전히 제 글을 읽어주시고 이야기를 들어주시는 독자분들 앞에 서면 긴장되는 건 마찬가지이지만, 이제는 언젠가의 처음처럼 전날 밤잠을 이루지 못한다거나 손을 너무 떨어서 무릎 위에 가지런히 올려둔 채로 이야기하진 않게 된 것 같아요. 그날은 팔 년 전 추운 겨울이었고 처음으로 북토크라는 걸 하게 된 날이었습니다. 혼자는 용기가 부족하니 다른 동료 작가와 함께 둘이서 독자분들 앞에 서게 된 날이었죠. 독자분들이라고 썼지만 사실 대부분 동료 제작자분들이 서로 응원하는 차원에서 와주신 셈이었습니다. 그럼에도 몇 분은 실제로 세상에 존재하는 독자분들이셨는데 저는 그 상황이 정말 신기하고 감격스러웠어요. 지금도 그렇지만 그때는 훨씬 더 미숙한 글을 쓰며 종이뭉치 같은 책을 가까스로 만들던 시절이었기 때문에 그 마음이 더 커다랬던 것 같습니다. 도대체 어쩌다가 제 책을 읽어주셨는지 재차 확인하고 싶었고, 읽으신 소감 또한 무척이나 궁금했습니다.

한마디로 다른 세상에 잠시 나들이를 떠나온 듯한 날이었어요. 그때는 출판의 세상에 이렇게 오래 머무르게 될 줄은 짐작조차 하지 못했지만요. 아무것도 아닌 저의 글일지라도 세상 어딘가에 한 명쯤은 의미있게 읽어주시는 분이 존재한다는 것. 그건 제가 그동안 몸담고 있던 회사와 업무에서는 결코 경험해볼 수 없었던 강렬하고 짜릿한 감정이었습니다. 작가가 되는 건 워낙 오랜 꿈이기도 했지만, 그 감정의 진폭이 뒤흔들고 지나간 제 삶은 더는 이전과 같을 수 없었어요. 어떤 균열 같은 게 그때부터 조금씩 조금씩 점점 더 강도를 높이며 제 삶을 미세하게 흔들어놓기 시작했습니다. 적절한 예시인진 잘 모르겠지만 지진도 초기대응을 잘하면 피해를 최소한으로 줄일 수 있는 것처럼 저 또한 그 작은 균열을 눈치채지 못했던 건 아닙니다. 하지만 저는 그 균열이 생긴 일이 너무 반가웠고 위태롭게 흔들리기 시작한 제 삶이 비로소 만족스러웠습니다. 사람을 생기있게 하는 건 직업적 안정도 경제적인 안정도 아닌 결국은 계산을 멈추고 심장이 두근거리는 일에 도전할 때가 아닐까 싶습니다. 여유가 있는 삶과 생기가 있는 삶은 서로 같은 모습은 아닐 거라 생각해요.

그렇게 처음으로 북토크를 한 뒤 기분 좋은 균열을 안고 살아가는 제 삶은 역시나 자꾸만 좋아하는 쪽으로 기울기 시작했습니다. 둘이서 했던 북토크를 혼자서도 해보기 시작했고, 친분이 없는 책방에 먼저 제안을 해보기도 했으며, 다른 지역으로 건너가서 낯선 분들 앞에서 이야기를 꺼내놓기도 했고, 이제는 책이 나올 때마다 자연스레 몇 차례 정도는 북토크 일정을 미리 잡게 되었습니다. 시간이 흐를수록 독자분들 앞에서 여전히 핫팩은 필요하지만 더는 손을 떨지 않게 되었고, 가끔 흐름을 잊기도 하지만 혼자서도 북토크를 이끌어갈 수 있게 되었지요. 누군가가 읽어주시고, 찾아와주시고, 감사하는 말을 전해주시고, 가끔은 선물을 건네주시고, 사인을 요청해주시고, 이전에는 살면서 겪어보지 못했을 일들을 계절마다 겪게 되니 가끔은 저도 모르게 그러한 감사한 일들에 어느새 익숙해지고 있다는 걸 느꼈습니다. 익숙함의 속도에 점점 가속이 붙는 상황을 지켜보며 스스로 경계하지 않으면 언젠가는 감사함과 당연함을 구분하지 못할 때가 찾아올 것이라는 불길한 예감이 들었어요.

다른 건 몰라도 독자분들의 응원에는 결코 익숙해지고 싶지 않습니다. 처음 북토크를 하던 그때의 순수한 열정과 감사를 온전하게 지켜낼 수는 없을지라도 세상에 당연한 마음은 없다는 것 만큼은 늘 마음속에 새긴 채 오래오래 글을 쓰며 살아가고 싶어요. 사람이 오만해지는 건 정말 한순간이라 자신이 변해버렸다는 걸 깨달을 때는 이미 너무 늦었을 때가 많잖아요. 책 판매를 위해 정답이 없는 세상에서 마치 자신은 정답을 아는 것처럼 확신하는 듯한 글을 쓴다거나, 누군가를 계몽하려는 듯한 글을 쓰는 일은 최대한 피하고 싶습니다. 하지만 단순히 개인적인 취향의 문제일 뿐 그러한 글들이 의미 없다는 말씀을 드리는 건 아닙니다. 사실 언젠가의 저는 자기계발서나 제목부터 위로가 들어간 류의 책들을 환멸하곤 했는데요. 하지만 세월이 흐르고 생각을 곱씹을수록 빠르고 가벼운 보편적인 위로가 절실한 사람들도 많다는 걸 알게 되었고, 그 책들로 인해 책을 읽지 않던 사람이 책을 좋아하게 된다면 특히나 지금 시대에는 그것만으로도 책이 충분히 의미있는 역할을 해준 게 아닐까 싶습니다. 누구나 문학의 꿈을 품고 출판활동을 하는 건 아니고, 그럴 이유 같은 건 전혀 없으니까요.

지금은 누구나 글을 쓰고 작가가 될 수 있는 시대라지만, 머지않아 종이책이 사라질 수도 있는 시대라지만, 게다가 활자가 담긴 책 자체가 사라질 수도 있는 시대라지만, 그럼에도 불구하고 그걸 알면서도 저는 이 세계에 저의 젊은 시절을 통째로 던진 셈이니 그 책임과 감당 또한 때마다 제가 잘 받아들이며 살아가려 합니다. 행운이 따라준다면 생각보다 빠른 시기에 글쓰기 인생에 전환점이 생길 수도 있고, 그게 아니라면 지금처럼 혼자 묵묵하고 꾸순하게 작업을 이어갈 수도 있을 거예요. 예전에는 한쪽만 성공이자 답이라 생각했다면 지금은 그렇지 않습니다. 가장 중요한 건 남들 일에 관심을 끄고 책상에 앉아 제 일을 하는 것이라는 걸 이제 조금씩 배워가는 단계이니까요. 지금의 결심과 마음이 부디 제가 더는 글을 쓸 수 없는 상태가 되기 전까지 이어진다면 좋겠습니다. 대단한 문인이 되어야만 글쓰기에 삶을 내어줄 수 있는 건 아니라고 믿어요. 저처럼 생활일지 정도의 글을 쓰는 사람 또한 계속해서 쓴다면 그 또한 문학적인 이야기가 되지 않을까 싶습니다.

독자분들로부터 늘 삶의 지혜를 배웁니다. 특히나 북토크를 할 때는 저는 단지 저자라는 명목으로 앞에 앉아 두서없는 이야기들을 풀어내곤 하지만, 가만히 듣고 계시던 독자분들의 질문과 조언들이 저를 일깨워줄 때가 많았어요. 그때마다 제가 너무 스스로 만든 틀에 갇혀 살아온 건 아닐까, 세상을 많이 돌아다니지 않다보니 생각도 마음도 너무 편협해진 건 아닐까 하는 생각을 했습니다. 더 많은 사람들이 읽어주지 않는다는 이유로 마음의 우물에 빠져 난관에 맞서려고 하기 보다는 도망치고만 싶었던 때가 있었는데요. 그때도 결국 저를 일으켜준 건 주변의 사람들이 아닌 독자분들이셨습니다. 사실 독자분들은 갑자기 나타났다가 갑자기 사라져도 전혀 이상하지 않을 분들이잖아요. 유명한 연예인을 좋아하는 마음도 한결같기란 정말 어려운데 언제까지나 제 글을 읽어주시길 바란다는 건 지나친 욕심이라고 생각합니다. 다만 우리가 문장과 마음으로 연결되어 있는 짧은 시절 동안 만큼은 서로에게 값진 인연이 되어주길 바라는 마음입니다.

서두에 말씀드린 것처럼 오늘 보내드린 메일이 겨울호의 마지막 편지입니다. 그래서 유난히 오늘의 편지는 독자분들에게 보내는 일종의 고백 편지가 되고야 말았어요. 이메일 구독 서비스 생활일지를 처음 시작한 건 작년 봄이었죠. 그때부터 오늘까지 비록 쉬어가는 달도 있었지만 총 서른한 편의 편지를 보내드렸습니다. 시작부터 구독해주신 분도 계시고 이번에 처음으로 구독해주신 분도 계실 거예요. 어떻게 읽으셨을진 모르겠지만 모두 순전한 응원이었다는 거 지금도 잘 알고 있습니다. 그 응원에 힘입어 저 또한 어떻게든 약속을 지키고자 여행을 다니고 이사를 하는 와중에도 즐겁게 생활일지를 보내드린 것 같아요. 이제와 지난 기록들을 모아보니 놀랍게도 A4 용지 기준 200장을 훌쩍 넘었더라구요. 총 넉 달에 걸쳐 보내드린 기록들이지만 저는 그동안의 이야기를 생활일지 첫 번째 시즌으로 이름 붙여두고 싶습니다.

생활일지 첫 번째 시즌을 오늘로 종료하는 까닭은 무엇보다 번아웃과 회복이라는 키워드로 긴 분량을 풀어낼 만한 내면의 이야기를 그동안 모두 소진했기 때문입니다. 에세이를 쓰는 사람이 억지로 이야기를 지어낼 수는 없으니 이제는 더 많은 세상과 사람을 구경하며 또 다른 이야기를 쌓아갈 시간이 된 듯해요. 그동안 화요일과 토요일 밤마다 서툴고 부족한 생활일지를 읽어주셔서 감사했습니다. 그럼 저는 새로운 이야기가 충분히 쌓이면 그때 다시 책과 생활일지로 인사드리겠습니다. 앞으로 지금처럼 편지를 주고받지 않는 날들에도 늘 건강과 행복이 가득하시길 바랄게요.

2024년 1월 6일
생활일지를 마치며
오수영 드림

*

생활일지
후일담

봄날의 한가운데
"한숨 대신 심호흡에 익숙해져요"

　

　오랜만에 편지를 씁니다. 지난 일월에 마지막 편지를 보내드리며 생활일지 첫 번째 이야기를 마쳤는데 어느새 다시 오월입니다. 세상은 온통 연두의 물결로 넘실대고 피부에 닿는 청량한 바람의 감촉만으로도 행복한 계절이지만, 누군가는 바깥의 사정과는 상관없이 여전히 서늘한 겨울에 머물러 있는 계절이기도 하죠. 일 년 전의 저는 봄의 한가운데에 있어도 계절을 만끽할 수 없는 사람이었는데, 모든 계절을 한 바퀴 순환하고 돌아온 지금은 오월의 푸릇함을 가장 좋아하는 사람이 된 걸 보면, 결국 계절을 받아들이는 건 자연의 순리와는 상관없이 각자의 속도로 흘러가는 한 사람의 마음과 기분의 몫이 아닐까 싶습니다. 벚꽃과 첫눈의 흩날림도 마음의 여유가 없는 사람의 눈길은 사로잡을 순 없는 것처럼요.

　일산에서의 삶도 반년이 지났습니다. 비행 일을 중단하고 이곳에서 새로운 삶을 시작한 건 순전히 호수공원의 맑음과 밤가시마을의 다정함에 반했기 때문인데요. 이전에 살던 동네에 우장산 숲길이 있었다면, 이곳에는 호수공원의 산책로가 있습니다. 숲길과는 또 다른 느낌이지만 동네에 넓은 호수가 있다는 건 여러모로 심신의 건강에 이로울 듯했거든요. 사람은 눈에 보이는 곳으로 걷기 마련이라 빌딩 숲 근처의 사람들은 빌딩 숲을 걷지만, 공원 근처의 사람들은 자연스레 공원으로 발걸음을 옮깁니다. 늘 같은 횡단보도를 건너 공원에 들어서고, 같은 방향으로 공원을 걷고, 같은 의자에 앉아 숨을 고르곤 해요. 겨울에는 줄기만 앙상하던 나무들이 공원을 둘러싸고 있었는데, 지금은 푸릇한 나무들이 공원을 감싸고 있습니다.

공원의 풍경을 둘러보며 천천히 걷다 보면, 봄날의 공원만큼 생기 넘치는 장소도 없다는 생각이 듭니다. 나무 그늘에서 피크닉을 즐기는 사람들, 강아지와 함께 산책하는 사람들, 이젤 앞의 그림 그리시는 어르신들, 기념 촬영하는 교복 차림의 학생들, 혼자 걷거나 앉아서 사색하는 사람들. 수많은 사람들과 대화들이 가득한 곳이지만 번잡함과 불편함보다는 평화롭고 잔잔한 배경음처럼 느껴진다는 건 봄날의 공원이 가진 고유한 기운 덕분일 거예요. 특히나 꽃나무를 둘러싼 채 신생아를 바라보듯 미소 짓는 사람들을 바라보면 세상에 찌든 마음이 조금은 표백되는 기분입니다. 찰나의 봄날이기 때문에, 지금이 아니면 사라진다는 걸 알기 때문에, 모두가 전력을 다해 봄날을 만끽하는 거겠죠.

호수공원 다음으로 자주 찾는 곳은 밤가시마을입니다. 낮은 주택과 빌라들이 즐비한 오래된 동네인데요, 골목의 곳곳에 아기자기한 가게들과 책방들이 들어서 있고, 한낮에는 오랫동안 동네를 지킨 어르신들이 정자에 둘러앉아 담소를 나누는 풍경을 어렵지 않게 볼 수 있습니다. 시야가 건물로 빼곡하던 서울의 도심과는 달리 밤가시마을의 거리를 걷다 보면 시야가 온통 하늘로 가득해요. 평지를 걷고 있는데도 작은 언덕에서 마을을 내려다 보는 기분이 들고, 높은 빌딩보다 낮은 건물과 하늘로 채워진 시야가 불안과 초조를 한결 덜어주는 듯합니다. 빌딩이 위협적이라면 주택은 다정해요. 빌딩 앞의 사람은 이질적이지만 주택 앞의 사람은 조화롭고요. 새로운 빌딩은 근사한 반면에 오래된 주택은 고즈넉합니다.

그래서 마을 곳곳의 골목들을 걷다 보면 한숨 대신 심호흡에 익숙해져요. 한숨이 불안을 토로하는 방식이라면 심호흡은 내면을 정화하는 방식에 가깝다고 믿습니다. 맑은 기운이 온몸을 순환하며 불안과 걱정의 잔여물을 세척하면 발걸음도 한결 가벼워집니다. 오래된 실내 공기를 환기시킬 때 청량한 바람의 첫 숨을 들이마시는 느낌처럼요. 걷다가 마주한 익숙한 책방에서 잠시 책을 읽기도 하고, 익숙한 카페에 들러 시원한 커피를 마시기도 합니다. 그렇게 골목에서 시간을 보내며 저를 비우는 동시에 채우는 과정을 반복합니다. 물론 저녁과 주말이 찾아오면 이곳 또한 사람들로 북적이지만 그럼에도 오래된 동네가 가진 본래의 분위기만큼은 변하지 않아서 마음이 소란하진 않습니다.

예전에는 봄이 지난 후에야 봄의 아름다움을 그리워하고, 이사를 떠난 후에야 살던 곳의 편안함을 아쉬워하며 뒤늦게 깨달았습니다만, 그래도 지금은 봄날을 걸으며 순간의 아름다움을 알아채는 걸 보면 제게도 마음의 여유가 많이 깃들었나 봅니다. 일상이 분주하게 흘러가지 않더라도, 날마다 사람들 틈에서 살아가지 않더라도, 통용되는 보편의 기준에서 멀어질지라도, 마침내 선택한 저만의 속도와 방향으로 나아가는 현재의 삶이 만족스럽습니다. 언젠가 이 동네와도 작별의 시간이 찾아오겠지만 머무는 동안의 이유가 있다면, 그건 분명 호수공원과 밤가시마을의 고유한 끌림 덕분일 겁니다. 내일보다 오늘을 살아갈 다짐이라면, 미래의 아쉬움보다는 지금 몸을 움직여야겠습니다. 오늘 또한 봄날의 한가운데니까요.

마지막 상담
"스스로 살아낸 거예요"

오늘은 마지막 상담이 있는 날입니다. 작년 연말의 상담을 끝으로 반년만의 상담이기도 합니다. 그때 선생님과 무슨 이야기를 주고받았는지 이제는 아득할 따름이지만 또렷하게 생각나는 말이 있습니다. 수영씨가 어떤 결정을 하든 우리 꼭 다시 얼굴보고 이야기 나누자는 말. 푸릇한 오월에 가까워질수록 그 말이 계속해서 머릿속을 맴돌았고, 마음 또한 선생님을 꼭 만나서 전할 말이 있다고 속삭이는 듯했습니다.

상담실에 도착해 선생님을 기다렸습니다. 가만히 상담실에 앉아있으니 이곳에 처음 찾아왔던 순간들이 파노라마처럼 머릿속을 스쳐지나갔습니다. 그때만 해도 상담과 치료를 받는다는 건 인생의 나락처럼 느껴져서 모든 게 낯설고 두렵기만 했는데, 어쩐지 지금은 옛 친구가 운영하는 작은 카페에 들른 것처럼 설레고 다정한 마음만 들었습니다. 잠시 후 상담실의 문이 열리고 선생님이 처음 그때처럼 부드러운 웃음을 지으며 저를 반겨줬습니다.

오랜만에 저희는 테이블을 사이에 두고 마주앉았습니다. 서로의 얼굴에는 반가운 기색이 역력했고 상담보다는 그동안의 안부를 묻는 것에 여념이 없었죠. 생각해보면 작년의 저는 상담을 받으면서도 좀처럼 선생님의 눈을 정면으로 바라보지 못했습니다. 누군가 한없이 다정한 눈빛으로 저를 바라보며 이렇게 말하는 것 같았거든요. 괜찮아요. 제가 당신의 모든 이야기를 들어줄 거예요. 그러니 편안한 마음으로 말해봐요.

그때는 누군가의 그토록 무해한 눈빛이 낯설고 부담스럽기만 했다면, 지금은 선생님의 눈빛을 피하지 않고도 웃으며 말할 수 있게 되었습니다. 그건 분명 소란한 마음이 지나간 자리에 안정과 여유가 깃들었기 때문이겠죠. 선생님 또한 오늘이 마지막 상담이라는 것을 알고 있었습니다. 애초부터 이메일을 통해 상담 예약을 잡을 때 제가 먼저 마지막이라는 말을 꺼냈었거든요. 마지막을 정해둔 만남이란 늘 아쉬움과 먹먹함을 동반하기 마련이니까요.

선생님: 그동안 어떻게 지냈어요? 얼굴이 아주 편해보여요.

나 : 대체로 잘 지낸 것 같아요. 작년처럼 불안하거나 우울하지도 않고요. 물론 그 증상들이 찾아올 만한 환경이 사라졌기 때문에 일시적인 회복일 수도 있겠지만요. 그동안 꾸준히 복용했던 약들도 지금은 수면제만 가끔 복용할 뿐 거의 끊은 상태에요. 가끔 예전처럼 고민과 걱정이 밀려올 때면 한없이 기분이 가라앉지만 그렇다고 약을 복용하진 않아요. 다만 이제 불안은 영원히 저와 동행하는 숙명이라 생각하고 어느 정도 체념한 면도 있고요.

산책하는 날들이 많아졌어요. 다짐처럼 사람도 많이 만나고 싶었는데 이건 생각보다 연습이 더 필요한 것 같습니다. 비행 근무를 안하고 있을 뿐이지 제가 사랑하는 일에는 여전히 전념하고 있어서 좀처럼 시간내기가 어렵네요. 아니면 아직 마음에 여유가 깃들기엔 그동안 살아온 관성이 너무 끈질긴 탓일 수도 있겠죠. 더군다나 만날 사람이 그렇게 많지가 않아요. 다들 각자의 삶을 꾸려가느라 서로의 의지가 강할 때만 만남이 이뤄지는 것 같습니다.

선생님 : 굉장히 담담해졌어요. 불안한 기질을 외면하지 않고 인정하는 것부터 많이 달라졌네요. 그럼 서서히 나름의 방법으로 길들일 수 있거든요. 그동안 혼자서도 아주 잘하고 있었네요. 아참, 앞으로의 결정은 했어요? 휴직이 이제 딱 한달 남았잖아요.

나: 맞아요. 어느새 벌써 그렇게 되었네요. 선생님, 그동안 고심해봤는데 저는 여기까지만 하기로 결정했습니다. 물론 코로나 시절부터 마음은 이미 회사를 떠난 것과 마찬가지였지만 이제는 서류에도 마침표를 찍으려고 해요. 퇴사를 다짐한 건 오래되었는데 마지막 버튼을 누르는 건 또다른 이야기더라고요. 아무런 후회도 미련도 없다고 말한다면 분명 거짓말이겠지만, 미련을 제외하면 더 남아있어야할 이유가 전혀 없는 걸 보면 지금은 이 선택만이 유일해요. 제가 그동안 고민과 걱정이 많았잖아요. 직장 밖 프리랜서의 삶에 대한 막연한 두려움과 하필이면 사랑하는 일이 글쓰기라서 온갖 상념들로 마음을 앓았었는데, 막상 지난 일년간 저를 불안에 떨게 했던 일들은 단 한 번도 발생하지 않았거든요. 오히려 직장을 다닐 때보다 훨씬 더 자유롭고 여유로운 삶을 살았을 뿐이에요. 걱정과 고민은 역시나 현실이 아닌 제 마음과 머릿속에서만 존재하는 허상에 불과했구나 싶어요.

그 대답을 들은 선생님의 표정 변화를 포착했습니다. 놀람에서 미소로. 미소에서 웃음으로. 심리 상담사라는 직업이 아닌 선생님 본래의 모습으로 처음 웃는 모습을 봤어요. 선생님은 이렇게 웃는 분이었다는 걸 마지막이 되어서야 알게 되었습니다. 상담 시간은 아직 많이 남아있었지만, 이미 저를 옥죄이던 문제들은 더는 남아있지 않았고, 선택 앞의 망설임도 지나간 일이 되었으니, 저희는 홀가분하게 상담을 마무리하기로 했습니다.

나 : 선생님, 제가 꼭 드리고 싶은 말이있는데요. 그동안 선생님이 아니었다면 저는 작년을 무사히 버텨내지 못했거나 혹은 훨씬 느린 속도로 통과했을 거예요. 그랬다면 지금까지도 아무런 선택조차 하지 못해서 그때처럼 우울한 날들을 보내고 있을지도 모르죠. 그러니 제가 이렇게 마음을 회복하고 용기를 낼 수 있게 된 건 전부 선생님 덕분이라는 거 꼭 알아주시면 좋겠어요. 선생님이 한 사람을 살리셨어요. 그동안 정말 감사했습니다.

선생님 : 무슨 말씀을요. 제가 수영씨를 살린 게 아니라 수영씨가 스스로 살아낸 거예요. 그걸 꼭 알아주시면 좋겠네요.

선생님의 안경 뒤로 눈물이 흐르는 걸 목격했지만 일부러 모른 척 외면했습니다. 왜냐하면 저 또한 눈물이 흐르는 걸 들키기 싫었거든요. 따뜻한 악수를 끝으로 선생님과의 상담이 오늘로 끝났습니다. 그동안 저도 모르게 선생님에게 많이 의지했나 봅니다. 누구에게도 말할 수 없는 이야기를 선생님에게는 모두 꺼내놓곤 했거든요. 그 과정에서 제 마음이 많이 세척된 것 같습니다.

선생님, 언제까지나 잊지 않을게요.
감사했습니다.

퇴사하러 가는 길

"사랑하는 일로 살아가는 일"

　　오전 여덟 시. 알람이 울립니다. 알람에 잠이 깼다기보다는 밤새 알림이 울리길 기다리고 있었어요. 소풍을 앞둔 아이가 밤잠을 설치듯 특별한 일을 앞둔 어른도 선잠을 자나 봅니다. 평소보다 꿈을 많이 꾼 듯한데 아마도 오랜만에 비행과 관련된 장면들이 스쳤던 것 같습니다. 침대에서 일어나 암막 커튼을 걷었을 때 창밖에는 청명한 봄날의 풍경이 펼쳐져 있었지요. 선선한 바람이 불어오고 저 멀리 지평선까지 시야가 선명한 날씨. 이 정도면 퇴사하기 완벽한 날이라는 말이 저절로 입 밖으로 나왔습니다. 아무리 비를 좋아하는 저라도 오늘 같은 날은 비가 내리면 개운함 속으로 잔여물 같은 미련이 흘러들지도 모르니까요.

　　어젯밤에는 회사에 반납할 물품들을 정리해뒀습니다. 승무원용 캐리어 몇 개와, 유니폼 몇 벌, 그리고 사원증과, 승무원 등록증. 휴직 동안 창고에 보관해둔 캐리어를 정리하다 보니 생각보다 많은 물건들이 모습을 드러냈어요. 승객 요청 시 나눠주던 수많은 볼펜들, 유니폼 전용 얼룩지우개, 여분의 명찰과 넥타이핀, 사용기한이 만료된 공항리무진 티켓, 언젠가 동료들과 함께 찍었던 폴라로이드 사진 등등. 예전에 한차례 정리를 끝냈는데도 캐리어 속 곳곳에서 숨바꼭질하듯 다양한 물건들이 튀어나왔습니다. 물건마다 추억이 깃들어 있어서 머릿속에 숱한 장면들이 떠오르는 것도 잠시뿐 주저 없이 작은 상자에 담아서 봉인해뒀지요.

자, 이제 회사로 가볼까요. 이날을 얼마나 오랫동안 기다려왔는지. 이날을 위해 얼마나 많은 고민과 상황을 겪었는지. 이제 더는 독백조차 하지 않아도 충분할 겁니다. 차가 막히면 내비게이션 없이도 몇 가지 경로로 우회할 수 있을 만큼 수없이 왕복했던 도로를 따라서 회사에 도착했어요. 주차장에서 본사 건물까지는 보통의 걸음으로 십분 정도가 걸리는데요. 물론 셔틀버스가 있어서 날이 춥거나 더우면 캐리어를 끌고 걷기보다는 버스를 애용하곤 했습니다. 하지만 오늘처럼 날씨도 좋은 마지막 방문 날에는 시간이 조금 더 걸린대도 두 발로 직접 걷고 싶었어요. 임시 출입증을 목에 걸고 산책하듯 길을 걸었습니다.

거대한 항공기 정비 격납고를 배경 삼아 걷다 보면 푸릇한 가로수 길이 나옵니다. 본사로 출퇴근할 때마다 늘 이 나무들을 한참 올려다보다 건물로 들어가곤 했었는데요. 생각해보면 이 가로수들은 본사가 설립될 때부터 제자리를 지키고 있는 셈이잖아요. 제게는 길게만 느껴졌던 십 년이라는 세월이 나무의 입장에서는 눈길을 줄 틈도 없는 찰나에 불과했을 겁니다. 이 나무들은 얼마나 많은 승무원들의 웃음과 눈물, 그리고 입사와 퇴직을 가만히 지켜봤을까요. 대수로울 일은 아무것도 없다는 듯 가만히 나뭇잎을 흔들어주는 모습이 어쩐지 다 괜찮다고 말해주는 것 같아서 남몰래 위안을 받은 날들이 많았습니다.

본사는 작년에 대규모 리모델링을 한 까닭에 오랜만에 회사를 방문한 제게는 모두 낯설 따름이었습니다. 사원증 대신 안면인식으로 출입하는 방식부터, 새롭게 단장한 실내 인테리어, 다른 층으로 옮긴 객실승원부까지, 말 그대로 외부인의 첫 방문처럼 두리번거리며 내부를 구경했습니다. 마침내 도착한 널찍한 객실승원부에서도 사직 담당 데스크가 어딘지 몰라서 유니폼을 입은 한 승무원에게 위치를 물어서 간신히 도착했지요. 인자한 모습의 담당자와 함께 사직 절차를 진행했습니다. 사원증과 승무원 등록증, 그리고 캐리어와 유니폼을 반납하고 새하얀 종이 한 장을 받아들었습니다.

그 종이는 바로 사직서였어요. 늘 영화나 드라마에서만 보던 종이가 제 눈앞에 나타나자 아무리 준비해온 순간일지라도 머리가 몽롱하고 어질어질했습니다. 한편에 마련된 책상에 앉아서 펜을 집어들었어요. 사직 사유를 적는 공란이 있어서 어떻게 적을까 망설이다 문득 생각에 잠겼습니다. 오래전 좋아하는 시인이 회사를 그만둘 때 이렇게 적었던 게 소셜미디어에서 크게 회자된 적이 있어요. '다른 곳에서 다른 꿈을 꾸고 싶습니다.' 그 문장을 바라보며 언젠가 제 삶에도 퇴사하는 날이 찾아온다면 퇴사 사유에 저만의 문장을 적어보고 싶다는 생각을 품고 살았거든요.

하지만 아쉽게도 '우리' 회사의 사직서에는 자유롭게 사유를 적을 만한 공간이 없었습니다. 다만, '개인 사유'라는 단답을 선택해서 적을 수 있었죠. 사번과 이름, 사유와 날짜를 적고 서명을 한 뒤 사직서를 제출한 것을 끝으로 십 년간의 위태롭던 비행 생활이 서류상으로도 완전히 끝났습니다. 한가득 갖고 왔던 비행 물품들을 모두 반납하자 제게 남은 건 목에 걸린 임시 출입증뿐이었어요. 이제 더는 회사 사람이 아닌 외부인이라는 걸 실감하는 순간이었습니다. 홀가분하면서도 아쉬운 마음을 설명하기에는 시원섭섭이라는 말보다 정확한 말은 없는 듯합니다. 그 마음으로 자리를 떠나려는 순간 누군가 저를 불렀어요.

"사무장님, 수고하셨습니다."

조금 전까지 사직 처리를 도와주신 직원분이었어요. 사직한 직원에게 건네는 사무적인 인사라고 할지라도 저는 그 말이 참 뭉클했습니다. 사는 동안에 사무장님으로 불린 마지막 순간으로 남을 테니까요. 보통 사무장이라고 하면 해당 비행의 팀장을 뜻하지만, 관행적으로 대리급 이상의 승무원을 뜻하는 호칭으로 쓰이곤 했습니다. 그래서 그 말 자체에는 큰 의미가 없었지만, 사직한 직원을 마지막으로 '우리' 직원으로 불러준 그 다정한 인사가 따뜻하고 감사했어요. 저 또한 그 직원에게 허리 숙여 감사하다는 인사를 전했습니다. 엘리베이터를 타고 다시 일 층으로 내려가는 길이 이렇게 짧았는지 그동안은 미처 알지 못했지요.

다시 가로수 길을 걸어서 주차장으로 가야겠죠. 바람에 흔들리는 나뭇잎들의 움직임도 어쩐지 작별을 말하는 것 같아서 아쉬운 마음이 듭니다. 그동안 고생했다고, 이제 너의 선택을 옳게 만들라고 말해주는 걸까요.

선택을 옳게 만들 수 있을진 모르겠지만, 선택을 후회하진 않겠다고 다짐하며 길을 걸었습니다. 뒤를 돌아볼 때마다 격납고에 서 있는 태극 문양의 파란 비행기들이 눈에 들어왔어요.

그래도 다른 항공사 비행기들보다는 훨씬 예쁘구나. 그래도 행복하고 고마운 기억들만 남았네. 그래도 한 시절 우리 가족과 나에게 큰 자부심이었는데. 그래도 우리 회사였는데. 그래도, 그래도.

좋아하는 일만 하고 싶었습니다. 젊은 날의 치기인 걸 알면서도 단 한 번도 내려놓지 못했어요. 모두가 반대하는 일에는 이유가 있을 것이라 생각할 때도 있었고요. 평범하고 안전한 길을 걸으며 행복하게 살자는 다짐을 수없이 반복했지만 쉽지 않았습니다. 젊음은 어느새 지나가고 있는데 치기는 여전히 이곳에 머물고 있어요. 좋아하는 일을 포기할 수 없어서 사랑하는 일이 되었고, 사랑하는 일을 포기할 수 없어서 이제는 그 일로 새로운 삶을 살아가려 합니다. 작가로서 더 많이 알려지지 않더라도, 지금이 저의 최대치의 성과라 할지라도, 혹여나 글쓰기를 미워하게 된대도, 선택의 결과를 모두 감당하며 살아갈게요.

사랑하는 일로 살아가는 일. 그 일로 살아가는 저의 행복과 불행을, 만족과 후회를, 그리고 성장과 몰락을 앞으로도 꾸준히 지켜봐 주세요. 그렇다면 저 또한 지금처럼 일상의 작은 이야기를 혼자 묵묵히 쓰고 만드는 한 사람으로, 다른 누군가가 되려 애쓰지 않고 온전한 저 자신으로 살아가는 한 사람으로, 그렇게 고독하지만 자유롭고 충만하게 살겠습니다. 다짐이자 약속인 이 맺음말의 유통기한이 무한히 늘어나길 바라는 마음을 담아 길고 길었던 편지를 끝마칩니다.

이 책을 함께 만들어주신

친애하는 구독자님들

강나연	김리라	김예람
강민수	김명지	김예지
강수정	김명희	김유경
강지원	김미란	김유정
강채현	김미은	김윤지
고다은	김민숙	김은수
곽지연	김민정	김은정
구수진	김민주	김인선
권다솜	김민지	김정아
권준서	김민진	김진
권지우	김본주	김지선
김가현	김서연	김지연
김고은	김선영	김지영
김근희	김선화	김지원
김경화	김성희	김지은
김나영	김소연	김지현
김나현	김수민	김진우
김나희	김수연	김채원
김남윤	김승희	김태연
김단비	김아리	김한솔
김동현	김에밀리	김해경

김현수	박서연	박형은
김형은	박선영	박혜란
김혜수	박세빈	박혜린
김혜영	박세희	방민승
김혜인	박소영	배다솜
김혜진	박소혜	배민선
김효영	박수지	배우경
꽁미	박수희	배유진
나기선	박현수	배효영
남은선	박연희	배희주
노은정	박예람	백가연
노혜정	박애진	백경인
노파라	박유리	백선주
도은정	박유민	백지은
류수빈	박유진	백현선
류혜주	박은경	부형섭
민수진	박정선	서성연
민신영	박진경	서유은
박가영	박진연	서은지
박기정	박진희	서진욱
박동현	박현아	서하나

서현주	양가은	유지희
손경은	양지수	윤미림
손주현	엄명희	윤사랑
송나은	오은영	유서진
송세진	오선화	윤선영
송유진	오수민	윤소영
송지은	오순식	윤수인
송하슬아	오시은	윤여진
신보영	오아름	윤윤아
신새로미	오종길	윤지연
신서영	우광하	윤지혜
신송희	우현경	이가람
신지원	원솔지	이가의
신지은	원용진	이가현
신혜영	원지혜	이강임
신혜진	원혜인	이경은
심주완	유경원	이근희
안동화	유기훈	이기쁨
안소정	유민정	이나나
안재림	유정민	이나래
안조연	유정은	이나현

이다슬	이승희	이하경
이다영	이승현	이해니
이다은	이시연	이해림
이동주	이아린	이현선
이동준	이연아	이현주
이문희	이영미	이현진
이민경	이예진	이혜경
이민정	이예희	이혜성
이보람	이유진	이해영
이보현	이윤영	이희상
이상명	이은영	임경선
이상화	이은진	임남은
이서영	이정민	임선미
이선영	이종권	임수진
이성혁	이주미	임수경
이소연	이지연	임수현
이소은	이지현	임우유
이소현	이진화	임유진
이송아	이진희	임지수
이수민	이채영	임지은
이슬기	이치현	임정희

임찬미	정지수	최수인
장가현	정지은	최원준
장서연	정진영	최재혁
장아름	정현진	최지영
장은영	정혜리	최지애
장하진	정흥택	최지은
전소영	조서아	최지호
전유경	조아빈	최지희
전정희	조윤지	최진영
전한진	조지현	최혜미
전희란	조현주	최효재
정남경	주소연	표경화
정노엘	주예슬	표시은
정다운	진혜인	하유진
정동현	차수빈	한가희
정민아	차지원	한슬기
정서연	차현진	한승엽
정수정	차혜민	한아름이
정수진	최미	한예슬
정영은	최선숙	한유경
정유미	최소현	한주희

한지현
한채연
함석영
함혜림
허성주
허승희
허은정
현보미
호연
홍나림
홍지희
황경섭
황나리
황보혜
황진아

사랑하는 일로 살아가는 일

Copyright ⓒ 2024 by 오수영

초판 1쇄	2024년 07월 08일
초판 7쇄	2025년 10월 17일

글	오수영
편집	오수영
디자인	오수영

발행인	오한조
발행처	고어라운드
출판등록	2021년 4월 12일 제 2021-00000025호
전자우편	grd-books@naver.com
팩스	0504-202-9749

ISBN	979-11-980900-6-5 (03800)

*책의 일부 또는 전부를 재사용하려면 반드시 저작권자와 고어라운드 출판사 양측의 동의를 얻어야 합니다.
*잘못된 책은 구입하신 서점에서 교환해드립니다.